차의 품평

꼬레알리즘

이 진 수 李眞秀
원불교 나포리교당 주임교무
원광디지털대학교 차문화경영학과 교수
원광대학교 대학원 禮茶學科(석·박사과정) 교수
(사)국제차문화교류협력재단 이사장
(사)한국복식과학재단 이사장
(사)국제선·요가협회 이사장
국제차문화학회 회장
한국홍차협회 회장

김 종 희 金鍾姬
원광디지털대학교 부산교육센터장
원광대학교 대학원 禮茶學科 교수
국제차문화학회 이사
한국차문화포럼 정책위원
대구세계차문화축제 상임집행위원
한국홍차협회 교육위원

차의 품평
The complete practical
teatasting

2008년 5월 22일 1판 1쇄

발행인   김 건 우
발행처   (주)꼬레알리즘

등 록   제 384-2006-000008호
주 소   경기도 안양시 박달동 20-28
전 화   (031) 464-0096 / 팩스 (031) 464-4604
e-mail   corealisme@hanmail.net
Homepage   www.corealisme.com

편 집   변 청 자
디자인   정 미 영

ⓒ 꼬레알리즘, 2008
이 책의 출판권은 저자와의 계약에 의해 꼬레알리즘이 가지고 있습니다.
저작권법에 의해 보호를 받는 저작물이므로 무단전재와 복제를 금합니다.

값 30,000원

잘못 만들어진 책은 바꾸어 드립니다.

ISBN 978-89-9314002-6

차의 품평

The complete practical
teatasting

이진수 · 김종희 共著

꼬레알리즘

차나무 茶樹

차나무는 사철 잎이 푸른 상록관엽수로 줄기는 매끄럽고 깨끗하며, 잎은 긴 타원형에 둘레에 톱니가 있고 약간 두터우며 윤기가 있고 질기다.
차나무 품종은 온대지방의 소엽종과 열대지방의 대엽종이 있으며, 생산지에 따라 잎의 크기와 모양에 차이가 있다.

종 류	키(m)	엽장(cm)	엽맥(쌍)	분 포	특 징
중국대엽종 Macrophylla	5~32	13~15	8~9	중국 호북성 사천성, 운남성 일대	잎이 약간 둥글고 큼 교목성, 발효차용
중국소엽종 Bohea	2~3	4~5	6~8	중국 동남부 한국, 일본, 타이완	대량생산을 위한 집단 재배, 녹차용
인도종 Assamica	10~20	22~30	12~16	인도의 아쌈, 매니푸 카차르, 루차이	잎이 넓음. 고목성 진한 농녹색, 홍차용
샨종 Shan	4~10	15 내외	10	통킹, 라오스, 타이 북부 미얀마, 샨 지방	잎 끝이 뾰족함 고목성, 옅은 녹색

찻잎 茶葉

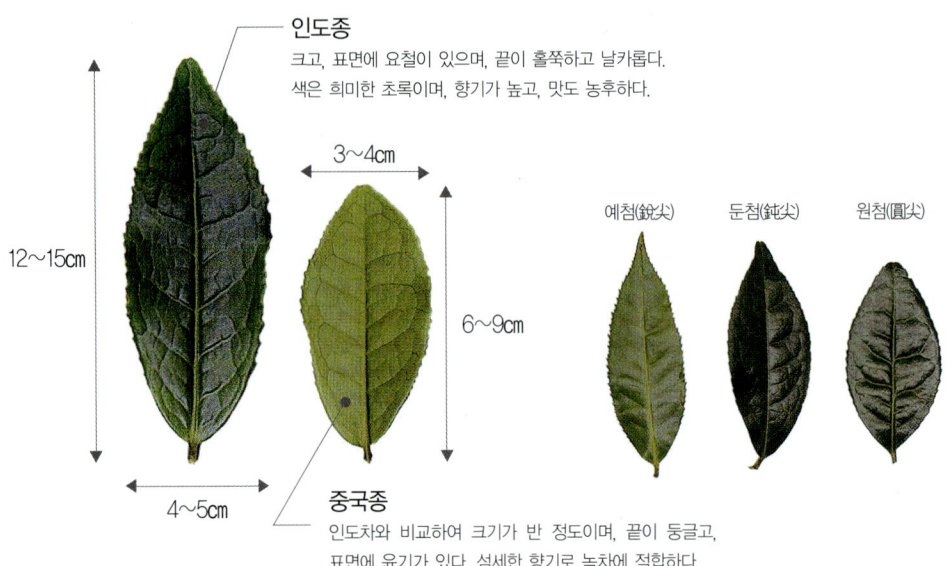

인도종
크고, 표면에 요철이 있으며, 끝이 홀쭉하고 날카롭다.
색은 희미한 초록이며, 향기가 높고, 맛도 농후하다.

중국종
인도차와 비교하여 크기가 반 정도이며, 끝이 둥글고, 표면에 윤기가 있다. 섬세한 향기로 녹차에 적합하다.
한국에서도 재배된다.

茶成分 차의 성분

차에는 특유의 향과 맛이 있으며, 차에 함유된 성분은 세계 여러 연구자에 의해 계속해서 밝혀져 현재는 수백 종에 이르고 있다. 주성분으로는 카페인, 탄닌, 엽록소, 비타민, 단백질, 질소화합물, 탄수화물, 방향유, 유기산 성분, 무기성분, 효소 등이 있으며, 이러한 성분은 차나무가 자라는 토양, 햇빛, 습도와 같은 자연조건이나 찻잎 따는 시기와 제다법, 보관상태 등에 따라 달라진다. 차의 화학적 성분은 효능 뿐 아니라 맛을 형성하는 중요한 요소이다.

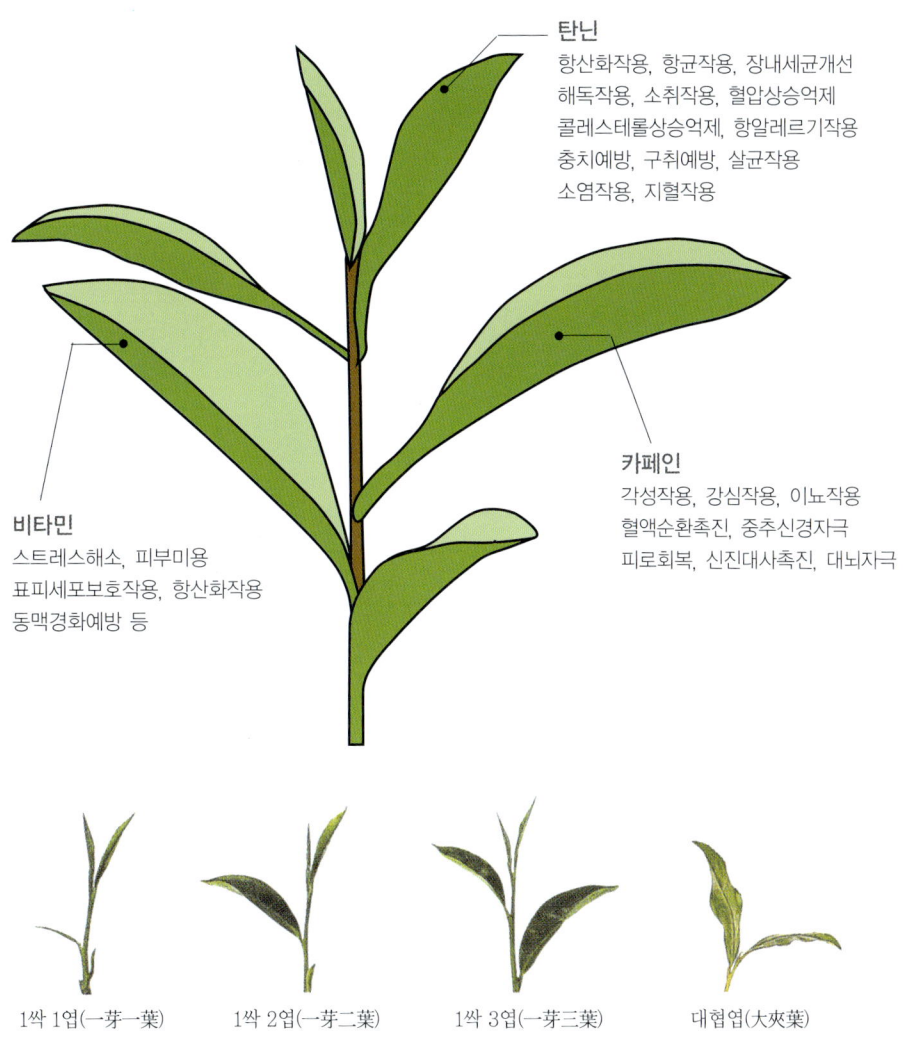

탄닌
항산화작용, 항균작용, 장내세균개선
해독작용, 소취작용, 혈압상승억제
콜레스테롤상승억제, 항알레르기작용
충치예방, 구취예방, 살균작용
소염작용, 지혈작용

카페인
각성작용, 강심작용, 이뇨작용
혈액순환촉진, 중추신경자극
피로회복, 신진대사촉진, 대뇌자극

비타민
스트레스해소, 피부미용
표피세포보호작용, 항산화작용
동맥경화예방 등

1싹 1엽(一芽一葉)   1싹 2엽(一芽二葉)   1싹 3엽(一芽三葉)   대협엽(大夾葉)

차 종류별 제다공정 製茶工程

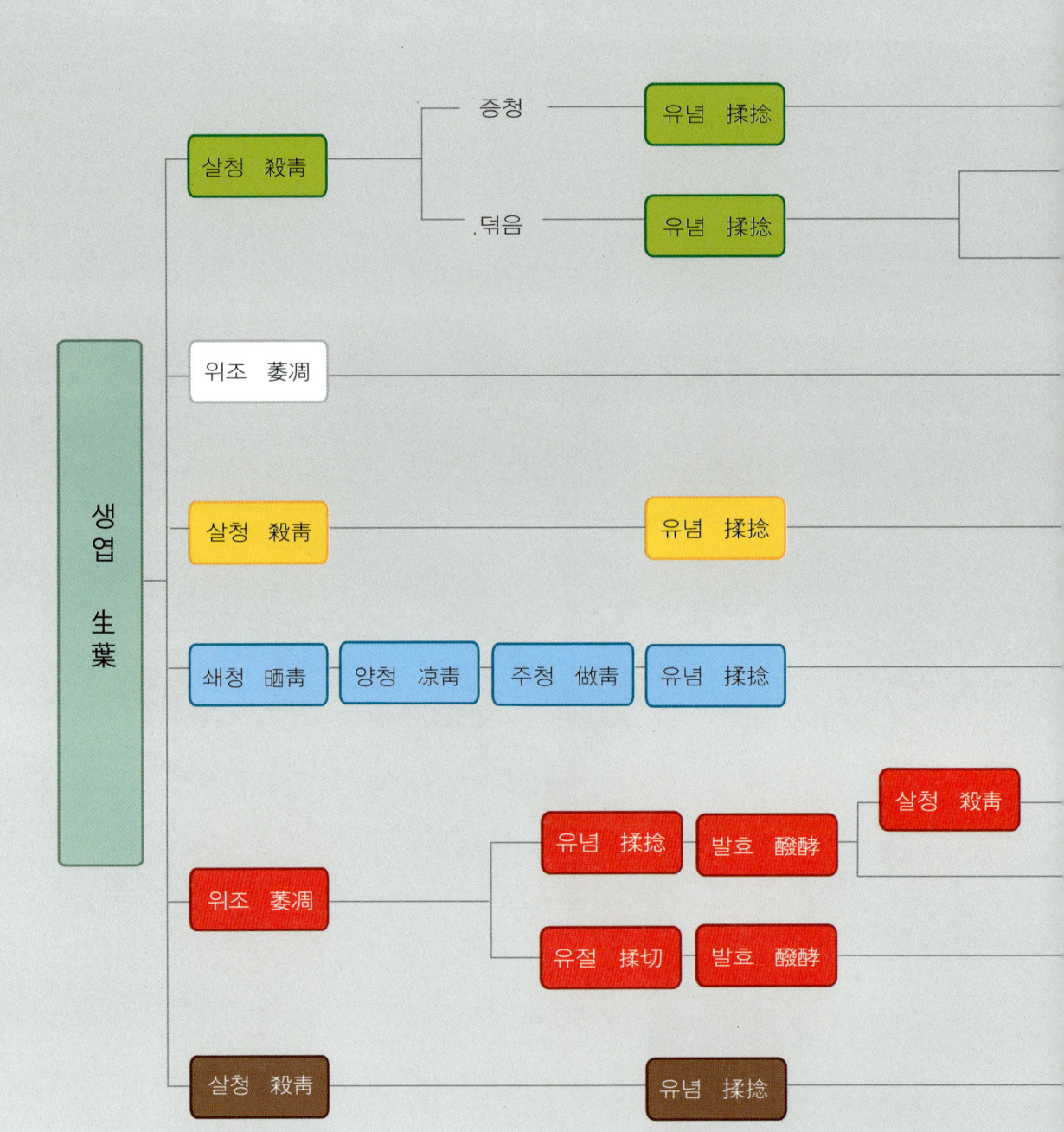

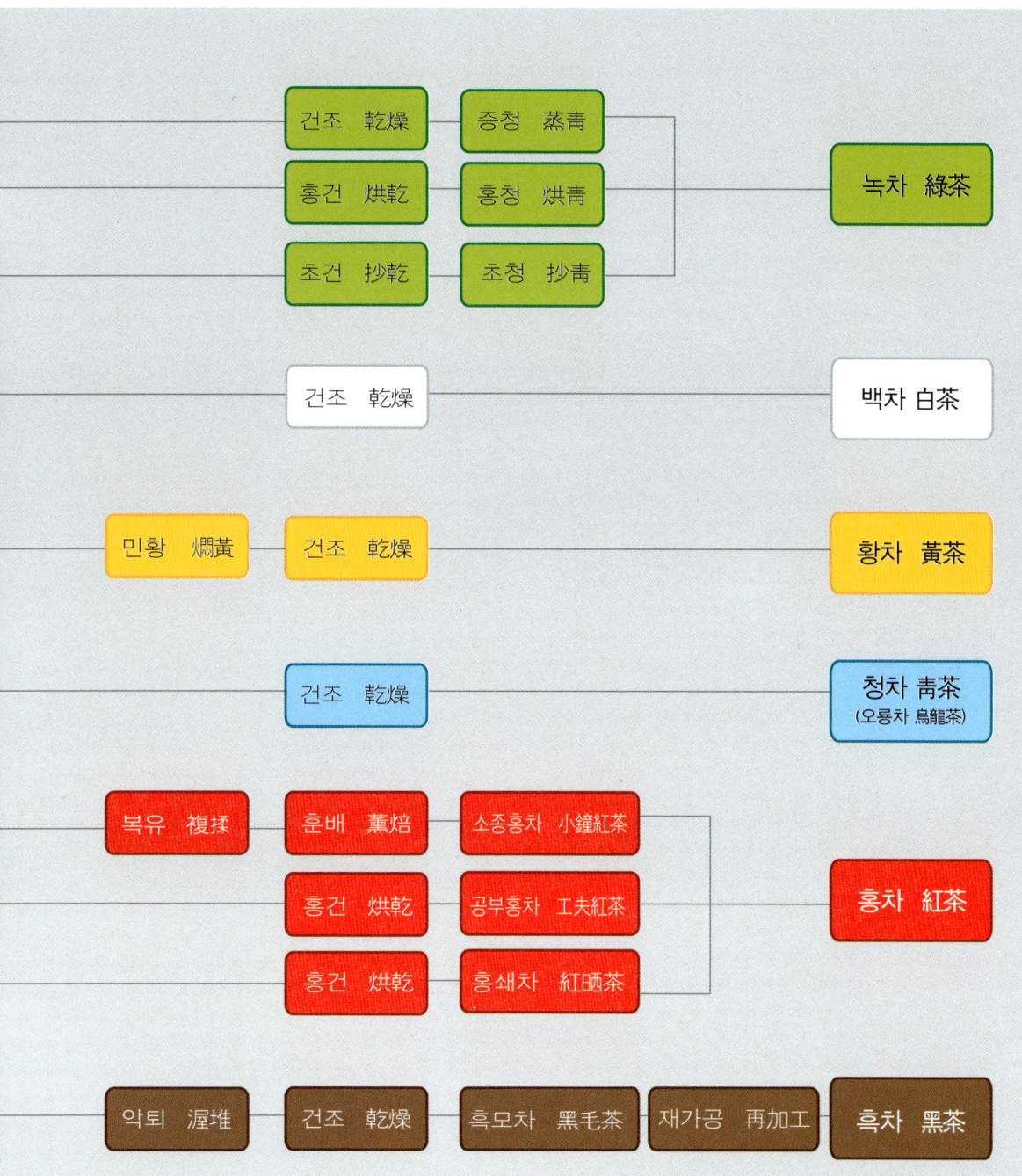

차의 맛 형성도 茶味形成圖

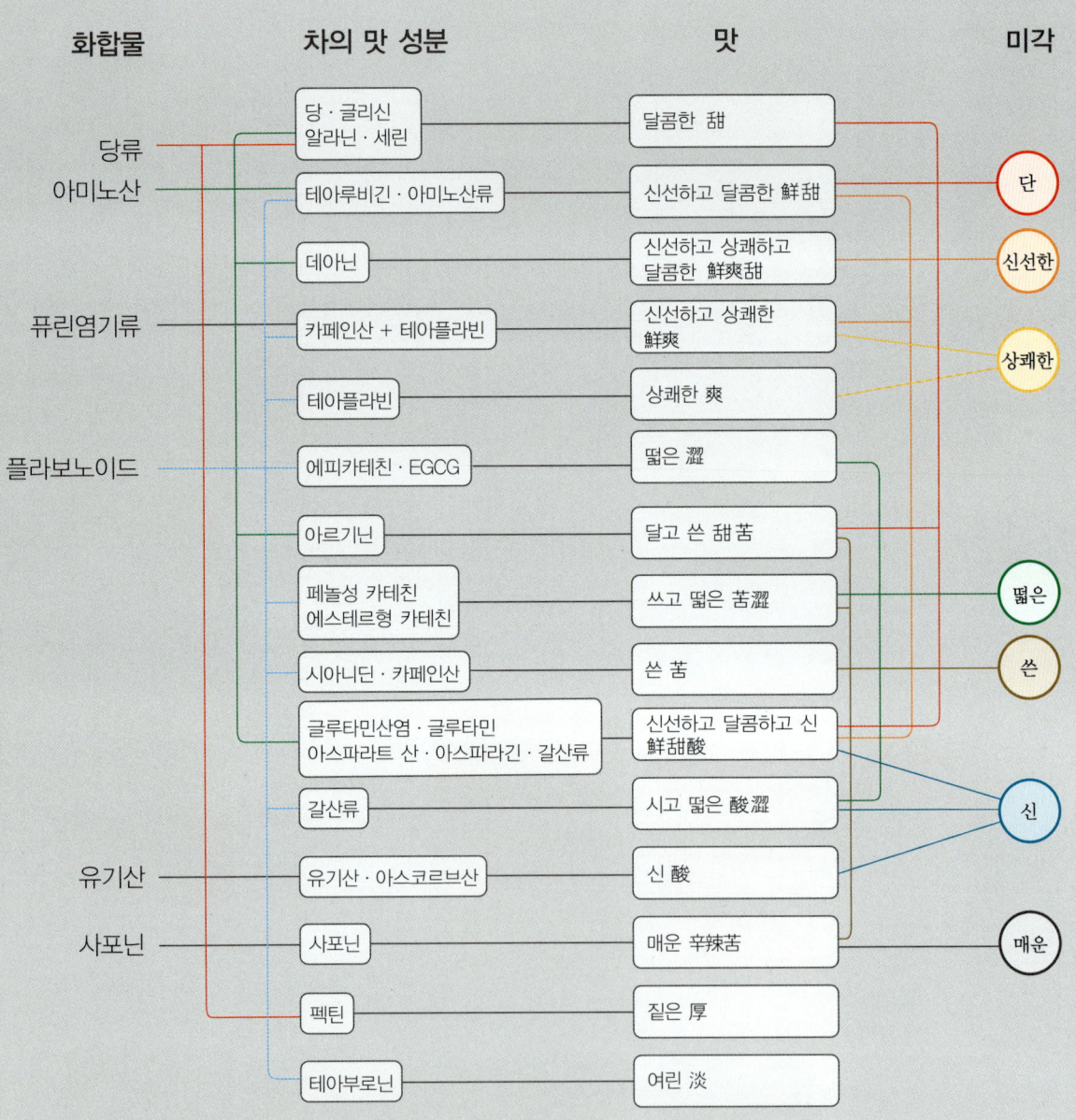

茶色形成圖 차의 색 형성도

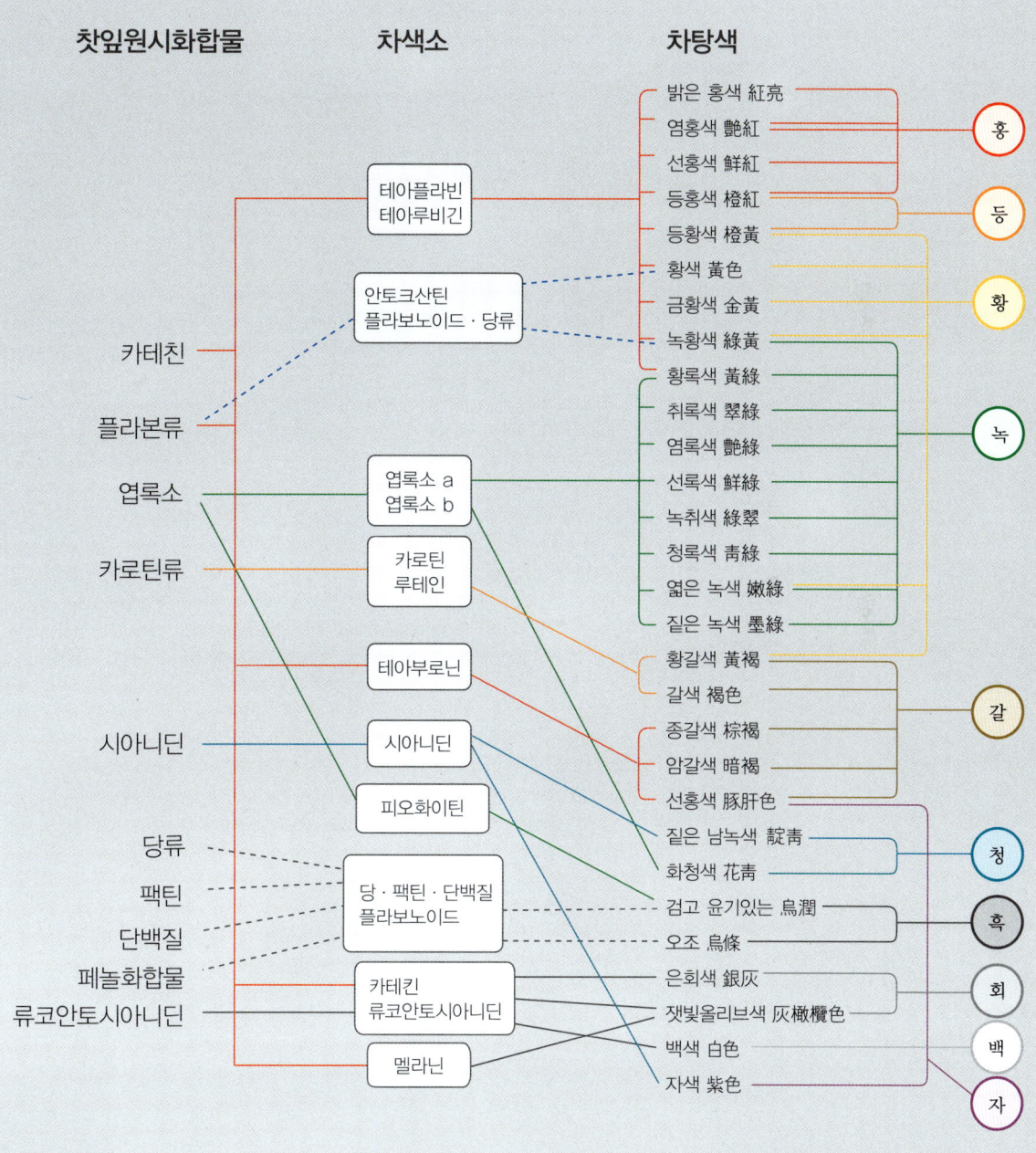

綠茶

白茶

黃茶

青茶

茶湯色 차의 탕색

6대 다류(茶類)란 차의 종류를 구분하는데 가장 많이 사용하는 분류법으로 우려낸 차의 탕색에 의거해서 붙인 이름이다. 탕색은 차의 종류와 우리는 정도에 따라 미묘한 차이를 보인다.

紅茶

黑茶

『차의 품평』을 발간하며…

'茶의 季節' 5월이다.

일년 내내 마시는 '차'이지만, 그래도 5월이면 햇차를 기다리는 마음과 그 향기에 가슴이 설레곤 한다. 언제부턴가 5월이면 '차에 대한 고마움과 유익함을 더 많은 이들과 나눠야 한다'는 숙제 아닌 숙제를 떠 안고 살아왔는데, 올해는 참으로 오랫동안 마음 먹었던 일을 마무리하게 되었다.

바로 이 책 『차의 품평』의 발간이다.

차는 참으로 오랜 기간 동안 인류와 함께 해 오면서, 특유의 맛과 향과 효능으로 세계인구의 절반 이상이 애용하는 기호음료가 되었다. 특히 최근에는 건강에 대한 관심이 증가하면서 좋은 차를 찾는 수요가 급증하였고, 사람들은 어떻게 하면 차를 보다 맛있고 멋있게 마실 수 있을 것인가에 대한 고민으로 차의 품(品)을 평(評)하면서 그 우열(優劣)과 진위(眞僞)를 가리는 시도를 계속해 왔다. 이와 더불어 양질의 차를 발굴하기 위한 다양한 규모의 차품평대회가 진행되고 있다.

그러나 지금까지의 차품평대회는 차의 특성을 제대로 파악하기 보다는 단지 맛을 비교하는 정도에 그치는 경우가 많았는데, 이러한 것을 진정한 '차의 품평'이라고 할 수 있는지에 대해서는 의문을 품어오고 있었다.

연꽃과 국화는 서로 개성이 있어 그 아름다움을 평가하는 기준이 다르듯이, 차마다 고유의 특징이 있으니, 이것을 충분히 고려해야만 진정한 의미의 '차의 품평'이 될 것이다. 차 전문가라면 차의 종류별 특성을 정확히 알고, 그에 적합하게 차를 내고 마실 수 있는 능력은 물론 우려낸 차의 색과 향과 맛이나 우린 잎을 보고서도 그 차의 원형을 찾아 낼 수 있어야 할 것이다. 와인 소믈리에

(Wine Sommelier)들이 한 모금을 맛보고서도 어느 지역의 몇 년산 어떤 브랜드라는 것을 알아내듯이, 차 전문가들에게 있어서도 이러한 지식과 능력의 겸비는 반드시 갖추어야 할 소양이다.

 최근 차 생산 농가와 제조자들은 현대인들의 욕구를 충족시키기 위해 보다 많은 노력을 경주하고 있으니, 이렇게 생산된 차는 엄격한 품질검사와 등급결정을 거쳐 상품성을 인정받아 소비자에게 제시되고 보급되어야 할 것이다. 이때 차의 품질검사와 등급 결정에는 자격을 갖춘 전문가의 품평이 객관적인 근거가 되어야만 하는 것으로, 차 전반에 대한 이해를 바탕으로 상당한 지식과 기능을 갖추고서 보다 과학적인 방법에 의거해서 '차 품평'이 이루어져야 할 것이다.

 최근에 대학에서 차문화를 '전공'하는 학생이 늘고 있으며, 이에 따라 차를 학문적으로 연구하는 분야와 그 방법론이 확대되고 있으나 차 품질 평가에 대한 과학적인 접근이 미흡한 것이 작금의 현실이다.

 이 책은 '차의 품평'이라는 분야를 국내에서는 처음으로 다룬 전문서적으로, 오랜 연구와 경험을 통해 축적된 품평의 실질적인 지식과 기법을 풍부하게 제시하고 있다. 이 책이 차생산자들과 차를 공부하는 많은 사람들, 그리고 전문 품평가의 길을 걷고자 하는 이들에게 좋은 자양분이 되기를 희망한다.

 끝으로 어려운 가운데서도 함께 한 김종희 선생에게 감사드리며, 이 책이 출판되기까지 각 과정의 어려운 짐을 맡아 주신 꼬레알리즘 임직원 여러분과 오직 차(茶)에 대한 사랑으로 이 책을 위해 도움주신 여러 고마운 분들께 진심으로 감사의 마음을 전한다.

나포리 초당에서 이 진 수

목 차

차나무 ·· 6
차의 성분 ·· 7
차 종류별 제다공정 ·· 8
차의 맛 형성도 ··· 10
차의 색 형성도 ··· 11
차의 탕색 ·· 12

『차의 품평』을 발간하며 ·· 14

I. 품다도감 品茶圖鑑

1. 녹차 ·· 22
서호용정 西湖龍井 22 / 망해차 望海茶 23 / 안길백차 安吉白茶 24 / 양암구청 羊岩勾靑 25 / 천도은침 千島銀針 26 / 황산모봉 黃山毛峰 27 / 신양모첨 信陽毛尖 28 / 고교은봉 高橋銀峰 29 / 경산차 徑山茶 30 / 금장혜명 金獎惠明 31 / 육안과편 六安瓜片 32 / 무양춘우 武陽春雨 33 / 태평후괴 太平猴魁 34 / 남경우화차 南京雨花茶 35 / 임해반호 臨海蟠毫 36 / 벽라춘 碧螺春 37 / 개화용정 開化龍頂 38 / 여산운무 廬山雲霧 39 / 죽엽청 竹葉靑 40 / 용계화청 涌溪火靑 41

2. 백차 ·· 42
백호은침 白毫銀針 42 / 백모단 白牡丹 43

3. 황차 ·· 44
군산은침 君山銀針 44 / 곽산황아 霍山黃芽 46 / 막간황아 莫干黃芽 47 / 몽정황아 蒙頂黃芽 48

4. 청차 ·· 49
대홍포 大紅袍 49 / 봉황단총 鳳凰單叢 50 / 수선 水仙 52 / 육계 肉桂 54 / 철라한 鐵羅漢 55 / 백계관 白鷄冠 56 / 수금귀 水金龜 57 / 반천요 半天腰 58 / 철관음 鐵觀音 59 / 본산 本山 60 / 모해 毛蟹 61 / 황금계 黃金桂 62 / 문산포종 文山包種 63 / 대우령 大禹嶺 64 / 금훤 金萱 65 / 리산 梨山 66 / 백호오룡 白毫烏龍 67 / 삼림계 杉林溪 68 / 취옥 翠玉 69

5. 홍차 ·· 70
기문홍차 祁門紅茶 70 / 전홍공부 滇紅工夫 72 / 정산소종 74 / 구곡홍매 仇梏紅梅 76 / 연소종 烟小種 77

6. 긴차 ·· 78
보이산차 普洱散茶 78 / 보이청병 普洱靑餠 79 / 보이숙병 普洱熟餠 80 / 천량차 千兩茶 81 / 천첨차 82 / 육보차 六堡茶 83

II. 품평의 기초　品評基礎

1. 품평 개요
1) 품다와 품평 ·· 86
2) 품평의 목적 ·· 87
3) 품평 방법 ·· 88

2. 차의 성분과 특징
1) 차의 맛 ·· 90
2) 차의 색 ·· 92
3) 차의 향기 ·· 93

3. 관능검사
1) 관능검사의 의미 ··· 95
2) 관능검사 방법 ··· 97
　(1) 차이식별검사 ··· 97
　(2) 묘사분석 ·· 102
　(3) 소비자 기호도 검사 ·· 106
3) 차의 관능검사 ·· 108

III. 품평이론　品評理論

1. 품평 준비
1) 품평 기준 결정 ··· 112
2) 품평단 구성
　(1) 품평원 선정 ··· 117
　(2) 차 품평원의 자격 ·· 118
　(3) 품평원의 교육 ··· 121
3) 품평 공간
　(1) 품평 공간의 환경 ·· 122
　(2) 품평 공간의 환경 관리 ····································· 123
　(3) 관능검사 공간의 구조 ······································ 123
　(4) 관능검사실의 설계 요소 ···································· 124
4) 품평 도구
　(1) 표준 심사 기구 ·· 125
　(2) 품평용구 ·· 126
　　품평반(品評盤) 126 / 품평배(品評杯) 127 / 품평완(品評碗) 128 / 엽저반(葉底盤) 128

차 시료저울樣茶秤 128 / 타이머[Timer, 砂時計 또는 定時鍾] 128 / 품평보조사발[湯碗] 128 / 품평 차수저[茶勺] 129 / 걸름망 또는 걸름망 수저[罔勺] 129 / 물주전자(水壺) 129 / 물 버림통 129 / 품평기록표(品評記錄表) 129

    5) 품평용수
      (1) 품평용수의 조건 ··· 131
      (2) 품평용수의 온도 ··· 131
      (3) 품평용수의 분량 ··· 131
      (4) 침출 시간 ·· 131
  2. 품평 순서
    1) 시료 채취 ·· 132
    2) 외형 품평
      (1) 방법 ··· 135
      (2) 항목 ··· 136
    3) 내질 품평
      (1) 찻물색 보기 ··· 138
      (2) 향기 맡기 ·· 139
      (3) 맛 보기 ··· 141
      (3) 우린 잎 보기 ··· 144
    4) 평가표 작성
      (1) 평어 서술 방식 ··· 145
      (2) 평점 산정 방식 ··· 146
      (3) 평점 계수 표기 방식 ·· 146
    5) 주의할 점 ·· 150

Ⅳ. 차의 품평　茶品評
  1. 녹차품평
    1) 명우녹차 ·· 154
    2) 덖음녹차 ·· 164
      (1) 장초청 녹차 ··· 164
      (2) 원초청 녹차 ··· 166
      (3) 편초청 녹차 ··· 169
    3) 모봉 ·· 169
    4) 홍청녹차 ·· 170

  5) 쇄청녹차 ·· 171
  6) 증청녹차 ·· 172
 2. 백차품평
  1) 종류와 특징 ·· 174
  2) 백차품평 ·· 177
 3. 황차품평
  1) 종류와 특징 ·· 178
  2) 황차품평 ·· 181
 4. 청차품평
  1) 종류와 특징 ·· 183
  2) 청차품평 ·· 193
 5. 홍차품평
  1) 홍조차 ·· 195
  2) 홍쇄차 ·· 201
 6. 긴차품평
  1) 종류와 특징 ·· 210
  2) 긴차품평 ·· 215

◈ 부 록
 ✽ 사진으로 보는 차의 품평 ·· 218
 ✽ 품평 용어
  1. 외형 품평 용어 ·· 223
   완성된 찻잎 모양에 따라 223 / 비벼 말린 모양에 따라 225 / 광택에 따라 230 /
   여린 정도와 두께, 비벼 말린 정도, 잡질 정도에 따라 231 / 표면의 솜털 정도에 따라
   234 / 크기에 따라 235 / 외형 색택에 따라 235 / 기타 239
  2. 탕색 품평 용어 ·· 241
   빛깔 241 / 밝고 혼탁한 정도 244
  3. 향기 품평 용어 ·· 245
  4. 맛 품평 용어 ·· 251
  5. 우린 잎 품평 용어 ·· 260
  6. 종합 품평 용어 ·· 263
 ✽ 학습 문제 ··· 267
 ✽ 색인 ··· 280

I. 품다도감 品茶圖鑑

* 녹차
* 백차
* 황차
* 청차
* 홍차
* 긴차

서호용정 西湖龍井

산지 : 절강성 항주
외형 : 취록색에 윤기가 돌고 납작하면서 곧게 잘 말려 있고, 고르고 가지런하다.
향기 : 깊고 그윽한 맑은 청향
탕색 : 맑고 여린 녹색
맛 : 달고 신선하며 순화된 깊은 맛
우린 잎 : 눈녹색이며, 어린 잎이 균일하며 창과 기가 가늘고 여리면서 안정하게 연결되어 있어 마치 꽃봉오리와 같다.

망해차 望海茶

산지 : 절강성 영해현 망해강 일대
외형 : 취록색의 여린 싹이 가늘고 곧은 형태로
       긴밀하고 팽팽하게 잘 말려 있고, 솜털이
       선명하게 보인다.
향기 : 부드러운 밤 향기가 오래 지속된다.
탕색 : 맑고 투명한 엷은 녹색
 맛 : 신선하고 순수하며 상쾌한 단맛
우린 잎 : 형태와 크기가 균일하고 정연하다.

안길백차 安吉白茶

산지 : 절강성 안길현
외형 : 옅은 황록색에 윤기가 나며 자연스럽고
       엉성하게 말린 봉황날개 모양이다.
향기 : 진한 향기가 오래 지속된다.
탕색 : 밝고 투명한 살구빛이 도는 고황색
맛 : 신선하고 상쾌하며 달고 풍부한 감칠맛
우린 잎 : 옥과 같은 황백색의 여린 잎에 취록색
         잎맥이 선명하게 보인다.

양암구청 羊岩勾靑

산지 : 절강성 임해시

외형 : 선명한 녹색에 광택이 있고 나선형이나 고리 모양으로 구불구불하게 잘 말려 있다. 찻잎과 싹이 연하면서 도톰하고 온전하며 균일하다.

향기 : 어린 향기가 오래 지속된다.

탕색 : 맑고 깨끗한 옅은 녹색

맛 : 산뜻하고 깔끔하며 상쾌한 맛

우린 잎 : 연한 녹황색의 1싹 2엽의 여린 잎으로 부드러우면서, 싹과 잎이 모두 실하며 도톰하여 풍만해 보인다.

천도은침 千島銀針

산지 : 절강성 건덕시
외형 : 엷은 황색이 감도는 취록색 잎 표면에 솜털이 있고, 송침과 같이 곧고 뾰족하게 말렸으며 편평하다.
향기 : 신선하고 상쾌하며 맑은 청향이 오래 지속된다.
탕색 : 푸른 빛이 감도는 벽록색
 맛 : 순수하고 상쾌한 단맛
우린 잎 : 잎이 도톰하고, 균일하고 정연하다.

황산모봉 黃山毛峰

산지 : 안휘성 황산, 흡현, 휘녕
외형 : 황록색에 윤기가 있고, 작설모양에 백호
　　　가 보인다.
향기 : 깊고 그윽하며 맑은 향
탕색 : 맑고 투명하며 밝은 빛이 감도는 황록색
　맛 : 깊고 신선하며 달고 향긋한 맛
우린 잎 : 눈황색의 여리고 부드러운 잎이다.

신양모첨 信陽毛尖

산지 : 하남성 신양현
외형 : 선명한 취록색에 백호가 있으며, 찻잎이 연하면서 꼿꼿하고, 가늘고 팽팽하게 말려 있어 고르고 정연하다.
향기 : 그윽하고 맑은 향이 오래 지속되며 익은 밤향이 난다.
탕색 : 밝고 윤기가 도는 황록색
맛 : 신선하고 진하며 상쾌한 맛
우린 잎 : 가늘고 어린 잎이 고르고 가지런하다.

고교은봉 高橋銀峰

산지 : 호남성 장사시

외형 : 취록색에 은빛 솜털이 많아 이슬이 내린 것과 같고 가늘고 작은 어린 잎이 나선형으로 빽빽하게 돌돌 말려 있으며 균정하다.

향기 : 맑은 향이 오래 지속된다.

탕색 : 맑고 청아하며 약간 노르스름한 투명한 연녹색

맛 : 상큼하고 순하며 뒷맛이 달다.

우린 잎 : 잎과 싹이 어리고 고르며 맑고 밝은 연녹색이다.

경산차 徑山茶

산지 : 절강성 여항시

외형 : 광택 있는 취록색에 백호가 있으며 부드러운 어린 싹이 가늘고 팽팽하게 말려 있다.

향기 : 달콤하고 깊은 밤향

탕색 : 맑고 빛나는 옅은 눈녹색

맛 : 달고 순하며 상쾌한 맛

우린 잎 : 어린 잎이 고르고 가지런하며 꽃봉오리와 같은 모양이다.

금장혜명 金獎惠明

산지 : 절강성 경령현

외형 : 튼실한 싹이 단단하게 말려 있고, 취록색
      차싹을 백호가 감싸고 있는 모양이다.

향기 : 맑은 향이 오래 지속된다.

탕색 : 깨끗하고 맑고 밝은 녹색

 맛 : 신선하고 상쾌하며 깊고 순한 단맛

우린 잎 : 꽃봉오리 형상의 어린 싹이 균정하다.

육안과편 六安瓜片

산지 : 안휘성 육안, 금채, 곽산
외형 : 검은 빛을 띤 녹색에 하얀 서리가 내린 것처럼 솜털이 나 있고, 싹 없이 편평한 하나의 잎으로 제다하여 잎줄기가 없으며 잎이 뒤쪽으로 말린 모양이다.
향기 : 맑고 깔끔한 향이 오래 지속된다.
탕색 : 맑고 투명하며 푸른빛이 도는 벽록색
 맛 : 깊고 신선한 맛에 뒷맛이 달다.
우린 잎 : 맑고 빛나는 황록색에 잎이 부드럽다.

무양춘우 武暘春雨

산지 : 절강성
외형 : 청록색에 솜털이 있으며, 1싹 1엽으로 제다하여 가늘고 뾰족한 바늘모양이고, 매우 완정하다.
향기 : 신선하고 순수한 청향
탕색 : 맑고 밝은 엷은 녹색
맛 : 순수하고 신선한 맛
우린 잎 : 황록색에 잎이 도톰하다.

태평후괴 太平猴魁

산지 : 안휘성 태평현
외형 : 푸른빛이 감도는 녹색에 백호가 있으며, 잎이 크면서 곧고 길며 납작하게 말려 있고 무게감이 있다.
향기 : 코를 스치는 깊고 그윽한 향
탕색 : 살구빛이 감도는 맑고 윤기 있는 녹색
맛 : 깊고 그윽하며 상쾌하고 뒷맛이 달다.
우린 잎 : 황록색에 부드럽고 광택이 있으며, 잎이 크고 튼실하다.

남경우화차 南京雨花茶

산지 : 강소성 남경

외형 : 짙은 취록색에 솜털이 나 있으며 단면이 둥
　　　글면서 송침처럼 곧고 단단하게 말려 있다.

향기 : 아취 있는 농후한 향

탕색 : 맑고 투명한 녹색

　맛 : 신선하고 깊은 맛

우린 잎 : 잎이 여리고 고르며, 밝고 빛이 나는
　　　　부드러운 녹색이다.

임해반호 臨海蟠毫

산지 : 절강성 임해시
외형 : 은색 털이 감싸고 있는 진한 녹색이며, 따리처럼 단단하게 반쯤 둥글게 말린 모양이다.
향기 : 신선한 향이 오래 지속된다.
탕색 : 맑고 밝은 눈녹색
 맛 : 신선하고 상쾌하며 그윽한 맛
우린 잎 : 옅은 녹색의 꽃봉오리 모양이다.

벽라춘 碧螺春

산지 : 강소성 오현시
외형 : 백호로 감싼 녹색의 가늘고 섬세한 싹이
 소라처럼 꼬부라진 모양으로 말려있다.
향기 : 꽃과 과일향이 은은하게 난다.
탕색 : 맑고 투명하며 아주 연한 눈녹색
 맛 : 신선하고 깊은 맛
우린 잎 : 여린 눈녹색이며, 싹은 크고 잎은 작은
 데 부드럽고 고르다.

개화용정 開化龍頂

산지 : 절강성 개화현
외형 : 녹색과 은색이 섞인 듯한 '은녹은취색'에 백호가 있으며 싹 끝이 뾰족하고, 곧고 길쭉한 형태로 긴밀하고 단단하게 말려 있다.
향기 : 맑고 그윽하며 신선하고 여린 향
탕색 : 살구빛이 도는 맑고 밝은 녹색
맛 : 신선하면서 달고 상쾌한 맛
우린 잎 : 고르고 균일하며 꽃봉우리 모양이다.

여산운무 廬山雲霧

산지 : 강서성 구산시 여산
외형 : 윤기있는 녹색이며, 찻잎이 둥글고 탄탄
　　　하게 말려 있고, 솜털이 많다.
향기 : 신선하고 상쾌한 난향이 오래 지속된다.
탕색 : 밝고 윤기가 도는 맑은 녹색
 맛 : 개운하고 상쾌하며 진하고 그윽한 맛
우린 잎 : 눈녹색이며 고르고 가지런하다.

죽엽청 竹葉靑

산지 : 사천성 아미산
외형 : 윤기 있는 눈녹색에 털이 눌려서 흰빛을 띠기도 한다. 곧고 납작하면서 매끈하게 말린 찻잎이 수려하고 가지런하다.
향기 : 깊고 그윽하며 부드러운 맑은 향
탕색 : 밝고 깨끗하며 연한 황록색
맛 : 신선하며 순하고 상쾌한 맛
우린 잎 : 밝고 맑은 눈황색에 윤기가 있고 잎이 도톰하다.

용계화청 涌溪火靑

산지 : 안휘성 경현

외형 : 윤기 있는 흑록색에 백호가 있으며, 반원형에 가까운 둥근 과립 모양으로 단단하게 말려 있어 무게감이 있다.

향기 : 신선하고 상쾌한 청고향이 오래 지속된다.

탕색 : 맑고 투명하며 밝은 황록색

맛 : 깊고 순하며 감칠맛이 나는 단맛

우린 잎 : 살구빛이 감도는 고황색으로, 가지런하고 여린 잎이 균일하다.

백호은침 白毫銀針

산지 : 복건성 정화, 복현
외형 : 순수한 은백색 또는 은회색을 띠는 크고 도톰한 싹 하나를 침 형태로 편평하고 곧게 말아 가지런한 모양이다.
향기 : 신선한 솜털향
탕색 : 살구빛이 살짝 감도는 담백한 천황색에 솜털이 뜨거운 물에 녹아 광택이 난다.
맛 : 신선하고 개운하며 뒷맛이 달다.
우린 잎 : 연록색의 튼실하고 부드러운 모양이며, 잎이 완정하다.

백모단 白牡丹

산지 : 복건성 건양, 정화, 송계, 복정
외형 : 회록색 잎에 백호가 싹 중심을 싸고 있는
       형태이다.
향기 : 솜털향
탕색 : 밝고 투명한 고황색
 맛 : 신선하고 깊은 맛
우린 잎 : 탈색된 듯 옅게 청회색이 감도는 녹색이
         며, 긴 잎과 튼실한 싹이 연이어져 있다.

군산은침 君山銀針

군산은침은 차의 싹만을 바늘처럼 곧고 납작하게 말아서 제다한 것으로, 황록색의 싹에 흰털이 많아 '은침'이라고 한다. 마른 찻잎의 외형은 작설처럼 생겼으며 잎이 균일하고 도톰하다.

탕색은 밝고 투명한 살구빛의 고황색이며, 향기는 진하고 상쾌하며 깊은 청향이다.

달고 깊은 맛이 어우러져 있으며 감칠맛이 나고, 부드럽고 광택있는 황색의 우린 잎이 고르고 가지런하다.

유리잔에 우리면 찻잎이 위로 향하다가 가라앉고 다시 수면으로 떠오르다가 천천히 가라앉으면서 수직으로 잔 밑바닥에 내려앉는 '삼기삼락(三起三落)'을 볼 수 있다.

산지는 호남성 악양시 동정호 지역이다.

1급   2급

군산은침 君山銀針

1급   2급

1급   2급

곽산황아 霍山黃芽

산지 : 안휘성 곽산

외형 : 황색을 띤 녹색에 윤기가 있다. 잎이 작고 솜털이 선명하고 부드러운 것이 특징이며, 작설과 같은 모양으로 말려 있다.

향기 : 맑고 깊은 향이 나며 아취가 있다.

탕색 : 맑고 투명하며 연한 녹황색

맛 : 신선하고 깊은 맛이 나며 뒷맛이 달다.

우린 잎 : 황록색의 어린 싹이 균일하다.

막간황아 莫干黃芽

산지 : 절강성 덕청현
외형 : 황금색이 도는 윤기있는 녹색의 가는
　　　세작이 작설모양으로 말려 있고, 싹이
　　　튼실하고 백호가 많다.
향기 : 그윽하고 우아한 맑은 향
탕색 : 맑고 투명한 눈황색
 맛 : 신선하고 상쾌하며 깊고 순수한 맛
우린 잎 : 눈황색의 꽃봉오리 모양이다.

몽정황아 蒙頂黃芽

산지 : 사천성 명산현
외형 : 눈황색의 곧고 납작한 잎에 윤기가 있고
      흰털이 눌려 덮여 있는 모양이다.
향기 : 진하고 그윽한 단향
탕색 : 밝은 빛이 도는 황색
 맛 : 달고 순한 맛
우린 잎 : 눈황색의 여린 잎이 고르고 가지런하다.

대홍포 大紅袍

산지 : 복건성 무이산

외형 : 갈색빛을 띠는 밝고 윤기있는 녹갈색이며
　　　가지가 성글고 비벼말린 상태는 균정하다.

향기 : 난화향

탕색 : 맑고 투명한 금황색

　맛 : 달고 맑으며 순한 맛

우린 잎 : 녹색을 띤 부드러운 잎으로 가장자리
　　　　에 홍변이 있다.

봉황단총 鳳凰單叢

'봉황단총'은 봉황수선 차나무를 한 그루씩 재배하는데서 유래한 것으로, 광동성 조주시에서 생산되는 광동오룡차의 대표적인 차이다.

향기와 맛에 따라 밀란향(蜜蘭香), 지란향(芝蘭香), 옥란향(玉蘭香), 황지향(黃之香), 강차향(薑茶香), 계화향(桂花香), 행인향(杏仁香), 야래향(夜來香)과 같은 여러 종류가 있다.

찻잎의 외형은 검은빛을 띤 진녹색에 찻잎이 가늘고 길며 윤기가 있고 통통한데 곧고 길게 잘 말려

밀란

지란

봉황단총 鳳凰單叢

있어 무게감이 느껴진다.

꽃향기나 과일향이 어우러진 진하고 깊은 향기가 오래 지속되며, 맛은 향긋하고 개운하며 뒷맛이 깔끔하다.

탕색은 오렌지 빛을 띠는 등황색이고, 우린 잎은 가운데는 여린 녹색을 띠면서 가장자리에 붉은 홍변이 있다.

옥란

황지

수선 水仙

산지 : 복건성 무이산

외형 : 윤기 있는 짙은 갈색으로, 굵고 튼실한 잎이 고르고 가지런하게 잘 말려진 형태이다.

향기 : 난화향을 갖춘 진하고 깊은 향기

탕색 : 맑고 투명한 등황색

맛 : 순수하고 진하며 매끄럽고, 달고 상쾌한 맛

우린 잎 : 부드럽고 광택이 있으며, 녹색에 약간 붉은색을 띤다.

특급

1급

수선 水仙

특급   1급

특급   1급

육계 肉桂

산지 : 복건성 무이산
외형 : 윤기있는 청갈색으로 굵고 튼실한 잎이 고르고 가지런하게 잘 말려진 형태이다.
향기 : 계화향
탕색 : 맑고 투명한 황금색
맛 : 신선하고 매끄러우며 달고 부드러운 맛
우린 잎 : 노란빛을 띤 녹색에 잎 가장자리에 붉은 홍변이 나타난다.

철라한 鐵羅漢

산지 : 복건성 무이산

외형 : 검은빛이 도는 짙은 갈색에 붉은 반점이 보이고 굵고 튼실한 잎이 균정하게 잘 말려 있다.

향기 : 농후하고 신선하며 예리한 향

탕색 : 밝고 빛나는 등홍색

맛 : 진하고 강한 맛

우린 잎 : 부드럽고 약간 붉은색을 띤다.

백계관 白鷄冠

산지 : 복건성 무이산
외형 : 무이암차의 일종으로, 연녹색에 찻잎이 크고 튼실하다.
향기 : 농후한 과일향기
탕색 : 등황색
맛 : 농후하고 시원한 맛
우린 잎 : 연녹색의 잎이 유연하며, 잎줄기는 약간 굵고, 잎 가장자리에 홍변이 있다.

수금귀 水金龜

산지 : 복건성 무이산

외형 : 무이암차의 일종으로, 청갈색에 잎이 크고 튼실하다.

향기 : 암차(岩茶)의 독특한 잔향이 있는 달고 고상한 향기

탕색 : 밝고 윤기있는 등황색

맛 : 농후하고 시원하며 뒷맛이 달다.

우린 잎 : 잎이 크고 두터우며, 약간 붉은빛을 띤다.

반천요 半天腰

산지 : 복건성 무이산
외형 : 진한 심록색에 광택이 있고 가늘게 말려 있다.
향기 : 농후하고 깊은 향
탕색 : 밝고 빛나는 금황색
맛 : 순정하고 진한 단맛이 오래 지속된다.
우린 잎 : 잎은 크고 여리며 잎줄기가 선명하고 약간 붉은색을 띤다.

철관음 鐵觀音

산지 : 복건성 안계

외형 : 녹색에 윤기가 있고, 튼실한 잎이 구형이나 반구형으로 말려 있으며, 무게감이 있으면서 고르고 가지런하다.

향기 : 진한 향기가 오래 지속되며 난화향이 풍부하다.

탕색 : 밝고 빛나는 금황색

맛 : 순하고 신선하며 달고 뒷맛이 오래가는 깊은 맛

우린 잎 : 여리고 부드러우면서 통통하고 두텁고, 광택이 나면서 홍변이 있다.

본산 本山

산지 : 복건성 안계

외형 : 연녹색과 진녹색이 섞여 있으며, 잎의 크기는 균등하지 않고 두껍고 튼실하며 둥글고 빽빽하게 말려있다.

향기 : 철관음과 유사한 난화향이나 철관음보다 청담하다.

탕색 : 밝은 황록색

맛 : 맑고 순하면서 약간 농후하다.

우린 잎 : 잎끝이 예리하고 대나무 마디처럼 잎맥이 보이며, 광택이 있다.

모해 毛蟹

산지 : 복건성 안계

외형 : 녹색에 붉은 점이 선명하고, 잎이 두텁고 튼실하며 단단하게 잘 말려 있다.

향기 : 진하고 깊으면서 신선한 향기

탕색 : 밝고 빛나는 옅은 금황색

맛 : 깊고 순하며 달고 신선한 맛

우린 잎 : 황록색으로 부드러우며, 찻잎 끝이 뾰족하고 잎 가장자리의 톱니모양이 선명하고 줄기가 굵다.

황금계 黃金桂

산지 : 복건성 안계

외형 : 밝은 연녹색에 광택이 있으며, 단단하게 구슬처럼 말려 있고, 잎이 가늘고 가지런하다.

향기 : 맑고 강한 투천향(透天香)이 오래 지속된다.

탕색 : 밝고 빛나는 황금색

맛 : 맑고 순하며 신선하고 상쾌한 맛

우린 잎 : 황록색이며, 잎이 크고 부드러우면서 광택이 있고 가장자리에 홍변이 나타난다.

문산포종 文山包鍾

산지 : 대만 문산
외형 : 짙은 녹색이며, 잎이 크고 회백색 반점이 있
　　　고, 가늘고 길며 꼬불꼬불하게 말려 있다.
향기 : 부드럽고 은은하게 감도는 청아한 난화향
탕색 : 밝고 빛나는 황록색
　맛 : 쓰거나 떫지 않고 달고 풍부한 맛
우린 잎 : 청록색이며 미세하게 홍변이 있다.

대우령 大禹嶺

산지 : 대만 화련현
외형 : 녹색이며, 구슬처럼 둥글게 말려 있고 정연하고 긴밀하다.
향기 : 맑은 청향에 배꽃향이 섞여 있다.
탕색 : 밝고 빛나는 황금색
맛 : 진하고 순하며 상쾌한 맛
우린 잎 : 녹색이며, 잎이 크고 도톰하며 균정하고, 입맥이 선명하면서 가장자리에 약간의 홍변이 있다.

금훤 金萱

산지 : 대만 남투현
외형 : 녹색이며, 반구형으로 단단하고 긴밀하게 말려 있다.
향기 : 옅은 우유향
탕색 : 밝고 빛나는 금황색
맛 : 진하고 순하며 상쾌하고 깔끔한 맛
우린 잎 : 녹색 잎의 가장자리에 약간의 홍변이 있으며, 입맥이 선명하고 줄기가 섞여 있다.

리산 梨山

산지 : 대만
외형 : 벽록색에 잎이 튼실하고, 구슬처럼 동그랗고 단단하며 긴밀하게 말려 있고, 정연하다.
향기 : 생향이 은은하게 퍼진다.
탕색 : 연녹색에 가장자리에 금황색 테가 나타난다.
 맛 : 순하면서 달고 깨끗하며 떫은맛이 적다.
우린 잎 : 짙은 녹색이고, 잎이 크고 도톰하며 뒷면의 입맥과 가장자리에 톱니모양이 선명하다.

백호오룡 白毫烏龍

산지 : 대만 신죽현, 적률현

외형 : 찻잎이 넓고 홍, 황, 백, 록, 갈색의 오색이 서로 섞여 있으며, 색택이 선명하고 산뜻하다. 찻잎 외형에는 백호가 있다.

향기 : 익은 과일향과 벌꿀향이 섞여 있다.

탕색 : 맑은 등황색

맛 : 달고 순한 맛

우린 잎 : 잎이 투명하고 밝은 홍색이며, 크기가 균일하고 정연하다.

삼림계 杉林溪

산지 : 대만 삼림계
외형 : 청심오룡 품종으로 연녹색에 잎과 줄기가 섞여 있고, 구슬처럼 동그랗고 팽팽하게 말려 있으며, 정연하다.
향기 : 오룡차 특유의 부드러운 청향
탕색 : 밝고 맑은 금황색
맛 : 싱그럽고 부드러우며 단맛과 함께 우유맛이 나는 유향이 있다.
우린 잎 : 녹색 잎에 줄기도 연녹색이며, 잎과 줄기가 모두 여리고 부드러우며 균정하다.

취옥 翠玉

산지 : 대만 남투현

외형 : 연녹색에 잎과 줄기가 섞여 있으며 나선형으로 빽빽하게 돌돌 말린 반구형이고, 균정하다.

향기 : 포종차 특유의 달콤하고 맑은 과일향

탕색 : 밝고 맑은 금황색

맛 : 상쾌하고 신선하며 진한 맛

우린 잎 : 녹색이고, 잎이 크고 도톰하며, 줄기가 선명하고 잎 가장자리에 홍변이 있다.

기문홍차 祁門紅茶

기문홍차는 안휘성 기문현에서 생산되는 차로 1870년대에 처음 만들어졌다. 다즐링, 우바와 함께 세계 3대 홍차로 인정받고 있으며, '기홍(祁紅)' 또는 '기문공부(祁門工夫)'라고도 한다.
소엽종 1싹 2~3엽으로 제다한 전발효차(全醱酵茶)로, 찻잎은 윤기와 광택이 있는 검은색이고 가늘고 끝이 뾰족하며 말린 싹이 고르고 가지런하다.
그을음향과 함께 꿀향, 과일향, 난화향이 어우러진 특유의 신선하고 단 기문향이 나며, 향이 오랫동안 유지되는 것이 특징이다.
탕색은 밝은 빛이 나는 투명한 붉은색이고, 은은하고 부드우며 신선하고 상쾌한 맛이 난다.
우린 잎은 여리고 고르며 밝은 빛이 난다.

1급

2급

기문홍차 祁門紅茶

1급　　　　　　　　　2급

1급　　　　　　　　　2급

전홍공부 滇紅工夫

산지 : 운남성 봉경, 임창
외형 : 털이 황금색으로 빛나고 단단하게 잘 말려 있으며, 싹 끝부분이 매우 아름답다.
향기 : 여린 눈향이 농후하면서 오래 지속된다.
탕색 : 밝고 빛나는 짙은 붉은색
 맛 : 신선하고 진하며 순한 맛
우린 잎 : 하나의 싹으로 되어 있고 붉은색이며 여리고 부드럽다.

1급

3급

전홍공부 滇紅工夫

1급   3급

1급   3급

정산소종 正山小種

정산소종은 숭안현 성촌진 동목촌 일대에서 생산되며, 모차(毛茶)를 체질하여 순수한 것을 취하고, 정차(精茶)는 4개의 등급으로 나눈다.

찻잎은 외형이 크고 굵고 튼실하며, 곧고 가늘면서 길게 말려 있으나 말린 상태가 비교적 느슨하다. 잎사귀가 무겁고 솜털이 없으며, 검은 광택이 난다.

금군미

은군미

정산소종 正山小種

탕색은 붉은 갈색을 띠며, 맛은 순수하고 진하며 달콤하고 풍부한데, 뒷맛이 깔끔하면서 오래도록 입 안에 남는다.

우린 잎은 두텁고 튼실하며 윤기가 있는 암홍색을 띤다.

상품(上品)의 차는 농후한 송연향과 용안향이 나며, 송연향이 순수하고 농후한 정도에 따라 품등을 구분한다. 만일 장작나무 탄 냄새가 나면 낮은 품등에 속한다.

특급

1급

구곡홍매 九曲紅梅

산지 : 절강성 항주
외형 : 윤기있는 검은빛이며, 가늘고 긴밀하게 말린 것이 매우 아름답다.
향기 : 향기가 높음
탕색 : 밝고 청량한 짙은 붉은색
맛 : 순하고 깊은 맛
우린 잎 : 밝은 붉은색이며, 여리고 부드럽다.

연소종 烟小種

산지 : 복건성 정화, 탄양, 북령, 병남, 고전, 사현
      과 강서성 광신, 연산 일대
외형 : 정산소종을 모방해 만들었다 하여 인공소종
      (人工小種)이나 가소종(假小種)이라고 하며,
      정산소종과 외형이 유사하나 말린 상태가
      덜 긴밀하고 끝이 뽀족하지 않다.
향기 : 송연향과 용안향
탕색 : 맑은 갈색
 맛 : 진하고 달콤한 맛이 풍부하다.
우린 잎 : 암홍색

보이산차 普洱散茶

산지 : 운남성 하관

외형 : 붉은색이 도는 갈색이며, 잎 표면에 하얀색
      이 있고, 잎이 튼실하다.

향기 : 오래 묵은 진향

탕색 : 밝고 빛나는 진한 붉은색

맛 : 순하고 깊으며 뒷맛이 달다.

우린 잎 : 선홍색이 짙게 드리운 붉은 갈색

보이청병 普洱青餅

산지 : 운남성 보이현
외형 : 잎줄기가 선명하며, 찻잎이 튼실하고 두툼하며 크다.
향기 : 특유의 높은 향기가 오래 지속된다.
탕색 : 등황색
 맛 : 진하고 자극성이 강한 보이차 특유의 맛
우린 잎 : 잎이 크고 갈색 기운이 도는 연녹색이다.

보이숙병 普洱熟餅

'습창식 보이'라 하여 인공적으로 숙성시킨 미생물 발효차를 말한다. 생병 보이차를 만들기 위해서는 5~8년 정도의 자연발효 숙성 기간이 소요되는데, 그 시기를 단축시키기 위해 오래 묵힌 청병의 맛을 쫓아 1973년에 개발한 것이 보이숙병이다. 찻잎의 외형은 붉은색이 도는 갈색이며, 잎이 튼실하다. 탕색은 진한 붉은 갈색이며, 맛과 향기가 보이차와 유사하고 오래 묵은 진향이 난다.
생차에 숙차가 50% 섞인 반생반숙(半生半熟)이나 30% 섞인 삼분숙(三分熟)도 있다.

천량차 千兩茶

천량차는 호남성 안화현에서 생산되며, 처음에는 차의 무게가 100량인 백량차(百兩茶)로 만들었으나 청나라 동치황제 재위 기간에 차의 운송을 더 쉽게 하기 위해 큰 대살바구니를 이용하여 백량차의 10배인 천량차를 만들면서 붙여진 이름이다.
흑모차를 원료로 사용하며, 야생 교목성 찻잎 중 억센 찻잎이나 줄기 부분을 선별해서 긴압하여 만들어 잎이 크고 굵다.
마른 찻잎은 종갈색이고, 탕색은 짙은 황갈색이다.

천첨차 天尖茶

산지 : 호남성
외형 : 녹색빛이 도는 암갈색이며, 잎줄기가 선명하고 잎이 고르다.
향기 : 부드럽고 순정한 향기
탕색 : 짙은 황색
맛 : 구수하고 떫지 않으며 순수하고 담담한 맛
우린 잎 : 황갈색이며, 잎이 작으면서 두텁고 균일하다.

육보차 六堡茶

산지 : 광서성 창오, 하현, 공성, 부현, 횡현
외형 : 짙은 갈색이며, 거칠고 느슨하게 말려 있다.
향기 : 송연향이 섞인 시고 오래 묵은 진향
탕색 : 홍농색
맛 : 농후한 맛
우린 잎 : 짙은 갈색이며, 잎이 거칠다.

II. 품평의 기초

1. 품평 개요
2. 차의 성분과 특징
3. 관능검사

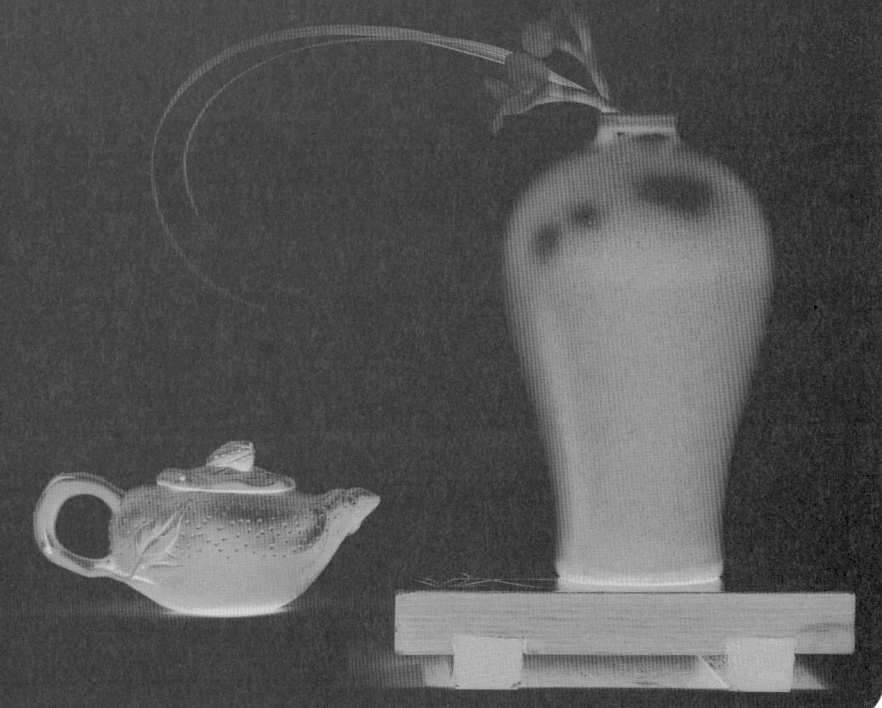

1. 품평 개요

1) 차의 품평

차(茶)는 오랜 기간 동안 인류와 함께 해 오면서, 특유의 맛과 향과 효능으로 인해 세계 인구의 절반 이상이 애용하는 기호음료가 되었다. 특히 최근에는 건강에 대한 관심이 증가하면서 좋은 차를 찾는 수요가 급증하였고, 사람들은 어떻게 하면 차를 보다 기능적이고 효과적이며 맛있고 멋있게 마실 수 있을 것인가를 고민하면서, 차의 품(品)을 평(評)함으로써 품질에 대한 우열(優劣)과 진위(眞僞)를 가리려는 시도를 계속해 왔다.

이러한 욕구를 충족시키기 위해 차 생산 농가와 제조자들은 차나무의 품종, 재배 방법, 채집시기, 제조기술 면에서 놀라운 발전을 이루었으며, 차의 종류가 매우 다양해졌고 품질도 더욱 높아지고 있다. 또한 차의 물리적, 화학적, 약리적 연구가 진행되어, 더욱 안전하고 경제적이며 영양가치가 높으면서, 인간의 오감을 만족시키는 관능적(官能的) 특성이 뛰어난 신제품을 개발하고 기존 제품을 개진(改進)하고 있다.

차의 성분분석을 통해 인체에 미치는 효능에 대한 많은 유용한 정보들이 축적되면서 차의 관능검사(官能檢査, sensory test) 방법도 적극적으로 개발되기 시작했다.

더욱이 차의 생산 영역과 소비 시장이 전 세계로 확산되면서 품질에 대한 정확한 평가와 이를 통한 보다 체계적인 공급이 더욱 절실하게 요구되고 있다. 따라서 이제 우리는 차의 문화적 차원을 넘어 산업적 측면에 대한 연구와 지원을 통해 차문화산업의 발전과 긍정적이고 다각적인 확산을 준비해야만 한다.

현재 세계 여러 나라에서는 찻잎의 품질에 대한 평가와 이를 근거로 한 가격 결정이 이루어지고 있다. 찻잎의 품질이란 각종 성분의 종합적 표현으로, 현재까지는 차의 물리적, 화학적 성분에 대한 분석이나 이러한 성분이 인체에 미치는 효능에 대한 연구가 주를 이루어 왔지만, 그 연구 결과는 실제적으로 차가 지니고 있는 일부 요소의 연관성 밖에 표현할 수 없었다. 다시 말해서 찻잎의 물리적 요소와 화학적 성분 함량이 얼마인가는 다만 품질을 평가하는데 참고가 될 뿐이지 찻잎의 품질(品質), 등급(級級), 가격(價格)을 결정하는 결정적 근거가 될 수는 없다.

오히려 차의 품등은 차나무의 품종과 산지, 재배, 채취 및 제다 방법 등을 모두 고려하면서 궁극적으로 차를 특징짓는 맛[味]과 향(香)과 색(色)에 따라 결정된다. 따라서 차나무의 재배와 제다방법에 따른 종류별 특징이나 소비지역의 특성, 소비자 개인의 취향과 같은 차의 생산과 소비 모두에 대한 이해를 통해 차를 평가해야 한다. 이러한 기반 없이는 앞으로 좋은 차를 제조할 수도 없고, 차제품의 원활한 유통은 더욱 불가능할 것이다.

그런데 감관(監觀)에 의한 차의 관능품평에는 상당한 지식과 기능이 요구되며, 그것은 차 전반에 대한 이해를 바탕으로 보다 과학적인 방법에 의거해야만 한다. 차의 생산과 소비 전반을 아우르는 전문가의 육성과 전문적인 차품평의 실행은 차문화와 차산업 발전을 견인하는 지렛대가 될 것이며, 한국 차품평의 발전은 향후 세계 차문화산업 시장에서 한국 차의 위상을 더욱 높이는 기반을 마련해 줄 것이다.

2) 품평의 목적

차를 품평하는 목적은 여러 가지가 있다. 차가 산업적으로 발달하기 이전에는 일반적으로 진짜와 가짜에 대한 진위(眞僞)를 따지는 것과 차의 품위(品位)와 등급(等級)을 결정하여 이를 통한 각 차제품의 가치를 구별하는 것이 가장 큰 목적이었다. 그러나 차가 산업적인 측면에서 더욱 활성화되면서 크게 두 가지의 목적을 위해 차의 품평이 이루어지고 있다. 첫째는 제다 기술 발전을 위한 다양한 의견을 수렴하는 것이고, 다른 하나는 판매시장에서 객관적인 가격 정보를 통해 차의 경제적 가치를 구별하기 위한 것이다. 따라서 초기에는 차의 맛에 대한 개인들의 주관적인 평가가 중심이 되었던데 반해, 점차 보다 객관적이고 과학적인 분석이 주류를 이루게 되었다. 이것은 차가 개인적인 취향을 넘어 보다 많은 지역과 사람들에게 대중화되었다는 것을 의미하며, 차의 대중화는 차산업의 발전과 차의 경제적 가치 제고로 연결되고 있음을 뜻한다.

그렇다면 차의 경제적 가치를 결정하는 요소는 무엇인가? 이러한 결정 요소에는 여러 가지가 있지만, 가장 중요한 것은 '맛'이다. 그런데 맛은 워낙 주관적인 특성이 강하기 때문에 이를 객관화시키기 위해서는 차의 특성에 의거해서 평가해야 하는데, 이를 위해 차의 성분 분석과 함께 관능검사와 같은 과학적 방법을 통해 찻잎의 품질을 검사하고 등급을 정하는 것이 필요하다.

위에서도 설명했듯이, 차의 품평은 궁극적으로 제다과정의 개선을 통해 우수한 차를 생산하고 소비자에게 양질의 차를 공급하여 소비시장을 확보하는데 그 목적이 있으며, 더불어 차의 품질에 대한 객관적인 품등(品等)을 표시함으로써 유통시장의 질서를 확립하고, 소비시장에서의 신뢰를 증가시키며, 다양한 차의 품종과 품등을 제시함으로써 차의 활용을 확대하여 궁극적으로 차의 생산과 소비 양 측면 모두에서 원활한 발전을 도모하는데 기여하기 위한 것이다.

3) 품평 방법

품다에 대한 논의는 중국에서는 육우(陸宇)의 『다경(茶經)』 이래 우수한 차와 찻물에 대한 개개인의 견해를 서술한 여러 문헌을 통해 살펴볼 수 있으며, 우리나라에서는 고려시대 투차의 유행, 자하 신위의 투차에 대한 기록과 초의선사의 『동다송』과 같은 문헌에서 품다에 대한 기록을 찾아 볼 수 있다. 그러나 이러한 기록들이 당대의 많은 사람들에게 선호되고 공유된 차에 대한 평가이기는 하나 주관적인 판단이라는 비판에서 자유로울 수 없다. 따라서 사람들은 시간이 흐르면서 점점 더 객관적인 품다를 위한 규범적인 검사내용과 순서를 형성하고자 노력해 왔다.

중국의 경우, 근대적인 차의 품평은 1915년에 절강(浙江) 온주에서 찻잎검사처를 설립하면서 가장 먼저 시작되었다. 1931년에는 상해의 상품검사국에도 찻잎검사과를 설치하였으며, 중화인민공화국이 성립된 1950년에는 무역부 상품검사국에서 수출용 차에 대한 통일된 기준을 만들었고 잇달아 중국 내수판매에 따른 여러 종류의 차의 기준을 제정함으로써 본격화되었다.

근대적인 차의 품평방법은 크게 이화품평(理化品評, Physico-chemical Evaluation)과 관능품평(官能品評, Sensory Evaluation)의 두 가지로 구분된다. 이화품평은 차의 이화학적 분석결과를 활용하는 방법으로 물리적인 검사와 화학적 검사로 구성된다. 전자에는 차의 무게와 부피, 색과 굴절률 등의 검사가 있으며, 후자에는 폴리페놀과 같은 차의 성분 분석, 농약 정도, 차탕 향기 등의 검사가 해당된다. 이러한 방법은 객관적이며 공정한 분석으로 인위적 영향을 적게 받는 장점이 있지만, 설비가 필요하고 과정이 복잡하며, 향의 품질 특성을 반영하기 어려운 단점이 있다.

관능품평은 감관검사(感官檢査)라고도 하는데, 이것은 오랜 훈련을 거친 전문인이 시각, 후각, 미각, 촉각을 이용하여 품질의 좋고 나쁨을 판단하는 방법이다. 관능검사는 상당한 훈련과 경험에 의한 능력이 필요하며, 엄밀한 평가를 위해서는 제다과정은 물론 차가 생산되는 지역이나 기후 및 제다환경, 소비시장의 지역적 특성 및 소비동향을 비롯한 차에 대한 전문 지식을 두루 섭렵해야만 한다. 그럼에도 불구하고 품평원의 심신 상태, 분위기 등에 영향을 받을 경우, 개인차가 생기기 쉬운 심사법이기도 하다. 그래서 과거에는 신뢰도가 희박하다는 비판이 있었으나 최근에는 근대적인 실험심리학에 의한 관각척도(官覺尺度)의 구성, 지각(知覺)의 수량화 연구나 추측통계학적 실험계획 이론의 발달로 한층 과학적인 관능검사가 가능하게 되어 식품 이외의 다양한 분야에서 널리 채용되고 있다. 예를 들면 섬유공업에서는 직물의 결점, 전기공업에서는 텔레비전 수상기의 화질(畵質)이나 음향기의 음질(音質), 기계공업에서는 부품 손상의 검사 등에 이용되고 있다. 관능품평의 장점은 측정에 드는 비용, 시간, 노력 및 감도 측면에서 빠른 속도와 편리성을 들 수 있으며, 단점으로는 기호품의 경우 품질의 특성으로 보아 본질적으로 감각에 의존하지 않을 수 없기 때문에 주관적 판단이 우려된다는 점이다.

그러나 위에서 설명한 두 가지 방식, 즉 과학적인 품질 측정으로 얻어진 값을 인간의 감각기관을 이용한 관능검사 결과의 특성과 충분히 조화롭게 연계시킨다면 보다 정확하고 공정하며 신뢰받는 차의 품평이 이루어질 수 있을 것이다. 더욱이 차는 매우 특징적인 기호식품이기 때문에 차의 품평에서는 관능품평의 필요성이 더욱 중시되므로, 이 책에서는 관능검사에 대한 내용을 중심으로 차의 품평에 관해 살펴보기로 한다.

2. 차의 성분과 특징

 차의 주요 성분 함유량은 차나무의 품종이나 산지, 계절, 재배 조건, 기후, 채엽 부위 등 여러 가지 요인에 의해 달라진다. 또한 차의 제조공정에서 어떠한 방법으로 어느 정도 가공을 하였는가, 특히 발효과정 여부에 따라 찻잎에 함유되어 있는 화학성분들이 변화하여 차의 색과 향과 맛이 달라진다.

 차의 생잎은 약 75~80%가 수분이고 나머지가 고형분인데, 이 고형분의 40%는 물에 녹는 수용성이고 나머지는 불용성 물질이다. 생체대사에 필수불가결하면서 차의 품질을 결정하는 각종 유기성분과 대사 작용에 관여하는 무기성분이 4.2~6.2% 정도이며, 칼륨 1~3%, 인 0.4~1%, 칼슘 0.2~0.8%, 마그네슘 0.2~0.4%, 망간 0.05~0.5%, 철 0.01~0.02%, 알루미늄 0.1~0.3%와 그 외 다수의 성분을 함유하고 있다. 특히 불소, 망간, 철, 알루미늄 성분이 다른 작물에 비해 많이 함유되어 있으나 칼슘성분은 함량이 적은데 이것은 동백나무과 식물의 공통적인 특징이다. 차에 함유된 성분의 기능은 영양성, 기호성, 조절성으로 분류할 수 있으며, 이것을 좀 더 자세히 살펴보면 〈표 1〉과 같다.

〈표 1〉 차의 기능과 성분

	기 능	성 분
1차	영양성	비타민류 : 비타민 A, B, C, E, P 무기질류 : 칼륨, 칼슘, 마그네슘, 망간, 철, 알루미늄
2차	기호성	맛 : 데아닌, 카테킨, 카페인, 다당류 향기 : 데르펜류, 알콜류, 카보닐 등의 장유성분
3차	조절성	폴리페놀류(카테킨, 플라보놀), 카페인, 다당류, 비타민, 사포닌, 무기성분

1) 차의 맛

 차의 맛은 쓴맛과 떫은맛에 감칠맛과 단맛이 가해져 구성되는데 이것은 찻잎에 관련

성분이 존재하기 때문이다. 즉 쓰고 떫은맛을 내는 탄닌, 쓴맛을 내는 카페인과 사포닌, 감칠맛을 내는 아미노산, 단맛을 내는 당류와 방향성 향 및 각종 화합물이 조화를 이루어 독특한 맛과 향을 만들어 낸다. 이중 탄닌은 수렴성을 가지며 여러 금속과 반응하여 갈색, 청록색 등의 복합염을 형성하는 성질을 지닌 물질들을 총칭하는 것으로 화학구조상 단일물질이 아니다. 과일이나 야채류에 존재하는 주요 탄닌은 차에 함유된 탄닌류의 대부분이 속하는 카테킨류와 류코안토시아니딘류, 폴리페놀 산류 등 3종류로 구분된다. 여러 식물 중에서 차와 커피에는 탄닌이 특히 많이 함유되어 있는데, 차와 커피의 탄닌 성분은 서로 다른 화학적 구조와 함량을 지니고 있다. 차의 탄닌 함량은 건조 중량의 10~20%에 달하고 가공한 원두커피에는 5~8%가 함유되어 있다. 차의 탄닌 함량은 채취시기, 품종, 일조시간의 길이에 따라 상이하며 동일 차나무에서도 잎이 나오는 시기가 늦으면 탄닌 함량이 적다.

 찻잎 중의 메틸크산틴류는 카페인, 테오필린, 테오브로민 등 3종류가 존재하지만 특히 카페인은 차를 상징하는 중요한 성분으로 1827년에 발견되면서 데인이라고 불렸으나 커피의 카페인과 동일하기 때문에 현재는 카페인이라고 한다. 카페인은 식물염기의 일종으로 온수에 잘 녹으며, 녹차의 맛을 구성하는 성분 중에서 약한 쓴맛을 낸다.

 차에 함유되어 있는 비타민 중 실험에 의해 그 존재가 최초로 발표된 것이 비타민 C이다. 차의 비타민 C 함량은 다른 채소나 과일에 비해서 월등한 편이다. 차의 종류에 따라 함량의 차이가 나는데 이것은 발효과정 중 효소에 의해 환원형 비타민 C가 산화형 비타민 C로 변화되기 때문이다.

 찻잎의 전질소 중 약 1/5은 카페인이며 그 외의 질소화합물로 아미노산, 아미드, 단백질, 핵산 등이 있다. 차 단백질은 제조과정 중 탄닌과 결합하거나 가열에 의해 응고되어 차탕 중에는 거의 용출되지 않으나 아미노산과 아미드는 수용성이므로 차액에 용출되어 차의 맛에 크게 관여한다.

 차의 아미노산은 총 35종이 확인되었는데, 그 중 약 50% 이상을 차지하는 탄닌은 다른 식물에서는 찾아볼 수 없는 녹차 맛 성분의 본체이며 이것이 카페인에 의한 독성을 저하시키고 무력화시킨다는 사실이 최근에 발견되었다. 양질의 녹차일수록 차 특유의 아미드가 다량 함유되어 있다. 녹차의 맛 형성에는 탄닌, 글루타민산, 아르기닌 등 유리

아미노산 총 함량이 매우 중요하다. 상급의 녹차는 데아닌 함량이 많고 탄닌이 적어 특유의 맛을 내며 또한 아미노산 함량이 많을수록 맛이 좋아진다.

차에 함유된 카테킨류는 색과 맛에 관여할 뿐 아니라 약리 작용이 뛰어난 화합물로 색은 플라보노이드류에 맛은 탄닌류에 속한다. 차의 주요 카테킨인 ECg와 EGC는 카테콜형이고 EC와 EGCg는 피로갈롤형으로, 카테콜형은 맛과 관련이 있고 피로갈롤형은 수색과 밀접한 관계가 있다. 카테킨류는 유리형, 산화형에 따라 맛이 달라 유리형은 온화한 떫은맛으로 뒷맛에 달콤한 느낌을 남기는데 반해 산화형은 강한 쓴맛을 갖고 있기 때문에 침출액의 맛은 카테킨류 조성에 의해서도 차이가 난다.

〈표 2〉 차에 함유된 맛 성분

화학성분	주 성 분	맛
탄 닌	Tannin	떫은맛
아미노산	Theanine Arginine Aspartic acid 외 15종	감칠맛
메틸크산틴류	Caffeine Theobromine	쓴맛
비타민 C	Ascorbic acid	식초를 조금 달게 한 신맛
당 류	Sucrose Glucose Maltose	단맛
유기산	Citrio acid Malic acid Guinic acid	신맛
카테친류	Catechin Epicatechin	덜 익은 감처럼 떫은맛

2) 차의 색

찻잎 중의 식물성 색소는 외관과 수색에 직접적인 영향을 주며 맛과 향미에도 약간의 영향을 준다. 찻잎에 함유된 식물성 색소로는 녹색의 엽록소(클로로필)와 노랑, 오렌지, 분홍색의 카로티노이드, 그리고 황색 계통의 색소로서 플라보노이드에는 안토크산틴류와 안토시아닌류, 카테킨류가 포함된다. 이중 엽록소는 일반적으로 포르피린류에 속하는 것으로 a, b, c, d 등 여러 종류가 있으나, 보통 식물체에서는 청록색인 엽록소 a와 황록색인 엽록소 b가 대략 3:1 정도의 비율로 분포되어 있다고 알려져 있다.

찻잎의 엽록소 함량은 기상조건이나 시비관리, 성장에 따라서 달라지는데, 여름보다 봄에 그 함량이 다소 낮고 그늘을 만들어 일조량을 제한하면 함량이 증가하며 녹차류의 차탕 색상에 영향을 미친다.

발효차의 경우에는 발효과정 중 찻잎의 카테킨이 밝은 오렌지색의 테아플라빈과 짙은 홍색의 데아루비긴 등으로 변화되며, 엽록소나 비타민 C 등은 줄어들게 되는데, 이들의 조합에 의해 차탕 색상이 결정된다.

〈표 3〉 차에 함유된 색 성분

성 분	색 상
엽 록 소	녹색, 암록색
카로티노이드	노랑 오렌지, 분홍색
플라본류, 카테킨류	황색 계통
테 아 플 라 빈	밝은 오렌지색
데 아 루 비 긴	짙은 홍색

3) 차의 향기

차의 향기는 찻잎에 함유되어 있는 휘발성 성분에 의해 형성된 것으로 세포에 축적된 불휘발성 전구물질이 효소에 의해 생합성되거나 열화학 반응에 의해 형성된다. 차의 향기성분은 녹차에 약 200여 종, 홍차에 300여 종 이상이 있으며, 양적으로는 미량이어서 향기 성분의 총량은 생엽이 0.02% 이하, 녹차는 0.005%, 홍차는 0.002%에 불과하다. 차의 향기는 단일 성분에 의해 나타나는 것이 아니라 여러 성분이 복합적으로 작용하여 나타나며 품종 및 생육기간에 따라 양적인 증감은 있으나 질적인 면에서는 큰 차이가 없다.

생엽에서는 가볍고 신선한 풀빛향에 기여하는 청엽알콜, 청엽에스테르, 꽃향기를 띠는 벤질알콜이나 페닐에탄올, 꽃이나 밀감향에 가까운 리날로올, 조금 무거운 향기에 기여하는 리나롤 산화물, 달콤한 장미향을 내는 제라니올 등 약 50여 종의 성분이 검출된다. 녹차는 가열에 의해 청엽알콜이 크게 감소하고 여러 가지 이온계 화합물이 증가하는데, 찐차는 덖음차에 비해 네로리돌, 인돌 등의 함량이 많고, 덖음차에는 리날로올, 제라니올, 벤질알콜, 페놀, 피라진 함량이 높게 나타난다. 또한 고급녹차는 쟈스민 꽃의 주요 향기 성분인 쟈스몬이나 이온계 물질의 함량이 높다.

차에 함유된 지방산은 약 70~80%가 산화되기 쉬운 불포화지방산으로 차 제조와 보관에 의해 변화하여 품질에 영향을 주며, 향기 성분의 근원으로서 효소적, 비효소적 변화를 통해 향기를 형성하는 원인 물질로 작용한다. 효소 작용시 발효공정 사이에 세포막의 지질이 현저히 감소하는데 특히 리놀레산, 리놀렌산과 같은 불포화지방산이 감소하고 팔미트산, 스테아르산 등의 포화지방산 함량은 증가한다. 이때 알데히드 등의 향기 성분이 증가한다.

〈표 4〉 차에 함유된 향기 성분

성 분	냄 새
청엽알콜 및 에스테르류	어른 잎의 산뜻한 풀냄새
리 날 로 올	은방울꽃의 가볍고 상쾌한 향기
제 라 니 올	장미, 세라늄의 따뜻한 꽃향기
쟈스몬, 메틸 쟈스모네이트, 이온류	쟈스민의 달콤하고 중후한 향기
쟈스민락톤, 락톤류	과일, 복숭아 향기
인돌, 기타 에놀계 화합물	목질계의 냄새, 쓰고 떫은 냄새
디메틸 설파이드	파래와 같은 냄새
피라진류, 피롤류, 퓨란류	가열에 의해 발생하는 구수한 향기
헵 타 디 에 놀	저장 중에 증가하는 묵은 냄새

3. 관능검사(官能檢査, Sensory Evaluation)

관능검사란 사람이 측정기구가 되어 식품이나 물질의 특성을 평가하는 방법으로, 미국 IFT(Institute of Food Technologists)의 관능검사 분석위원회에서는 관능검사를 '식품과 물질의 특성이 시각, 후각, 미각, 촉각 및 청각으로 감지되는 반응을 측정, 분석, 해석하는 과학의 한 분야'라고 정의하고 있다. 과학과 기술의 발달로 인해 식품의 많은 특성들이 밝혀졌지만, 아직도 대부분의 경우에는 사람이 맛을 보고 평가할 수밖에 없다. 또한 식품과 물질의 특성을 측정하고 이들 특성이 기호에 미치는 영향을 결정하는 관능검사는 소비자가 원하는 제품을 개발하는데 중요한 역할을 한다.

관능검사가 본격화된 것은 1940년대에서 1950년대 중반이며, 1970년대에 이르면서 더욱 발전하였다. 1950년대 이전까지는 식품에 대한 기호도를 검사하는 관능검사가 일인 전문가에 의해 이루어졌다. 그러나 국가 간의 교역이 활발해지고 가공술이 발전하면서 새로운 식품이 다양하게 개발되었기 때문에 한 전문가가 여러 가지 식품의 품질을 평가하는 것이 매우 어렵게 되었고, 인간의 행위에 대한 평가 기술이 더 많이 개발되었으며, 결과적으로 식품에 대한 기호도 평가를 비롯한 품질평가 방법이 더욱 다양하게 발전하기에 이르렀다. 이에 따라 다수의 패널 요원에 의해 사용될 수 있는 평가 척도가 개발되었고, 여러 제품의 품질을 측정하는 것이 가능하게 되었다. 이러한 변화와 더불어 관능검사는 시장에서의 경쟁적인 상황 때문에 앞으로도 더욱 발전할 것이다.

1) 관능검사의 의미
(1) 관능검사의 중요성

식품의 경우 소비자들은 영양 가치보다는 맛을 더 잘 인식하고, 결과적으로 맛에 대한 인식이 제품의 마케팅에 영향을 미치게 된다. 더욱이 식품은 특정한 관능적 특성에 따라 구분되며, 이러한 특성들은 제품의 구매나 재구매 결정에 큰 영향을 미친다. 따라서 식품의 품질평가는 관능검사가 중심을 이룰 수밖에 없다.

식품의 관능검사는 인간의 감성체계를 이용한 연구분야로서, 제품의 감성적 특성이라 할 수 있는 외관, 향미, 조직감 등을 익혀 제품의 개발, 최적화, 가공, 품질관리, 포장, 저장 기간의 설정과 변화, 관능적 특성과 물리적 특성간의 연관관계를 분석적으로 측정하고 해석하는데 주로 활용된다. 인간의 감성체계는 이러한 연구 분야에서 가장 좋은 측정기기 중의 하나이며 제품에 대한 소비자 인지도 및 기호도를 측정할 때 유일하고도 효과적으로 이용될 수 있는 방법이기도 하다. 관능검사는 '감성과학(sensory science)'으로 불리며 당당히 과학의 한 분야로 자리매김되고 있다.

시장경쟁이 날로 치열해 지면서 최근에는 고객이 원하는 제품이 무엇인지를 정확하게, 그리고 한 발 앞서 판단하여 선도 제품을 출시함으로써, 소비자들의 마음을 빼앗는 일이 무엇보다 중요해지고 있다. 출시된 제품이 소비자들에게 꾸준하게 사랑 받을 수 있도록 품질을 유지하는 것도 매우 중요한 일이다. 하지만 소비자들의 욕구와 구매의지를 파악하는 것은 매우 어려운 일이다. 관능검사란 바로 이러한 것들을 정확하게 알아내어 제품의 방향을 설정하고 제품 개발을 지원하며 품질을 유지하기 위한 것으로, 제품 출시 전후의 총괄적 관리 역할을 한다.

여러 가지 상황과 여건에 의해 실제 현장에서 관능검사 관련 이론이 제대로 지켜지기 어려운 것은 사실이나 이화학적 검사와 마찬가지로 어느 한 과정에서만 오류가 발생해도 그 결과는 신뢰성을 잃고 무의미한 결과가 될 뿐이다. 따라서 관능검사를 수행하는 검사자는 관능검사에 대한 지식습득은 기본이며, 그러한 지식을 실제 현장에 최대한 적용시킬 수 있는 노력과 능력이 무엇보다도 요구된다.

(2) 관능검사 진행 순서
① 검사의 필요성 인식
② 적절한 방법 채택
③ 검사원 집단 편성
④ 시료[sample] 조달
⑤ 면밀한 실시계획 수립

⑥ 실시 단계 : 질문지 → 시료 → 감각기관 → 뇌 → 언어의 표현을 문자화
⑦ 집계 : 통계적 처리 → 해석 → 결론

(3) 관능검사의 응용

관능검사는 식품산업 뿐 아니라 기업의 R&D 부서나 마케팅 부서, 학교 등에서 활용되고 있으며, 다음과 같은 여러 가지 목적으로 이용되고 있다.

① 신제품 개발
② 제품 배합비 결정 및 최적화 작업
③ 품질 관리 규격 제정
④ 공정개선 및 원가절감
⑤ 품질수명 측정
⑥ 경쟁사 감시
⑦ 품질 평가방법 개발
⑧ 관능검사 기초 연구
⑨ 소비자 관리

2) 관능검사 방법

관능검사 방법으로는 검사물 간에 차이가 있는지에 대해 설계된 차이식별검사, 제품에 대한 소비자의 반응을 조사하기 위한 소비자 검사, 훈련된 패널 요원에 의해 제품의 모든 관능적 특성을 규명하는 묘사분석으로 크게 구분할 수 있다.

(1) 차이식별검사(Discriminative Sensory Test)

차이식별검사는 관능검사에서 가장 많이 사용되는 방법으로, 검사물들의 차이를 분석적으로 검사하는 방법이다. 이것은 검사물의 차이 조사 영역에 따라 종합적 차이검사와 특성차이검사로 구분된다.

① 종합적 차이검사 (Overall Difference Test)

주어진 검사물들의 전체적인 차이를 조사하는 것으로, 단순차이검사, 삼점 검사, 일-이점 검사, 다섯 중 둘 검사, A-부 A 검사 및 유사성 검사와 같은 다양한 방법이 있다.

가. 단순차이검사(Simple Difference Test)

두 검사물의 '차이유무'를 결정하기 위한 방법으로 동일 검사물의 짝과 이질 검사물의 짝을 제시한 후 두 시료가 같은지 다른지를 평가하는 방법이다. 향미가 강하거나 오래 지속되는 경우와 같이 삼점 검사나 일-이점검사가 바람직하지 않을 때 사용하는 방법이다. 단순차이검사의 결과를 평가할 때에는 동일 검사물을 제공한 경우와 다른 검사물을 제공한 경우를 분리하여 맞는 응답과 틀린 응답으로 나누어 각각에 해당하는 응답수를 합하여 카이제곱(X^2, chi square) 검정을 사용하여 분석한다.

〈표 5〉 단순차이검사에 사용되는 검사표의 예

◆ 두 개의 시료를 왼쪽 것부터 맛본 후 각각의 시료가 같은지 다른지를 평가하시오.
　　_____　　두 시료가 같다.
　　_____　　두 시료가 다르다.

나. 삼점 검사(Triangle Test)

종합적 차이검사에서 가장 많이 쓰이는 방법으로, 두 검사물은 같고 한 검사물은 다른 세 개의 검사물을 제시하여 어느 것이 다른지를 선택하도록 하는 방법이다. 이는 제조방법, 재료, 포장, 저장조건 등이 달라질 때 제품의 변화 여부를 조사할 때 사용하며 특히 한 두 가지의 특성을 조사하는 것만으로는 변화를 규정짓기 어려울 때 사용하는 검사법이다. 삼점 검사가 끝나면 패널요원의 옳은 응답수를 합하여 전체 답수에 대해 분석한다. 이때 분석값은 카이제곱 검정으로 분석하거나 검사결과를 신속하게 분석하기 위하여 로슬러(Roessler) 등이 제안한 통계표를 사용하여 분석한다.

<표 6> 삼점 검사를 위한 검사표의 예

◆ 앞에 제시된 시료 중 두 개는 같고 하나는 다르다. 다른 시료는 어느 것인가?

   365   712   564

   ___   ___   ___

* 검사물은 편견을 유도하지 않는 표시 사용을 위해 보통 무작위로 선택한 세 자리 숫자로 표기함

다. 일-이점 검사(Duo-trio Test)

 기준 시료를 제시하고 두 검사물 중 기준 시료와 동일한 것을 선택하도록 하는 방법이다. 이는 기준 시료와 동일한 검사물만 다시 맛보기 때문에 삼점 검사에 비해 시간이 절약될 뿐 아니라 둔화 현상도 어느 정도 방지할 수 있다. 따라서 검사물의 향미나 뒷맛이 강할 때 많이 사용하는 방법이다. 결과 분석은 일반적으로 두 번 반복하여 실험한 경우, 두 실험의 정답비율이 크게 다르면 카이제곱 검정을 하고, 정답비율이 유사하면 로슬러 등이 제안한 통계분석표를 사용하여 신속하게 분석한다.

<표 7> 일-이점 검사를 위한 검사표의 예

◆ R로 표시된 시료를 맛본 후 나머지 두 시료를 맛보고 R과 같은 시료를 선택하시오.

   R   278   519

       ___   ___

라. 기타

 종합적 차이검사 방법에는 위에서 설명한 것 이외에 다섯 중 둘 검사(Two Out of Five), A-부 A 검사(A-not A Test) 및 유사성 검사(Similarity Test) 등이 있다.

② 특성차이검사(Attribute Difference Test)

 주어진 특성에 대해 두 검사물 혹은 여러 검사물간의 차이를 평가하는 검사법이다. 검

사물의 수가 2개 이상일 경우에는 분산분석이나 특수한 통계방법을 이용하여 결과를 분석할 수 있으며 검사물의 수가 많아지면 검사가 복잡해진다.

가. 이점비교검사(Paired Comparison Test)

두 개의 검사물을 제시하고 단맛, 경도, 윤기 등 주어진 특성에 대해 어떤 검사물의 강도가 더 큰지를 선택하도록 하는 방법으로 가장 간단하고 많이 사용되는 방법이다. 결과 분석을 할 때에는 카이제곱 검증법이나 로슬러 등이 제안한 통계분석표를 사용한다.

〈표 8〉 이점비교검사를 위한 검사표의 예

◆ 왼쪽 시료부터 맛을 보고 두 시료 중 더 쓴 것에 표시하시오.

381   924

____   ____

나. 순위법(Ranking Test)

두 개 이상의 검사물을 주어진 특성에 대해 비교하려고 할 때 사용하는 방법으로 특성에 대해 순위를 정하도록 요구하는 방법이다. 시간이 적게 걸리는 장점이 있으나 여기서 얻은 결과는 단지 순서를 나타낼 뿐이지 차이의 크기는 나타내지 못한다. 이는 본 실험 전에 검사물을 미리 골라내거나 나중에 더 자세한 평가를 위해 적합한 검사물을 선정하려고 할 때 유용하게 사용된다. 검사 결과는 순위법을 사용하여 얻은 자료에서 순위의 합

〈표 9〉 순위법을 위한 검사표의 예

◆ 주어진 시료의 단맛 지속성을 평가하시오. 가장 오래 지속되는 시료를 1에, 가장 짧게 지속되는 시료를 4에 놓으시오.

____   ____   ____   ____
 1   2   3   4

이나 평균 순위를 계산하여 카이 제곱 검정으로 분석하거나 신속한 분석을 위해 크라머 (Kramer) 등이 발표한 통계표를 이용해 검사물간의 유의적인 차이를 검정한다.

다. 평점법(Scoring Test)

여러 검사물(3~6개)의 특정 성질이 어떤 양상으로 다른지를 조사하려고 할 때 사용하는 방법이다. 검사 목적에 따라 특성을 잘 비교할 수 있는 능력을 지닌 사람을 패널요원으로 선정하며, 평가할 특성을 각각 분리하여 독립적으로 평가하도록 해야 한다. 평정법을 사용한 경우 그 결과는 실험계획법에 따라 분석방법이 달라진다. 따라서 실험에 사용된 실험계획법에 맞는 분산분석법을 선택한다.

〈표 10〉 평점법을 위한 검사표의 예

◆ 제시된 시료를 왼쪽부터 맛보고 신맛의 정도를 평가하시오.

	294	871	489
없다	___	___	___
감지할 수 있다	___	___	___
약하다	___	___	___
보통이다	___	___	___
강하다	___	___	___

라. 다시료 비교검사법(Multiple Comparison Test)

정해진 성질에 대해 여러 검사물을 기준과 비교하여 점수를 정하는 방법이다. 비교하는 검사물 중 기준과 동일한 검사물을 포함시킨다. 이는 원료의 대체나 변화, 포장 재료, 공정의 변화, 저장 효과 등을 조사하는데 사용하며 한번에 4~5개의 검사물을 평가할 때 효과적이다. 결과는 사용된 실험계획법에 따라 분산분석 방법으로 분석한다.

〈표 11〉 다 시료 비교검사법을 위한 검사표의 예

◆ 다음 시료의 부드러운 정도를 표준시료(R)와 비교하여 평가하시오.

	256	354	597
R보다 부드럽다	_____	_____	_____
R과 같다	_____	_____	_____
R보다 단단하다	_____	_____	_____
차이가 없다	_____	_____	_____
차이가 약간 있다	_____	_____	_____
차이가 많다	_____	_____	_____
차이가 매우 많다	_____	_____	_____

(2) 묘사분석(Descriptive Analysis)

묘사분석은 고도로 훈련된 패널에 의해 감지된 모든 감각을 고려하여 제품의 정성적이며 정량적인 관능적 특성 모두를 출현 순서에 따라 측정하고 묘사하는 방법이다. 이것은 특성, 강도, 출현순서, 전체적 인상의 4가지 요소로 구성되는데, 이들을 좀 더 자세히 설명하면 다음과 같다.

첫째, 특성은 질적 측면으로 제품의 성질을 일컫는다. 평가할 관능적 특성들은 묘사분석에 참여하는 고도로 훈련된 패널 요원과 패널 리더가 선정한다. 이때의 묘사분석 용어는 서로 독립적이고, 제품의 기본 구조에 기초해야 하며, 제품을 폭넓게 포용하도록 명확하게 정의해야 한다.

둘째, 강도는 양적 측면이다. 신빙성 있는 측정 강도를 얻으려면 검사물간의 작은 차이도 구별할 수 있도록 충분한 구간으로 이루어진 척도를 선택하고, 검사마다 척도를 동일한 양상으로 사용하도록 패널 요원을 훈련시켜야 한다. 각기 다른 특성의 강도가 동일하면 동일한 점수를 부여하는지 확인하기 위한 표준 척도를 사용해야 한다. 이때 사용하는 묘사분석의 척도는 항목 척도, 선 척도, 크기추정 척도의 3가지가 있다.

셋째, 출현 순서는 특성이나 강도가 나타나는 순서이다. 패널 요원들은 시료들 사이의 특정한 성질이 나타나는 순서가 다른 것을 감지해야 한다. 또한 향미는 시료의 화학적 조성과 함께 온도, 부피, 농도와 같은 물리적 성질에 따라 나타나는 순서가 달라질 수 있다. 인간의 감각기관 중 출현순서에 가장 민감하게 반응하는 것이 후미와 후감이다.

넷째, 전체적 인상은 향미의 전체 강도와 조화도의 차이에 대한 평가이다. 이때 향미의 전체적인 강도는 모든 휘발성분에 의한 맛, 향, 입촉감의 조합으로 나타나는 전체적 강도를 측정하는 것이므로 향미 각 성분의 강도의 합을 평가하는 것은 아니다. 향미성분을 평가하기 전에 전체적인 강도를 평가해야 하며, 전체적인 텍스처의 강도는 측정할 수 없다. 향미의 전체적 조화도(amplitude)에 대해서는 고도로 훈련된 묘사분석 패널 요원이 다양한 향미 특성이 서로 얼마나 잘 균형을 유지하고 있는지를 평가하는 것으로, 전체적인 인상 분석보다는 어떻게 결과를 이용할 것인지가 관건이다. 소비자 선호도가 제품의 조화도와 반드시 비례하는 것은 아니다. 따라서 향미의 전체적인 차이는 시료간의 상대적인 차이를 식별하는 것이며, 이때 패널은 전체적인 품질 규격을 알고 있어야 한다.

묘사분석의 기본 단계는 시료가 지닌 특성을 감지하여 묘사하고, 그 특성들의 강도를 측정하여, 각 특성들이 출현하는 순서를 결정하고, 각 특성들의 전체적인 강도 혹은 조화되는 정도에 대한 전체적 인상을 평가하는 것이다. 이때 시료의 관능 특성은 색, 표면 텍스처, 크기 및 모양, 조각 및 입자간의 상호 작용과 같은 외형 특성, 후각적 지각, 비강 감각 요인에 의한 냄새 특성, 후각적 지각, 미각적 지각, 구강 감각 요인에 의한 향미 특성, 기계적 특성, 기하학적 특성, 지방/수분 특성에 의한 구강 텍스처 특성 등으로 구분한다.

묘사분석은 가장 복잡한 관능검사 방법으로, 제품의 선호에 중요한 관능적 특성을 결정하는데 기본적인 자료를 제공하며, 특정 원료나 가공 조건이 제품의 관능적 변화에 어떤 영향을 미치는지 알아내어 제품 연구의 방향을 제시하는데 많은 도움이 된다. 또한 품질 관리의 목적으로 제품의 생산, 유통, 저장에서 제품 간에 발생하는 차이의 근거를 찾을 때에도 사용된다. 묘사분석은 신제품을 개발할 때 목표가 되는 제품의 관능적 특성, R&D와 QA/QC의 관리기준을 위한 특성을 정의하거나 소비자검사 결과의 해석과 소비자검사에 포함시킬 특성의 선정을 위한 제품 특성, 저장성, 포장에 따른 제품의 관능적 특성 변화를 파악하고, 이화학적 특성과 관련되는 제품의 특성을 인식하거나 시간에 따라 변하는 특정 특성의 강도를 측정하는 데에도 적용된다. 분석 방법으로는 향미프로필분서, 텍스처 프로필분석, 정량적 묘사분석, 스펙트럼 묘사분석, 시간-강도 분석 등이 있다.

① 향미프로필분석(Flavor Profile Analysis)
향미프로필분석은 시료의 향미 특성 규명, 각 특성 강도의 측정, 특성이 출현하는 순서 결정, 후미 규명, 강도 측정과 전체적인 관능적 인상을 측정하고 분석하는 방법이다. 향미프로필분석법의 훈련은 요구되는 훈련 강도와 난이도가 높아 6개월에서 1년 정도 소요되며, 정성적 방법이기 때문에 분석후의 통계 처리가 없다. 즉 항목 척도로 표시하며 향미 특성 외에 외형적인 것이나 텍스처 특성을 포함시키기도 한다. 패널 지도자가 포함되는 경우도 있으며, 장점은 5~8명 정도로 소수의 훈련된 패널 요원이 시행한다는 점이다. 패널 요원 모두가 함께 사용할 용어를 개발하고 정의하며, 많은 제품을 평가해야 할 경우에 이용한다.

- 패널 요원은 원형 테이블에 앉아 동시에 냄새와 향미를 평가한다.
- 특성과 강도, 출현 순서, 후미와 전체적인 인상을 기록한다.
- 개별적인 평가가 끝나면 공개적으로 함께 의견을 모은다.
- 계속해서 다른 시료를 평가할 수 있다. 그러나 이후에 다시 시료를 맛보거나 할 수는 없다.

② 텍스처프로필분석(Texture Profile Analysis)
텍스처프로필분석은 반고체 음식, 음료, 피부촉감 제품, 섬유, 종이류의 재질감을 측정할 때 사용하는 방법이다. 패널 요원은 각 특성들이 평가될 순서와 단계를 결정하며, 동일한 방법으로 시료를 평가할 수 있는 기술을 정립한다. 패널 요원은 차이 식별 능력과 관심과 태도 등을 보기 위한 면담을 통해 선정하며, 훈련할 때 넓은 범위의 표준 시료를 패널 요원에게 제공하고, 평가 후에는 토론에 의해 정해진 척도를 사용하여 평가한다.

③ 정량적 묘사분석(Quantitative Descriptive Analysis)
정량적 묘사분석은 묘사분석 방법을 사용하여 얻은 데이터가 통계적으로 분석되지 않

는 점을 보충하기 위해 시작되었다. 수로 나타낸 결과는 통계적 분석 방법을 적용할 수 있으며 제품들 사이의 차이 구별이 용이하다는 장점이 있다.

정량적 묘사분석은 제품에서 감지할 수 있는 모든 관능적 특성을 포함해야 하기 때문에 정확성이 높은 비교평가를 위한 여러 개의 시료 검사가 가능하다. 검사 전에 자격이 인정된 10~12명 정도의 패널 요원을 선정하여 적합한 척도에 따라 4~6회 정도 반복적으로 평가한다. 이때 3~6개의 시료를 제시하고, 평가 특성의 수는 20~40개 정도로 하며, 제시하는 시료가 4개 일 때 소요되는 검사 시간을 15분 정도로 한다. 각 특성의 강도에 대한 반복 실험, 많은 시료의 검사, 소수의 패널 사용, 패널 지도자의 영향을 받지 않는 용어와 평가표 개발 과정의 적용과 함께 정량적일 것, 데이터에 대한 유용한 통계 분석 체계를 가질 것 등과 같은 여러 측면을 고려해야 한다.

분산 분석, 유의성 검정을 통해 데이터를 수집 분석하고, 결과보고서에는 실험 목적, 평가표, 특성 설명표, 실험 방법, 결과 및 해석, 결론, 제언 등을 수록한다.

④ 스펙트럼 묘사분석(Spectrum Descriptive Analysis)

제품의 모든 특성을 기준이 되는 절대적인 척도와 비교하여 평가하는 방법이다. 외관, 향미, 텍스처 등 다양한 특성을 평가하는데 이용하며 2~5개 정도의 참조점(reference points)을 사용한다.

⑤ 시간-강도 묘사분석(Time-intensity Analysis)

냄새, 맛, 향미, 텍스처, 온도 및 통감은 시간이 지남에 따라 다양한 변화를 나타낸다. 시간-강도 분석은 제품의 몇 가지 중요한 관능적 특성의 강도가 시간의 경과에 따라 변화하는 양상을 조사하기 위해 개발한 방법으로, 결과는 표나 그림(시간-강도 곡선)으로 나타낸다.

그 외 주어진 동일한 특성에 대해 다양한 용어를 사용하는 소비자 문제점의 해결책을 강구하기 위한 방법으로 자유선택프로필(Free-choice Profiling)이 있다.

(3) 소비자 기호도 검사(Consumer Sensory Analysis)

소비자 기호도 검사는 제품의 소비자나 소비가능성이 있는 대상의 개인 반응인 선호도/기호도(Preference/Acceptance)와 제품에 대한 의견 및 특정 성질을 알아보기 위한 검사법이다. 이것은 제품의 판매 실적을 올리기 위한 계획 수립에 많은 도움을 줄 뿐 아니라 가격을 증가시키기 위한 정보를 제공한다. 마케팅이나 경영에 관여하는 사람들은 기호도를 소비자에 의한 제품 수락의 개념으로 사용하기도 하는데 소비자에 의한 제품 수락은 식품의 관능적 특성 이외에 가격, 포장, 편리성 및 광고 등과 같은 요소에 의해 많은 영향을 받는다. 연구 과제별로 볼 때, 소비자 기호도 검사는 제품의 품질 유지와 향상, 새로운 제품 개발 및 판매 가능성의 분석을 위해 수행하며 정성적 검사, 정량적 검사, 기호척도법과 같은 방법이 있다.

① 정성적 검사(Qualitative Test)

정성적 검사는 제품 개발 초기에 제품의 개념을 설정하려 할 때 또는 개발의 여러 단계에서 방향을 제시하기 위해 언제, 어디서, 무엇을, 어떻게, 왜에 대한 질문에 답을 하며 실행한다. 10명 정도의 소비자를 대상으로 집단 면접을 실시하여 심층적 욕구를 분석하는 초점그룹 인터뷰 방식을 주로 사용한다.

② 정량적 검사(Quantitative Consumer Test)

정량적 검사는 표준제품에 상응하는 침출수(pilot scale)의 원형(prototype) 개발 단계에서 차이식별검사 결과에서 차이가 나타난 경우 어느 것을 더 좋아하는지 조사하기 위해 사용한다. 또한 라인확장(line extention) 과정에서 개발된 관련 제품이나 시제품 또는 경쟁 제품의 기호도를 비교할 때 사용한다. 50~400명 규모의 많은 수의 소비자를 대상으로 수행하며 제품의 특성인 외관, 향, 맛, 조직감에 대한 소비자의 전반적인 기호도 혹은 선호도를 알고자 할 때 이용한다. 선호도와 기호도를 검사하는 구체적인 방법으로는 이점 기호검사, 순위 기호검사, 기호척도법 등이 있다.

가. 이점 기호검사(Paired Comparison Test)

두 개의 검사물을 놓고 어느 것이 더 좋은지를 결정하는 방법이다. 이는 두 검사물의 상대적 기호도를 묻는 것이기 때문에 이 검사를 통해 검사물 중 어느 하나를 실제로 좋아하는지 싫어하는지에 대해서는 알 수 없다.

〈표 12〉 이점 기호검사를 위한 검사표의 예

◆ 제시된 두 시료 중 왼쪽의 것을 먼저 맛보고 오른쪽의 것을 그 다음으로 맛보시오. 두 검사물을 모두 맛보았으면 둘 중 어느 것이 더 좋은지 선택하시오.

173　　　　　　　985

_____　　　　_____

나. 순위 기호검사(Ranking for Preference)

검사물의 수가 3~5개인 경우 상대적인 기호의 순위를 결정하도록 하는 방법이다. 이 검사를 통해 검사물간의 상대적인 기호도를 알 수 있을 뿐이므로 기호 수준을 알고 있는 검사물을 한 개 이상 포함하면 다른 검사물의 기호 수준을 짐작하는데 도움이 된다.

〈표 13〉 순위 기호검사를 위한 검사표의 예

◆ 주어진 시료를 왼쪽부터 오른쪽까지 맛본 후 좋아하는 순서대로 순위를 정하시오
(가장 좋아하는 것을 1에, 가장 싫어하는 것을 4에 표시하시오)

_____　　_____　　_____　　_____
　　1　　　　　2　　　　　3　　　　　4

다. 기호 척도법(Hedonic Scale Method)

기호 수준을 나타내는 척도(5점, 7점, 9점)를 사용하여 소비자의 검사물에 대한 기호 정도를 알아내는 방법으로 9점 기호 척도법이 가장 유용하게 사용된다.

〈표 14〉 9점 기호 척도법을 위한 검사표의 예

◆ 다음 시료를 맛보고 당신이 좋아하고 싫어하는 정도를 나타낸 곳에 V표 하시오.

	351	895
극도로 좋다	_____	_____
대단히 좋다	_____	_____
보통으로 좋다	_____	_____
약간 좋다	_____	_____
좋지도 싫지도 않다	_____	_____
약간 싫다	_____	_____
보통으로 싫다	_____	_____
대단히 싫다	_____	_____
극도로 싫다	_____	_____

3) 차의 관능검사

차의 품평은 평가 목적에 따라 크게 두 가지로 구별되는데, 하나는 차 자체에 대한 평가로 차의 외관, 맛, 향, 탕색에 관하여 정성적, 정량적으로 표현하는 평가이며, 다른 하나는 여러 가지 차에 대한 소비자의 선호도를 표현하는 평가이다. 전자는 차의 특성묘사분석과 차이식별분석으로, 후자는 기호도 분석으로 실행한다. 특성묘사분석은 차의 품위나 등급을 평가하는 것이 아니라 평가하고자 하는 차가 어떤 색향미를 띠고 있는지를 객관적으로 평가하는 것이고, 차이식별분석은 동일군의 차 제품들의 특성이나 품질의 차이를 평가하는 것이며, 기호도 분석은 소비자의 반응을 중심으로 평가하는 검사법이다.

궁극적으로 차의 품평은 위의 세 가지 분석법이 상호보완적으로 반영되어야만 하는데, 이것을 차의 관능검사라 한다. 일반적으로 차의 품평은 전문가에 의해 시각, 청각, 후각과 같은 감지된 모든 감각을 고려하는 총괄적 평가이므로 묘사분석의 범주에 속하는데, 그 중 향미프로필분석과 정량적 묘사분석 방법을 주로 사용한다. 특히 차의 관능검사를 산업적으로 활용하기 위해서는 모든 관능특성을 정량적으로 평가해야 하므로 그 중에서

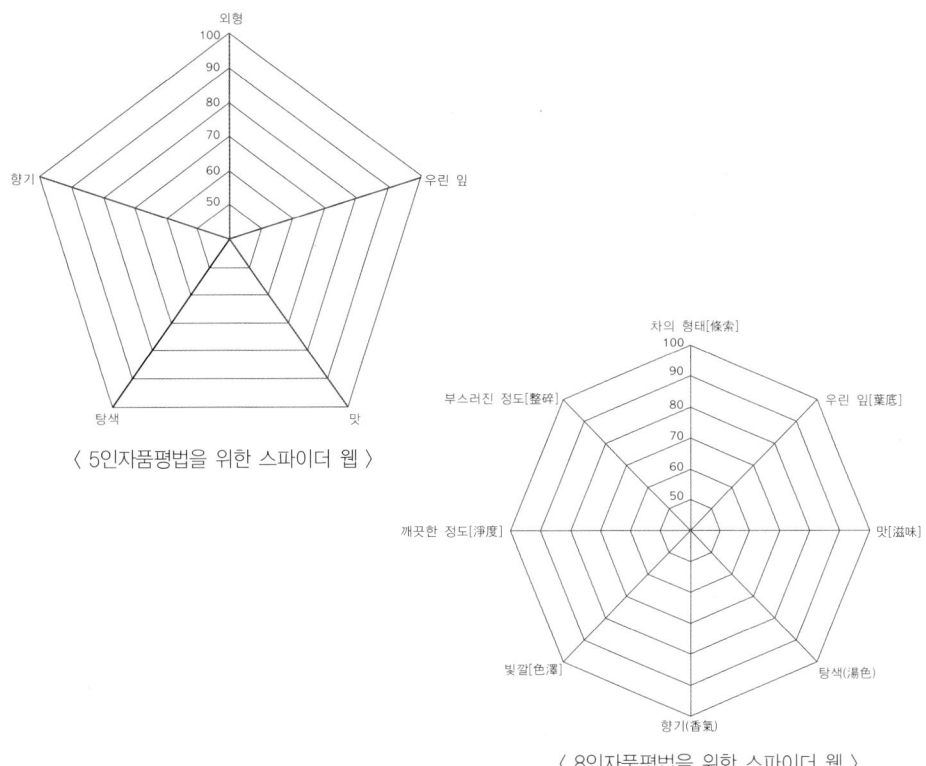

〈 5인자품평법을 위한 스파이더 웹 〉

〈 8인자품평법을 위한 스파이더 웹 〉

도 정량적 묘사분석이 자주 활용된다. 또한 검사물의 종류에 따라 평가하는 관능특성에 차이가 있기 때문에 적절한 평가 용어를 선정해야 하며, 평가 결과는 목적에 따라 일원분산분석(one-way ANOVA)이나 이원분산분석(two-way ANOVA)를 이용하여 통계적으로 분석한다. 통계 분석이 완료되면 스파이더 웹(spider web)을 이용하여 시각적으로 각 관능특성의 묘사분석 결과를 도식화 한다.

  적절하게 관능검사를 실시하고 올바른 결과를 얻기 위해서는 예비 훈련을 통해 자격이 인정된 10~12명 정도의 패널요원들을 선발하여 평가하고자 하는 차의 관능특성에 대한 용어를 개발 확립하며 각 관능특성을 설명할 수 있는 기준 물질을 정하고 패널요원들이 각각의 특성을 인지하여 정량적으로 평가표를 작성할 수 있도록 훈련해야 한다. 훈련 과정에서 패널요원들 간의 원활한 토의를 통해 모든 패널요원들이 각 관능특성에 대해 동일하게 인지하고 관능특성의 강도에 대해 일관성 있게 평가하도록 지속적으로 교육과 훈련을 병행해야 한다.

그 외 올바른 차의 관능검사를 위해서는 검사 설비와 검사 방법을 표준화하고, 가능한 한 동일한 조건에서 검사를 실시해야 하는데, 이를 위해서는 우선 평가기준 설정, 품평단 구성, 검사실의 조건 등을 살펴보아야 한다.

관능검사를 위한 검사실은 일반적인 검사실과 마찬가지로 쾌적하고 냄새가 나지 않으며 채광이나 환기가 잘 되어야 한다. 특히 녹차의 경우, 다른 식품에 비해 향미가 강하지 않고 냄새의 영향을 많이 받기 때문에 환기 시설이 더욱 중요하다. 차의 관능검사에서 사용하는 검사 용구는 약간의 차이가 있을 수 있으나 대체적으로 표준화 되어 있다.

Ⅲ. 품평 이론

1. 품평 준비
2. 품평 순서

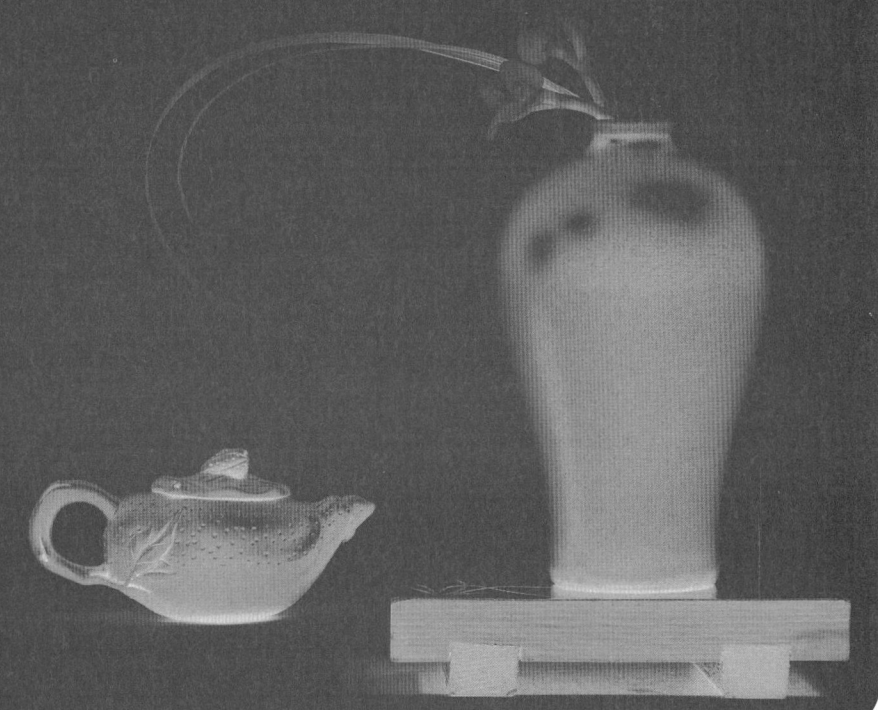

1. 품평 준비

1) 품평기준 결정

관능품평은 숙련된 여러 명의 전문가 집단(품평단)이 오감(五感)을 통해 파악한 차에 대한 감각적 자료를 근거로 차의 품질을 확인하고 그 등급을 결정하는 것이므로 여러 사람의 평가 결과가 객관적으로 반영되어야 한다. 따라서 우선 어떤 종류의 차를 어떠한 항목에 의거해서 누가 평가하느냐에 대한 기준을 설정하는 것이 매우 중요하다.

차의 관능품평은 찻잎의 품질, 등급, 제도 및 질량 문제를 중심으로 진행된다. 근대적인 품평 방법은 기본적으로 5인자품평법(五因子品評法), 8인자품평법(八因子品評法), 청자품평(靑茶品評)의 3가지로 구분할 수 있다. 5인자품평법은 차를 외형(外形), 탕색(湯色), 향기(香氣), 맛[滋味]과 우린 잎[葉底]의 5가지 항목으로 평가하는 것이고, 8인자품평법은 위의 5가지 항목 중 외형을 다시 차의 형태[條索], 찻잎의 부스러진 정도[整碎], 깨끗한 정도[淨度], 빛깔[色澤]의 4개 항목으로 세분하여 총 8가지 항목에 의거하여 차를 평가하는 것이다. 청차품평은 품평할 때 청차 고유의 특성을 감안하는 방법인데, 청차는 품종도 다양하고 품질의 차이가 크며 각 품종은 모두 색깔, 향기, 맛, 형태에 있어서 독특한 지역적 특성을 지니고 있다. 따라서 청자품평에서는 이러한 지역성을 감안하여 다른 차 종류와는 구별되는 방법을 발전시켰는데, 위에서 설명하고 있는 일반적인 차 품평 방법인 5인자품평법을 근거로 하되 그 중 향기와 맛에 대한 평가가 중심이 된다.

위의 세 가지 품평 기준 중 차의 생산 측면에서는 5인자품평법을, 유통이나 산업과 관련해서는 8인자품평법을 선호해 왔다. 그러나 8인자품평법의 경우 차의 품질을 평가할 때 찻잎의 외형과 질량을 너무 중시하여 맛과 향을 포함한 차의 전체적 평가에 몇 가지 문제점을 유발할 수 있기 때문에 오늘날에는 5인자품평법을 주로 사용하고 있으며, 우리나라나 일본에서도 대부분 5인자품평법을 기준으로 차를 품평하고 있다.

(1) 해외 관능품평 기준

① 중 국

가. 농업부 항목별 찻잎 품평계수(%)

종 류		외형	탕색	향기	맛	우린 잎
명우차(名優茶)		30	10	25	25	10
홍쇄차(紅碎茶)	대엽종	20	10	30	30	10
	소엽종	30	10	25	25	10
공부홍차(工夫紅茶)		35	10	20	20	15
소종홍차(소종紅茶)		30	10	25	25	15
미차(眉茶), 주차(珠茶)		35	10	20	20	15
화 차(花 茶)		30	5	40	20	5
홍청차배(烘靑茶培)		40	10	20	20	10
청차(靑茶, 烏龍茶)		15	10	35	30	10
보이차(普洱茶)		20	10	30	30	10
백 차(白 茶)		20	10	30	30	10
황 차(黃 茶)		30	10	20	30	10
긴압차(緊壓茶)		30	10	20	25	15

나. 상해다엽과학연구논문집 수록 품평계수

品 仲 cultiver	外形 shape (10)		蕩色 liquor (10)		香氣 aroma (30)		滋味 flavor (30)		葉底 infused leaf (20)		總分 Average (100%)	
	評語 comment	分 pt	評語 comment	分 pt	評語 comment	分 pt	評語 comment	分 pt	評語 comment	分 pt	評語 comment	分 pt
菊花春 (對照)	深綠	85	黃錄明豪	88	淸香	87	醇厚	84	黃錄	85	85.6	
菊花春 1組	深綠	86	黃錄明豪	85	淸香	88	醇厚	86	黃錄明豪	86	86.5	
碧雲 1組	深綠	85	黃錄明豪	87	淸香	87	黃錄	88	黃錄	85	86.8	

(茶業科學硏究論文集, 1991~1995, p.27)

② 대만

處 理 Treatments	形 狀 Appearance (10)	色 澤 Color (10)	水 色 Color of liquor (20)	香 味 Flavour		總分 Total (100)	備 註
				香 氣 aroma (30)	滋 味 Taste (30)		
Ⅰ	6.5	6.5	17.0	21.0	19.5	70.5	
Ⅳ	6.5	6.5	16.0	21.0	19.0	69.0	
Ⅷ	6.5	6.0	15.0	20.0	18.0	65.5	

(茶業研究報13號, 1994, p.109)

③ 일본

區 分	形 狀 (20)	色 澤 (20)	香 氣 (20)	水 色 (20)	滋 味 (20)	總 計 (100)
翌日製造	14.5	14.0	14.0	13.0	13.5	69.0
卽日製造	14.5	13.5	13.5	13.0	13.0	68.0

(茶業硏究報告 제 88호, 1999, p.127)

(2) 국내 관능품평 기준

① 농림부

가. 농림부 고시 품질 기준 (농림부 고시 제2004-6호)

항 목	기 준		봉지포장 녹차
	방습포장 녹차		
	특 급	고 급	
관 능 품 위	건조된 녹차의 찻잎은 고유의 형태와 색택을 가지고 이물이 없어야 하며, 그 열수 추출물은 고유의 수색과 향미를 가지고 이미·이취가 없어야 하며, 아래의 채점기준에 따라 채점한 결과 전 항목 모두 3점 이상이어야 한다.		건조된 녹차의 찻잎은 고유의 색택을 가지고 이물이 없어야 하고, 그 열수 추출물은 고유의 수색과 향미를 가지고 이미·이취가 없어야 하며, 아래의 채점기준에 따라 채점한 결과 전 항목 모두 3점 이상이어야 한다.
분 말 (%)	2.5 이하		2.0 이하
줄기 및 협잡물(%)	3.0 이하		
수 분 (%)	6.0 이하		7.0 이하
회 분(건물%)	6.0 이하		
총질소(건물%)	5.5 이상	4.5 이상	4.5 이상

나. 농림부 관능품위 채점 기준

대상	항목	채 점 기 준
건조찻잎	형태	• 찻잎이 말라진 상태가 매우 균일하고 고유의 형태를 잘 유지하고 있으며 부스러진 찻잎과 황엽이 거의 없는 것은 5점으로 한다. • 찻잎이 말아진 상태가 대체로 균일하고 황엽이 약간 있는 것은 그 정도에 따라 4점 또는 3점으로 한다. • 찻잎이 말아진 상태가 불균일하고 고유의 형태가 유지되지 않았으며, 부스러진 찻잎과 황엽이 많은 것은 2점으로 한다. • 찻잎이 말아진 상태가 극히 불균일하고 고유의 형태가 전혀 유지되지 않았으며, 부스러진 찻잎과 황엽이 매우 많고 이물이 있는 것은 1점으로 한다.
	색택	• 찻잎 고유의 녹색이나 진녹색이 선명하며, 색택이 균일하고 윤기를 가진 것은 5점으로 한다. • 찻잎 고유의 녹색이나 진녹색이 비교적 선명하며, 색택이 대체로 균일한 것은 그 정도에 따라 4점이나 3점으로 한다. • 찻잎 고유의 색이 퇴색되어 있고 갈색, 적색, 흑색, 청흑색 등으로 변색된 찻잎이 포함된 것은 2점으로 한다. • 찻잎 고유의 색이 매우 퇴색되어 있고 갈색, 적색, 흑색, 청흑색 등으로 변색된 찻잎이 많이 포함된 것은 1점으로 한다.
열수 추출물	수색	• 수색이 선명한 담록색 또는 황록색을 띠며 잔사가 거의 없어서 매우 맑은 것은 5점으로 한다. • 수색이 비교적 선명한 담록색 또는 황록색을 띠며 잔사가 약간 있는 것은 그 정도에 따라 4점 또는 3점으로 한다. • 수색이 적색, 흑색, 청색, 적흑색을 띠며, 잔사가 많아서 탁한 것은 2점으로 한다. • 수색이 적색, 흑색, 청색, 적흑색을 띠며, 잔사가 매우 많아서 몹시 탁한 것은 1점으로 한다.
	향미	• 감칠맛과 고소한 맛이 양호하고 향기가 매우 신선하며 이미, 이취가 없는 것은 5점으로 한다. • 감칠맛과 고소한 맛이 비교적 양호하고 향기가 신선하며 이미, 이취가 없는 것은 그 정도에 따라 4점 또는 3점으로 한다. • 감칠맛과 고소한 맛이 부족하며 떫은맛이 강하고 이미, 이취가 있는 것은 2점으로 한다. • 떫은맛과 이미, 이취가 강한 것은 1점으로 한다.

② 전남농업기술원 차시험장 (1994~2003)

구 분	외관 Appearence(40)		내질 liquor tasting(60)			총계 Total (100)
	형태	제품색	향기	수색	맛	
녹차	20	20	20	20	20	100(%)

③ 2004년 제1회 대한민국 차 품평대회

A. 외형	B. 탕색	C. 향기	D. 맛	E. 우린 잎	총 계
20	15	25	30	10	100(%)

※ 점수계산 = Σ(20A+15B+25C+30D+10E)/100

A: 외형 평가 점수 (백점만점제) B: 찻물색 평가 점수 (백점만점제)
C: 향기 평가 점수 (백점만점제) D: 맛 평가 점수 (백점만점제)
E: 우린 잎 평가 점수 (백점만점제)

④ 2005년 보성다향제 (국제명차품평대회 한국예선)

구 분	A. 외형	B. 찻물색	C. 향	D. 맛	E. 우린 잎	합 계
배분율	20	15	25	30	10	100(%)

- 형태 : 마른 찻잎의 외형(20-5=15) + 우린 잎(10-5=5) = 20%
- 맛 : 30%   • 향기 : 25%
- 색 : 마른 찻잎의 색깔(5) + 우린 잎의 색깔(5) + 찻물색(15) = 25%
- 한국 녹차의 점수 계산 방법 : Σ(20A+15B+25C+30D+10E)/100

⑤ 2005년 제 5회 국제명차 품평대회

구 분	외적 요소		내적 요소				합계
	형상	색깔	향기	탕색	맛	우린 잎	
녹 차	15	5	20	20	30	10	100

※ 각 항목별 100점 만점

⑥ 2005년 한국차생산자연합회 관능품평 기준

항 목	차의 내질				차의 외관		합 계
	향	수색	맛	맛향색 조화	외형	우린 잎	
배 점	24	16	32	5	16	7	100
	77				23		

2) 품평단 구성

품평단은 관능검사를 할 수 있는 자격을 지닌 패널들로 구성되며, 제품의 관능적 품질에 관한 정확한 판정을 위해 우수한 감도(sensitivity)와 재현성(reproducibility)을 유지할 수 있어야 한다. 따라서 우수한 품평단을 구성하기 위해서는 품평원을 선정하여 지속적으로 교육 및 훈련하는 것이 가장 중요하다. 또한 차 품평은 실전기술로서 찻잎의 품질을 평가하는 기술과 정확성을 요구하는 작업이므로 전문가의 일정한 조건 아래 표준적 조작을 따라야 하며, 차에 관한 전반적인 이론과 지식을 관능품평의 실행과 잘 조화시켜 실시해야만 한다. 만약 이론적 지식만을 중요시한다면 차의 품평에서 정확한 심사 결과를 얻기 어려울 것이며, 또한 단순히 제시된 평가 대상인 차에만 의지하여 기준 없이 심사한다면 습관적인 오류를 범하게 되어 정확한 판단을 내릴 수 없을 것이다.

(1) 품평원 선정

관능검사 품평단을 구성할 때에는 경험, 의욕, 나이, 건강, 직업, 지역, 참가 가능성 등이 선정기준이 된다. 이 경우에는 일정 집단을 대상으로 관심있는 패널 후보를 모집하여 관능검사에 관한 기초적인 사항을 예비교육하고, 교육을 끝낸 후보들 중 훈련에 참가할 의향과 시간이 있는 사람을 선별하여 적절한 방법을 통해 최종 선정한다.

관능검사에 관한 ASTM(American Society for Testing and Materials) 지침서에 의하면, 품평원을 선정할 때에는 필요한 패널의 2~3배를 선정하며, 실제 검사에 사용하는 것과 비슷한 제품과 방법을 사용해야 한다. 예를 들면 삼점 검사법을 이용하여 패널을 선별할 때, 후보당 네 종류의 시료를 제시 순서를 다르게 6번 반복하여 총 24번 시험하며, 난이도가 증가하는 순으로 실험을 실시한다. 24회의 응답 중 60% 이상 정답을 맞힌 사람만을 후보로 선정한다. 이때 결과에 신빙성을 얻기 위하여 각 후보는 모든 실험에 응하도록 하는 것이 중요하다. 그러나 차 품평원은 관능검사를 할 수 있는 일반적인 신체적 조건을 갖추는 것 외에 차에 관한 전문지식을 두루 겸비해야 한다. 왜냐하면 차는 품질 차이가 매우 미세하며 이러한 미세한 차이를 판별할 수 있기 위해서는 예민한 후각과 미각이 요구되고 반복적인 훈련을 통해 차의 향기와 맛에 대한 고도의 민감성을 길러야 하기 때문이다. 차 품평원이 갖추어야할 조건과 자격은 다음과 같다.

(2) 차 품평원의 자격

① 전문지식을 갖춰야 한다.

　차는 특유의 색과 향과 맛을 지니고 있으며, 이러한 색향미가 차 자체를 구성하고 있는 중심 요소이다. 더욱이 제다 과정은 물론 차의 원료가 되는 차나무 품종이 어떤 것이냐에 따라서 차의 종류 자체가 달라질 수 있기 때문에 정확한 차의 품평은 차나무 품종과 제다 방법 및 기술, 차의 종류와 품질에 관한 전문지식을 골고루 갖추고, 차나무 재배에서 제다까지의 모든 공정과 품질 형성에 필요한 상호 관계를 이해하고 습득한 전문가에 의해 이루어져야만 한다. 이 밖에 우수한 품평원은 차의 시장과 각 지역별 선호도에 대한 깊은 이해가 있어야 하고, 품평 대상이 된 차의 가공 방법도 파악해야만 한다. 특히 차는 제다 방법과 발효 정도에 따라 색과 향과 맛이 확연하게 달라지기 때문에 만일 제다 방법을 정확하게 알지 못한다면 그 차의 품질 평가를 정확히 할 수 없는 것은 물론이요, 평가 대상 차가 어떤 차인지를 명확하게 구분하는데 있어서도 오류를 유발할 우려가 있다. 더욱이 품평의 다른 목적인 품질 향상을 위한 제다 기술 발전을 위한 확실한 의견을 제시할 수도 없으며, 판매 시장과 그 지역별 선호 양상을 모른다면 생산과 판매에 적절한 조언도 할 수 없을 것이고, 생산과 판매의 균형도 맞출 수 없다. 예를 들면 산동(山東) 지방에서 선호하는 초청녹차(炒靑綠茶)는 대체로 높은 온도에서 제다하여 고소하거나 화향(火香)이 있는 것이어서 그 지역 사람들에게는 신선한 "용정차"보다 더욱 환영을 받는다. 이와 달리 강소(江蘇), 절강(浙江), 상해(上海) 지역에서는 낮은 온도에서 만들어 신선함을 지닌 녹차를 선호하며, 묵거나[陳], 너무 익었거나[熟], 누런[黃] 녹차는 잘 팔리지 않는다. 또 광동(廣東)에서 판매하는 녹차는 오래된 향[陳香]이 조금 나면 오히려 환영을 받는다. 때문에 차 품평원은 반드시 찻잎의 제조, 공급, 판매 등 여러 방면의 지식을 정확히 알고 있어야만 찻잎 품질을 평가하는 올바른 '전문가'가 될 수 있다.

② 신체조건이 적합해야 한다.

　품평원이 지녀야 할 신체 조건은 다음과 같다.

　첫째, 후각(嗅覺) 신경이 정상이어야 하고 만성 비염과 같은 질병이 없어야 한다. 말할 때 비음이 없어야 하고 비강점막이 촉촉해야 하며 뚜렷한 분비물이 없어야 한다. 폐기능이 약한 사람은 보통 후각이 민감하지 않다.

둘째, 시력이 0.5 이상으로 정상 이상이어야 하고, 색맹이나 색약이 없어야 한다.

셋째, 폐결핵이나 간염과 같은 만성 전염병이 없어야 한다.

넷째, 소화기 계통이 정상이고 만성위장병이 없어야 한다. 만성위장병이 있는 사람은 입에서 구취가 나기 쉽고, 심장기능이 약한 사람은 미각(味覺)이 약하다.

다섯째, 암내가 나는 사람은 차를 품평하기 어렵다.

③ 섭취물에 유의해야 한다.

차 품평원은 자신을 차의 품질을 검사하는 '도구'로 생각해야 한다. 따라서 일상생활 중 언제 어디서나 자신을 관리하는데 주의를 기울여야 한다. 특히 시각, 미각, 후각과 같은 각 기관이 예민한 감각을 유지하도록 해야 하며 일부 음식물과 약물로 인한 영향과 피해를 받지 않도록 조절해야 하므로, 다음과 같은 사항을 항상 유의해야 한다.

- 흡연과 음주 절제 : 담배에 중독된 사람은 담배연기의 자극을 자주 받아 미각과 후각 신경이 비교적 둔하다. 담배연기와 니코틴 냄새는 구강과 기관지에 남아 있는 시간이 비교적 길어 차를 평가할 때 맛과 향기 판단이 흐려져 분별력이 떨어진다. 음주 후에는 흥분되고 금방 피곤해 진다. '술 마신 뒤 일을 그르친다'는 말이 있듯이, 음주가 차를 평가하는데 주는 영향은 흡연 못지않다. 술의 질이 좋을수록 내포된 방향물질이 많고 맛과 향이 진하여 음주 후 향이 오래가며, 차를 평가하는데 정확도가 떨어진다. 알콜 함량이 같은 다른 종류의 술을 마셨을 때, 영향을 미치는 정도는 '황주(黃酒) 〉 와인 〉 맥주 〉 소주' 순이다. 관찰에 의하면 음주로 약간 취한 사람은 2시간 이내에, 정신이 흐리도록 취한 사람은 반나절 동안, 인사불성이 된 사람은 하루 동안 차를 평가할 수 없다. 결론적으로 술과 담배를 좋아하는 사람은 이상적인 차 품평원이 될 수 없다.
- 휘발성 물질을 함유한 음식의 절제 : 마늘, 후추, 생강, 산초, 파와 같은 음식은 모두 휘발성분을 함유하고 있어 맵고 역한 냄새가 나며 섭취 후 시신경을 자극하여 시각이 어렴풋하게 된다. 이는 찻잎의 색깔을 평가하는데 영향을 줄 뿐만 아니라

맵고 역한 냄새가 구강에 오래 남아 있기 때문에 찻잎의 향과 맛을 평가하는데도 영향을 미친다. 따라서 이런 음식을 섭취했을 경우에는, 구강내의 이상한 냄새가 없어지고 시각이 정상으로 회복된 후에 차를 평가해야 한다.

- 단 음식의 절제 : 단 음식을 많이 섭취하면 항상 느끼한 감이 나고 미각이 무뎌지고 식욕이 떨어지며 어떤 경우에는 신물이 올라온다. 당분은 소화액 분비에 영향을 미치며, 과도하게 섭취하면 소화불량을 일으킬 수 있다. 따라서 단 음식을 너무 많이 먹으면 차의 맛을 감별하는데 불리하다.
- 기름에 튀긴 음식 절제 : 기름에 튀긴 빵, 떡, 튀김, 땅콩과 같은 식품은 지방 함량이 비교적 많아 식후 위에 남아 있는 시간이 길다. 이런 종류의 음식을 많이 먹으면 소화불량에 걸리기 쉬우며 신물이 올라와 차 품평의 정확성에 영향을 주게 된다.
- 무(radish) 섭취 유의 : 생 무는 겨자기름 성분을 함유하고 있어 섭취 후 위 속에서 기체를 발생시키며 일반적으로 15분 후에 트림을 하게 된다. 이 트림은 구린내가 특히 강하고, 약 3시간 정도 지속된다. 따라서 생 무를 먹은 후 4시간 이내에는 차를 평가하지 말아야 한다.
- 항생제 복용 유의 : 테라마이신 등 항생 물질의 약물을 연속 8회 이상 복용하면 중추신경에 선명한 자극을 주어 미각이 현저히 무뎌지고 구강 안에 많은 침 거품이 생기는데, 이때는 맛에 대한 분별 능력을 거의 잃게 되어 차를 품평할 수 없다. 따라서 차 품평원은 항생제 주사와 복용을 삼가고, 일반적으로 경미한 염증에는 가능한 다른 약품으로 대체하여 차 품평시의 나쁜 반응을 최소화해야 한다.
- 한약 복용 유의 : 한약은 복용 후 트림을 하게 되는데 짙은 약물 냄새가 난다. 한약을 복용하면 그 냄새가 구강에 배고 냄새도 매우 심하여 복용 후 4시간이내에 차를 품평할 수 없다. 따라서 가능한 한 효과가 비슷한 다른 약을 먹거나 약을 먹기 전에 차를 평가하거나 또는 차를 평가하는 시간과 약 먹는 시간 사이에 긴 시간차를 두면 좋다.

앞에서 예시한 7가지 음식과 약품 외에 폭음, 폭식, 생선이나 육류의 섭취도 가능한 피해야 한다. 즉 품평원은 반드시 자신의 몸을 잘 조절하고 항상 최적의 건강상태를 유지해야만 한다.

(3) 품평원의 교육

품평원의 교육은 관능검사에 관한 새로운 지식과 기술을 빠른 속도로 받아들여 검사의 효율을 증진시킬 목적으로 실시한다. 교육 정도는 검사 목적이나 대상 제품에 따라 크게 다를 수 있으며, 교육은 관능검사 방법을 잘 아는 품평 지도자가 주관한다.

교육의 첫 과정은 품평원이 임무를 수행하는데 필요한 품질 특성을 익히는데 중점을 두어 훈련하고, 다음에는 평가 척도에 관해 훈련한다. 품평원이 평가하는 제품 특성과 그 강도가 품평 지도자의 결과와 같아지면 그 그룹의 훈련을 마치고 각 개인의 성능평가 과정으로 들어간다. 성능평가는 품평원이 평가하고 있는 특성을 식별하거나 묘사하는데 어려움이 있는지를 알아보기 위한 것으로 각 품평원에 대해 관능검사 항목에 따라 분산 분석하여 F값을 구한 후 이 F값으로 품평원의 등수를 정해 최종 검사원을 선정한다. F값이 크면 클수록 그 품평원은 시료를 다르게 평가한 것이다.

3) 품평공간

관능검사는 소음, 실온 및 조명과 같은 물리적 환경 뿐 아니라 냄새나 다른 사람이 옆에 있다는 인식에 의해서도 영향을 받는다. 따라서 품평의 오차를 최소화시키고 민감도를 최대화시켜 제품 이외에 발생되는 변인들을 없앨 수 있는 검사실이 기본적으로 필요하다. 품평 환경은 소음이나 다른 냄새에 영향을 받지 않도록 조용하고 환기시설이 구비되어 있어야 하며, 품평원들 사이의 영향을 배재하기 위해 개별 칸막이 시설(Booth)이 갖추어져 있어야 한다. 품평실의 온도와 습도를 쾌적하게 조절하기 위해 냉, 온방 장치를 설치하여 실온을 20~25℃, 습도를 50~60%로 유지하도록 한다. 또한 품평실 내부 광선의 양과 색광 역시 품평원의 평가 결과에 중요한 영향을 미치므로 시료를 충분히 눈으로 감지할 수 있도록 밝게 해야 한다. 이외에도 내부의 벽, 천장, 바닥과 탁자 등의 비치물은 흰색이나 회색 계통의 적당히 밝고 안정된 색으로 도색하는 것이 좋다. 또한 그룹 패널 토의를 할 수 있는 별도의 공간과 시료를 준비하는데 필요한 기구가 구비된 준비실도 필요하다.

(1) 품평공간의 환경

품평을 할 때는 대체로 두 가지 이상의 등급이나 다른 종류의 차를 똑같은 조건하에서 정해진 기준에 따라 평가한다. 그러므로 품평실은 실외 환경이나 실내 환경에 세심한 주의가 필요하다. 일반적으로 차의 관능검사를 위한 품평공간은 공기가 잘 통하는 2층 이상이 좋으며, 향과 맛에 민감하기 때문에 주변에 공해와 오염물질이 없어야 하며, 음식점 등이 없으면 더욱 좋다. 또 색을 판별하기 위해서는 항상 일정한 빛을 유지할 수 있는 북향(北向)에 시야가 넓은 곳이 좋으며, 바닥이 건조하고 실내의 벽과 천장은 흰색, 바닥은 대리석이나 나무 또는 타일로 된 것이 좋다.

① 실외 환경
- 조용한 곳
- 공해와 오염이 없고 잡냄새가 나지 않는 곳
- 건조한 곳
- 북쪽으로 창이 나고 시야가 넓어 자연광이 충분한 곳

② 실내 환경
- 조용하고 안정된 곳
- 습하지 않고 쾌적하며 정결한 곳
- 공기가 신선하고 통풍이 잘되는 곳
- 실내장식이 단아하고 차분한 곳
- 창의 크기가 적당하여 자연광이 밝으나 직사광선이 들어오지 않아 광선 밝기의 변화가 크지 않은 곳 : 실내의 좌우(동서 방향) 벽에는 창문이 없고 뒤(남)쪽에 문과 환기창을 낸다. 정 북쪽의 햇볕이 들어오는 창문 면적은 벽면의 35%이상이 되도록 한다.
- 실내 조도 : 건식 품평대는 약 1000Lux, 습식 품평대는 약 750Lux가 필요하나 대체적으로 품평실 전체의 밝기를 750Lux 정도로 유지하면 된다.
- 실내 온도 20℃±5℃, 습도 70%±5%를 유지해야 한다.

(2) 품평공간의 환경 관리

관능검사 환경을 조성하기 위해 고려해야 할 사항은 다음과 같다.

① 품평원의 반응 선입견(Response Bias)를 최소화해야 한다.
② 품평원의 예민도를 극대화해야 한다.
③ 냄새와 소음으로부터 안전해야 한다.
④ 온도조절이 가능해야 한다.

(3) 관능검사 공간의 구조

품평공간은 관능검사실, 묘사분석실, 훈련실, 준비실, 사무실, 출입구, 저장 및 수납공간으로 구성해야 한다. 이를 위한 각 공간을 설계할 때에는 다음과 같은 사항에 유의해야 한다.

① 관능검사 부스
- 구조 : 관능검사 진행자의 시료 배치 시간과 거리 단축이 가능한 L형으로 한다.
- 수 : 최소한 6~8개
- 크기 : 너비 70~80cm, 폭 45~55cm, 높이 90cm로 준비대와 같은 높이로 한다. 관능검사 진행자를 위한 모니터와 중앙처리시스템으로 데이터처리를 자동화할 수 있도록 필요에 따라 컴퓨터, 모니터와 키보드 설치 공간(각 45cm)을 확보해야 한다.
- 칸막이 : 바닥부터 천장까지 설치해 완전히 독립된 공간을 확보한다.
- 부스에 시료 주입구와 함께 10~20분간 시료 상태가 유지되는 무취의 시료 준비 시에 필요한 시료 운반용 트레이를 설치한다.
- 관능검사실은 내열성 합성수지나 스테인레스강과 같이 냄새가 배지 않고 청소가 편리한 소재를 이용해서 제작한다.
- 배기 및 정화시설, 차광 및 방음시설을 설치한다.

② 묘사분석실과 훈련실
- 토론실 : 그룹의 목적과 크기에 적합한 규모와 구조로 설치한다.
- 강의에 필요한 칠판, OHP, 슬라이드, 비디오 등의 시설물을 설치한다.
- 냉장, 냉동시설과 배기 시설을 갖추어야 한다.

③ 준비실 : 실험에 필요한 시료를 준비할 수 있는 실험실로, 관능검사실 부스와 연결되어 부스에 달린 문으로 시료를 제공할 수 있는 준비대가 필요하다.

④ 사무실 : 패널 리더가 사무를 볼 수 있는 공간으로 자료의 처리 및 보고서 작성 등과 관련된 컴퓨터 시설 등이 필요하다.

⑤ 출입구 : 관능검사 진행자들이 서로 시료에 대한 정보를 교환하지 못하도록 입구와 출구를 분리한다. 그 외 검사 진행자들이 대기할 수 있는 공간으로도 활용되며 이때에는 옷장이나 옷걸이와 편안한 의자를 비치하면 좋다.

⑥ 저장 및 수납공간 : 준비 전후의 시료들이나 제시될 시료를 보관하는 공간으로, 표준물질과 함께 시료 운반을 위한 부피가 큰 카트, 관능검사실 청소에 필요한 도구 등을 수납한다.

(4) 관능검사실의 설계 요소
관능검사실의 설계 요소에는 색과 조명, 환기와 온도 및 습도, 건축 자재 등이 있다.

① 색과 조명
- 관능검사실과 부스 벽 : 회색이나 황색을 띤 흰색
- 그림자가 생기지 않는 1000Lux의 조명
- 유색 조명등 사용 : 외관특성 중 색깔의 차이에서 오는 시료간의 차이를 방지하기 위한 것으로 적색, 녹색, 청색 조명 등을 이용한다.

② 환기, 온도 및 습도
- 섭씨 22~24℃
- 상대습도(RH) 45~55%
- 관능검사실의 기압을 바깥보다 약간 높게 유지하면 공기가 관능검사실로부터 외부로 흐르게 되므로 냄새를 제거하는데 효과적이다.

③ 건축자재
- 무취 : 종이류, 섬유, 카펫, 타일, 스테인리스 스틸, 테플론, 천장이나 벽과 바닥에 적합한 무취의 내열성 합성수지 등
- 색 : 회색이나 황색이 도는 흰색
- 배관 : 상하수도 배관, 공기 배관

4) 품평도구

차의 품평 공간에 반드시 갖추어야 할 도구는 표준 심사기구와 품평용구로 구분할 수 있다. 표준 심사기구에는 건평대, 습평대, 견본차 보관통이나 선반이 있고, 품평용구로는 품평반, 품평배, 품평완, 엽저반, 품평 차수저, 걸름망 수저, 물주전자, 품평저울, 타이머, 보조사발, 버림컵과 통, 품평기록표 등이 있다.

(1) 표준 심사 기구

① 건평대(乾評坮)

마른 차의 외형, 형태, 색상을 검사하는 품평대이다. 심사평가 할 때 차시료켄[茶樣罐], 차 시료 접시, 천평 등을 놓을 수도 있다. 품평대는 높이 850~900mm, 너비 600~700mm가 적합하다. 길이는 수요에 따라 결정하고 건평대 아래에는 서랍을 만들 수 있으며, 표면은 깨끗하고 매끄럽고 검은 색으로 하고 잡냄새가 없도록 한다.

② 습평대(濕評坮)

찻잎을 우려서 탕색, 향기, 맛, 우린 잎을 심사하는 심평대이다. 심평배와 품평완, 엽

저반, 품평보조사발, 차수저, 타이머 등을 올려놓는다. 습평대는 높이 800~850mm, 너비 450~600mm로 하고, 길이는 수요에 따라 결정한다. 습평대의 표면은 깨끗하고 매끄러우며, 흰색이나 검은 색으로 물이 잘 스며들지 않고 끓는 물이 흘러도 표면에 자국이 남지 않으면서 잡냄새가 없어야 한다.

③ 견본차 보관통[茶樣貯存桶]
보관할 가치가 있는 찻잎을 넣어두는데 사용한다. 통은 밀봉성이 좋아야 하고 생석회를 건조제로 사용한다.

④ 공구 진열장[碗寅]
품평배, 품평완, 품평반, 엽저반, 품평차시, 걸름망시, 전기 주전자, 품평저울, 타이머, 보조사발, 버림컵과 통 등 품평용구를 담아 놓는데 사용한다. 진열장의 크기는 넣어둘 용기의 수량에 의해 결정되는데, 일반적으로 길이×너비×높이가 400×600×700mm인 것을 사용하며, 진열장의 높이를 5개 층으로 등분하여 5개 서랍을 만든다. 상하좌우로 통풍이 잘 되고 잡냄새가 없어야 한다.

(2) 품평용구
① 품평반(品評盤)
심평반(審評盤) 또는 시료반[樣盤]이라고도 부른다. 품평할 차 시료의 외형을 평가할 때 사용하는 접시로, 정방형과 장방형의 두 가지가 있다. 냄새가 없는 나무로 만들어 흰 칠을 하고 번호를 기입해야 한다. 접시의 한쪽 모퉁이에 경사지게 구멍을 뚫거나 한 모서리가 터져 있어 담은 시료를 옮기는데 적합하도록 되어 있다. 품평반의 규격은 정방형의 경우, 220×220×40mm 혹은 200×200×40mm인 것을 사용하고, 장방형의 경우에는 250×160×30mm를 사용한다.
이외에도 커다란 차 시료 접시[茶樣盤]를 몇 개 더 준비해서 차 시료와 시료를 나누는데 사용한다. 규격은 350×350×50mm 이고 모양은 품평반과 같다.

① 품평반
② 품평배
③ 품평완
④ 엽저반
⑤ 차 시료저울
⑥ 타이머
⑦ 품평 보조사발
⑧ 품평 차수저
⑨ 걸름망
⑩ 물주전자
⑪ 물 버림통

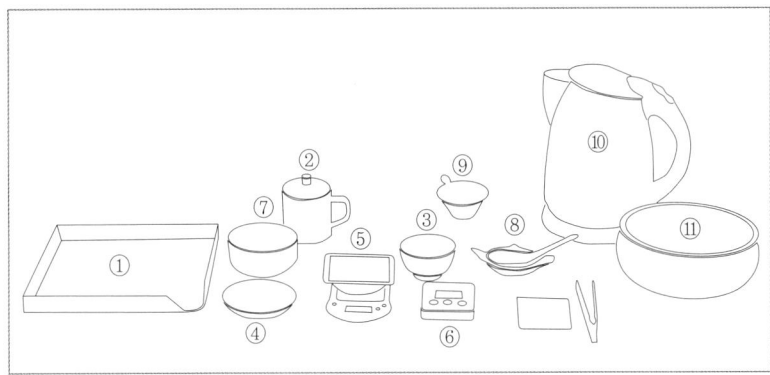

② 품평배(品評杯)

심평배(審評杯)라고도 하는데, 차를 우리고 향을 심사 평가할 때 사용하는 도구이다. 품평배는 특별제조한 원통형의 백자 잔형 다관으로 두텁기[厚薄], 크기, 색상이 일정해야 하며, 뚜껑에 작은 구멍이 있고, 잔 손잡이 맞은편 윗부분의 테두리에는 톱날형의 이빨 모양[齒形]이나 호형(弧形)의 구멍이 있어야 한다. 국제 표준규격은 높이 65㎜, 내경 62㎜, 외경 66㎜에 용량은 150㎖이다.

중국내에서는 녹차, 홍차의 1차 가공차인 모차(毛茶) 품평 시에는 완제품 차의 품평과 달리 200㎖ 또는 250㎖의 품평배를 사용하기도 한다. 용량과 차 걸름망이 활모양[弓形]인 것을 제외하고는 150㎖의 품평배와 구조가 유사하다. 청차[烏龍茶]를 품평할 때는 뚜껑 있는 도자기 잔인 종형배(鐘形杯)인 개완배(蓋碗杯)를 사용하기도 하며 이때의 용량은 110㎖이다. 품평배의 바닥 바깥 표면에 번호를 정해 두어야 한다.

③ 품평완(品評碗)

심평완(審評碗)이라고도 하는데, 찻물의 탕색(湯色)과 맛을 품평할 때 사용한다. 품평완은 입 지름이 용기의 밑바닥보다 조금 넓은 백색 도자기로 품평배와 한 세트로 되어 있으며, 품평완에도 번호가 정해져 있어야 한다. 국제 표준규격은 높이 52mm, 내경 86mm, 외경 95mm이고, 중국에서는 완제품차는 150㎖에, 1차 가공차는 250㎖로 품평하는 것으로 되어 있으나, 현재는 거의 모든 국제품평대회에서 250㎖의 품평완을 사용하고 있다. 다만, 청차를 품평할 때 사용하는 것은 일반적인 품평완보다 작다.

④ 엽저반(葉底盤)

엽저반은 우린 잎[葉底]을 심사 평가할 때 사용한다. 이것은 나무로 된 사각형의 작은 쟁반으로 규격은 100×100×20mm인데, 정제차(精製茶)를 품평할 때는 검은색 반을 사용하고, 1차 가공차[毛茶]와 명차(名茶)를 품평할 때는 흰색 법랑반을 사용한다. 장방형 에나멜 쟁반을 사용하여 우린 잎을 평가하면 나무접시를 사용하는 것보다 더욱 정확하다.

⑤ 차 시료저울[樣茶秤]

차 시료저울은 품평할 차의 양을 정확히 측정하는데 사용한다. 일반적으로 감도 0.1g의 접시 천평을 사용하는데 작은 저울이나 손저울을 사용 할 때도 있으며, 최근에는 디지털 저울을 많이 사용한다.

⑥ 타이머[Timer, 砂時計 또는 定時鍾]

정시기(定時器)라고도 하며, 차 품평 시간을 알려주는 도구이다. 5분 후 자동적으로 알람이 울리는 타이머와 5분간 사용할 수 있는 모래시계를 주로 사용한다.

⑦ 품평보조사발[湯碗]

백자로 만든 사발이다. 차수저[茶勺], 걸름망 수저[罔勺] 등을 넣고 끓는 물을 부어 소독과 청결을 유지하는데 사용한다.

⑧ 품평 차수저[茶勺]

차시(茶匙) 혹은 탕차시[湯勺]라고도 한다. 찻물을 떠내어 맛을 품평하는데 사용하는 백자로 된 작은 수저이다. 금속 숟가락은 열전도가 너무 빨라 맛을 보는데 지장을 주므로 사용하기에 적합하지 않다.

⑨ 걸름망 또는 걸름망 수저[罔勺]

찻물 속의 찌꺼기나 거품을 건져내는데 사용하는 도구이다. 가늘고 세밀한 스테인리스 스틸이나 레이온으로 만든 걸름망이 붙어 있는 차시 형태로 잡냄새가 나지 않아야 한다. 동(銅)으로 만든 것은 동 비린내가 날 수 있으므로 사용하지 않는 것이 좋다.

⑩ 물주전자(水壺)

물을 끓일 수 있는 주전자로 알루미늄 재질이 적당하며, 용량은 2.5~5ℓ 정도가 적당하다. 철로 만든 주전자로 물을 끓이면 이상한 냄새가 나거나 탕색에 영향을 줄 수 있기 때문에 사용하지 않는 것이 좋다.

⑪ 물 버림통

토차통(吐茶桶)이라고도 하며, 차 속의 잡티를 담고 품평할 때 뱉어내는 찻물이나 버려지는 찻물을 담는 용기이다. 주석으로 도금한 양철제품을 많이 사용하며 대체로 높이 800㎜, 윗면의 직경 320㎜, 중간부분의 직경 160㎜의 위가 넓고 아래가 좁은 나팔모양의 통이다.

⑫ 품평기록표(品評記錄表)

품평기록표는 심사 평가내용을 기록하는 표이다. 품평기록표의 평가항목은 평가방법에 따라 달라지는데, 일반적으로 5인자품평법을 주로 사용하기 때문에 품평기록표의 평가항목은 외형, 탕색, 향기, 맛, 우린 잎 등 5개 요소로 구성한다. 다만 8인자품평법을 채용할 경우에는 외형을 다시 차의 형태[條索], 완전한 것과 부서진 것, 깨끗한 정도, 빛깔로 세분하여 총 8개 항목으로 구성해야 한다. 기록표의 매개 요소의 항목은 비교적 높다, 비슷하다, 조금 낮다, 비교적 낮다, 불합격 등으로 종목을 나누거나 평가점수를 리스트에 기록하도록 하는 방법 중 선택하고 이것에 적합하게 구성한다. 찻잎 품질을 종합적으로 평가하기 위한 표에는 총 평가 목록을 만들어야 한다. 그 외 차 이름, 번호 혹은 피(批), 레벨, 수량, 품평원, 품평 날짜, 비고 등의 내용 수록란이 있어야 한다.

5) 품평용수

물은 샘물[泉水], 강물[江水], 우물물[井水], 빗물[天落水], 눈녹은 물[雪水], 호숫물[湖泊水], 지하수(地下水)와 수돗물[自來水], 증류수(蒸溜水), 무이온수 등 다양한 종류가 있다. 물은 용해되어 있는 물질이 다르기 때문에 우려낸 찻물의 맛과 향기와 색에 각기 다른 영향을 미친다. 특히 물의 산도와 알칼리도와 금속이온 성분은 차의 색향미 형성에 크게 작용하는데, 수질이 약산성을 띠면 탕색(湯色)의 투명도가 좋고 중성과 약알칼리성에 치우치면 차의 폴리페놀이 많아져 산화를 촉진시키므로 빛깔과 광택이 어둡고 맛이 무뎌진다. 보통 우물물은 알칼리성에 치우치는 것이 많고, 강물과 호숫물은 대다수가 혼탁하고 이상한 냄새가 나며, 수돗물은 표백분 냄새가 난다. 보일러로 끓인 물은 끓인 냄새가 너무 많이 나서 맛과 향기를 평가하는 데 영향을 준다. 새로 설치한 수도관은 철 이온 함량이 비교적 많아 차를 우리면 탕색이 어둡다. 수돗물을 사용할 때에는 반드시 호스 안에 남아 있는 물을 빼낸 후 다시 받아 사용해야 한다. 이외에도 어떤 금속 이온은 물이 특수한 금속맛을 띠게 하여 품평에 영향을 미치기도 한다.

품평용수는 기본적으로 음용 위생표준 조건을 갖춘 물이어야 하며, 품평용수 역시 차를 우리기에 좋은 물일수록 더욱 좋다. 육우는 『다경』「오지자(五之煮)」에서 물의 선택에 관해 "차를 달이는 물을 선택함에 있어 산의 물이 가장 좋으며, 강물은 중간이고, 우물물이 그 아래다. 산의 물에서도 젖샘이나 석간수에서 넘쳐흐르는 것이 가장 좋은 물이다. 폭포수, 솟구치는 물, 물살이 빠른 물, 흙탕물 등은 마시면 안 된다. 이런 물을 오랫동안 마시는 사람들은 목병이 생긴다(其水, 用山水上 江水中 井水下其山水, 揀乳泉, 石池慢流者上, 其瀑湧湍漱 勿食之 久食令人有頸疾)"고 하였다. 그 외 여러 문헌에서도 가장 좋은 물은 높은 산에서 흐르는 물[山上水]이라 했으니, 품평용수로도 산에서 흐르는 시냇물이나 광천수, 깊은 우물물과 같은 것을 사용하는 것이 비교적 좋다.

(1) 품평용수의 조건

① 투명하고 침전물이 없는 물

② 육안으로 보기에 이물질이 없는 물

③ 맛과 냄새가 없는 물

④ 혼탁도 2도(TU) 미만

⑤ PH 5.8~8.5

⑥ 색도 15° 미만

(2) 품평용수의 온도

차를 품평할 때에는 100℃로 끓인 직후 사용하여 품평온도를 유지해야 한다. 특히 펄펄 끓인 물은 짧은 시간 내에 빨리 사용해야 하는데, 오래 끓이거나 보온병 안의 더운 물을 다시 끓여서 사용하면 오래 끓인 냄새가 생겨 향기와 맛 심사결과에 영향 미친다. 품평용수의 온도 역시 차의 종류에 따라 약간의 차이가 있다. 발효차는 100~90℃, 부초차는 80~70℃, 증제차는 60~50℃의 물이 적합하다.

(3) 품평용수의 분량

차를 품평할 때 물과 차의 비율은 녹차와 홍차는 50:1이고, 청자는 22:1이며, 품평하는데 필요한 차와 물의 양과 우리는 시간은 다음과 같다.

> 녹차 : 3g / 150㎖ / 7분
> 청자 : 5g / 250㎖ / 5분
> 떡차 : 3g / 150㎖ / 7분

(4) 침출시간

관련법 규정에 의하면, 2분에서 10분 중 선택할 수 있으나, 차를 품평할 때는 대부분 5분을 기준으로 한다. 만약 시간이 너무 길어지면 폴리페놀의 강한 떫은맛인 카테킨 성분이 많이 추출되어 그 맛을 더욱 가중시킴과 동시에 향기가 많이 상실된다. 다만 청차의 경우에는 우리는 시간과 횟수를 달리한다.

2. 품평 순서

차의 품평 순서는 크게 4단계로 구성된다. 첫 번째는 시료 채취[取樣]이고, 두 번째는 마른 찻잎의 외형을 품평하는 외형품평[건평, 乾評]이며, 세 번째는 차를 우려서 평가하는 내질품평[습평, 濕評]이고, 마지막은 심사평가표 작성이다. 건평과 습평은 외형, 탕색, 향기, 맛, 우린 잎에 대한 평가를 포함하는데 외형품평 후에 탕색, 향기, 맛에 대한 평가는 차의 종류나 국가에 따라 순서를 달리 할 수도 있지만, 일반적으로는 외형 → 탕색 → 향기 → 맛 → 우린 잎의 순서로 진행하고 있다.

1) 시료채취
(1) 시료 준비와 제시

관능검사는 시료, 제조방법, 포장방법 및 저장조건 등의 변화와 같이 식품의 처리방법에 따라 나타나는 효과를 관찰하기 위해 실행한다. 검사물의 준비 및 제시 방법은 검사물의 종류, 검사 방법, 검사실 시설 등에 따라 달라진다. 그러나 어떠한 경우에도 평가한 검사물은 조사하고자 하는 식품을 대표하거나 전형적인 것이어야 하며, 조사하고자 하는 변인을 제외하고는 같은 시기에 조사하는 모든 검사물은 예비 실험에 의해 결정된 최적 조건을 일정하게 유지하도록 해야 한다.

품평원에게 제공되는 검사물은 같은 종류의 용기(나무나 플라스틱 용기는 피한다)에 담아야 하며 검사물의 크기도 동일해야 한다. 차이식별검사에서는 동반식품 없이 있는 그대로 차이를 비교하는 경우가 많으나 소비자 기호도 검사에서는 평상시 섭취하는 방법대로 적합한 동반식품을 제공하기도 한다.

검사물 제시 순서는 검사결과에 중요한 영향을 미칠 수 있다. 제시 순서에 따른 오류를 막기 위해 순서를 균형 있게 배치하거나 특정한 원칙에 의거하여 임의로 배치한다. 검사물을 구별하기 위해 붙이는 기호나 번호는 품평원이 그 번호에서 어떤 암시도 받지 못하도록 난수표에서 세 자리 숫자를 선택하여 사용한다. 품평원에게 한 번에 제공되는 검사물의 수는 감각이나 정신적인 둔화현상을 일으키지 않는 정도여야 한다. 일반적으로 두 가지 이상의 특성에 점수를 정하도록 하는 검사에서는 4개 이상의 검사물 수는 피하는 것이 좋다. 평가물 검사 중에는 먼저 평가한 검사물의 맛을 제거하기 위하여 입가심 물 또는 빵이나 짜지 않은 크래커 등을 제공하는 것이 좋다.

(2) 시료채취
① 1차 대량채취

매번 견본을 따로 채취할 수 없으므로 전체 차 검사 건수의 비율에 따라 시료 채취 건수를 다르게 한다. 모차는 1/3이상 시료 채취를 하고, 정제차는 1~5건에서 1개, 6~50건에서 2개, 50건 이상에서 매 50건마다 1개, 500건 이상에서 매 100건마다 1개, 1000건 이상에서 매 500건마다 1개의 시료를 채취한다.

매 시료를 채취할 때마다 검사 대상차 중에서 상, 중, 하 그리고 좌, 우로 한 번씩 고르게 채취한다. 시료를 채취한 후에는 매 건을 모두 모아서 4등분으로 나누고 대각선 방향의 차는 취하고 나머지는 탈락시키는 과정을 반복해서 마지막에 남는 500g만을 시료로 남긴다.

〈표 15〉 ISO가 규정한 견본 채취 가지 수

검사량이 무게 20kg 이상 일때		검사량이 무게 1kg 미만 일때	
제공한 가지 수	뽑아야 할 가지 수	제공한 가지 수	뽑아야 할 가지 수
2~10	2	25 이내	3
11~25	3	26~100	5
26~100	5	101~300	7
101 이상	7	301~500	10
		501~1000	15
		1001~3000	20
		3001	25

② 2차 소량 채취

1차 채취한 500g의 찻잎 중 약 200g을 품평반에 넣고 잘 섞은 뒤 이것으로 외형심사(건평)를 행하고, 다시 내질품평을 위해 대표성이 있는 찻잎 3.0~5.0g을 채취한다. 통상적으로 세 손가락으로 가볍게 잡아 채취한다. 이렇게 채취한 시료는 몇 십 건 혹은 몇 백 건의 차를 대표한다.

③ 품평반의 사용

품평반은 시료를 채취하고, 채취한 시료의 외형을 평가하는 도구이다. 이 도구의 사용은 찻잎의 외형 품평 조작순서의 하나로 찻잎의 색상, 밝고 투명한 정도, 크기, 무게, 여리고 거친 정도, 말린 정도를 평가하는데 사용한다.

두 손으로 품평반을 들고 가볍게 흔들어 돌려줌으로써 접시안의 찻잎을 잘 섞

요반

어 상, 중, 하층으로 나눈다. 이때 상단에는 굵고 크고 가벼운 찻잎이 뜨고, 중단층에는 비교적 건실한 것이 모이며, 분말은 하단에 가라앉는다. 상단, 중단, 하단차의 대략적인 비례에 근거하여 찻잎을 다른 찻잎과 섞을 수 있는지를 판단하고 모차(毛茶)를 정밀 가공할 수 있는 비율 등의 품질 문제를 추정한다. 이때 품평반 사용법은 요반, 수반, 파반의 3가지로 구분할 수 있다.

- 요반(搖盤) : 품평반의 터져 있는 모서리를 엄지부위로 막고 두 손으로 잘 돌려 차를 고르게 펼치면서 상단, 하단, 중단으로 분류하는 방법
- 수반(收盤) : 품평반을 아래위로 치면서 차를 가운데로 모으는 방법
- 파반(簸盤) : 품평반을 까불려서 차 부스러기를 분류하여 품평하는 방법

〈표 16〉 품평반을 이용한 차의 분류와 항목별 특징

	외형	향기	탕색	맛	우린 잎
상단차	말린 정도가 약하고 거칠며 길다	엷다	연하다	엷다	비교적 쇤 잎이다
중단차	말린 정도 좋고 실하다	짙다	맑다	순수하다	여린 정도가 균일하다
하단차	부서졌다	자극적이지 않다	약간 어둡다	진하다	부서졌다

2) 외형품평

(1) 방법

마른 찻잎의 외형심사는 1차 채취한 500g의 차 시료 중 약 200~250g을 품평반에 넣고 잘 흔드는 요반을 하여 상, 중, 하단으로 골고루 펼쳐진 찻잎을 관찰한다. 찻잎의 형상이나 색택을 형태, 빛깔과 광택, 완정하거나 부스러진 정도, 찻잎이 살찌거나 야윈 정도, 크기, 깨끗한 정도[淨度], 굵기, 길이, 여린 정도를 세밀히 비교하여 측정하고, 찻잎의 산지, 품종, 차 유형(생산날짜)에 대해서도 평가한다.

찻잎 외형을 품평하는 방법에는 사선법(篩選法)과 직관법(直觀法)이 있다.

사선법은 200~250g의 찻잎을 품평반에 놓고 두 손으로 품평반을 흔들어 찻잎을 여러 층으로 나누는데, 굵고 큰 찻잎은 위에 놓이고 중간 정도의 것이 가운데 놓이며 분말이 맨 아래에 놓이게 된다. 다시 오른 손으로 차를 한줌 쥐고 가지, 거친 정도, 부스러진 정도를 보는 것이다. 이 방법은 사선기교, 시간, 속도, 차 사용량, 손으로 쥐는 차의 양과 같은 요소의 영향으로 비교적 오차가 크다. 예를 들면 비교적 얇게 펴 놓은 차와 두툼하게 펴 놓은 차를 고르게 품평반에 놓거나 손에 쥐고 있으면 각자의 수량을 분별하기 어렵다.

직관법은 차 시료를 품평반에 놓은 후 다시 그 차 시료를 천천히 비어있는 다른 품평반에 쏟는다. 이렇게 2~3번 엇바꿔 가면서 반복하여 상하층 차를 충분히 섞는다. 그런 다음 즉시 외형을 평가하는 것이다. 이 방법으로 차를 평가할 때의 장점은 시료가 충분히 섞임으로써 차 시료의 원래 상태를 대표할 수 있다는 점과 사선법에서 자주 나타나는 여러 가지 오차의 영향을 덜 받는다는 것이다. 따라서 비교적 정확하고 신속하게 외형을 평가할 수 있다.

차의 외형품평에 해당하는 평가 요소는 찻잎의 크기, 거친 정도, 경중, 분말 정도, 잎의 유념 정도, 균일성, 혼잡물 여부, 싹의 유무 등이다. 입자의 크기가 균일하고 분말이 적으며 잘 말린 잎이나 무게가 무거운 것과 싹이 많고 줄기가 포함되지 않은 것을 높게 평가한다. 색택을 평가할 때에는 찻잎의 명도, 채도, 색상과 함께 광택을 중요하게 살펴야 한다.

(2) 항목

차의 외형 품평에서는 각각의 개별적인 외형적 특징을 순차적으로 심사하지만, 이러한 요소에 대한 평가를 개별적으로 기술하지 않고 이 모든 요소들을 종합적으로 판단해야 한다. 다시 말해서 위에서 살펴본 외형품평의 개별 항목들 중 어느 한 항목이 부족하면 외형 전체에서 나쁜 평가를 내려야만 한다. 특히 외형품평에서는 차의 종류별 특성을 충분히 감안해야 한다. 예를 들면 찻잎에 솜털이 많은 것은 벽라춘(碧螺春)이나 대호차(大豪茶)에서는 우수한 점이지만, 용정차(龍井茶)에서는 결점이 된다. 또 한 예로 명우녹차(名優綠茶) 품평에서는 찻잎의 빛깔이 매우 중요한 평가 항목이지만, 홍쇄차(紅碎茶)에서는 회색이 나거나 빛깔이 난잡하지만 않으면 색에 대해서는 개의치 않는다.

이와 같이 차의 외형품평은 차의 종류와 차나무의 품종 등에 따라서도 매우 다르므로, 각각의 차에 대한 전문적 지식을 기반으로 외형에 대한 관능심사가 이루어져야 한다.

찻잎의 외형품평은 육안으로 관찰하고 평가하며, 이때 심사 위원은 시료를 만지거나 훼손하는 행위를 해서는 안 된다. 일반적으로 차의 외형에 대한 관능심사 항목에는 다음과 같은 것들이 있다.

- 찻잎의 여린 정도 : 차의 등급을 나타내며, 우리나라의 경우 우전, 세작, 중작, 대작으로 구분한다.
- 찻잎의 모양 : 장초형, 원형, 편평형, 침형 등이 있다. 외형을 평가할 때는 각 차의 고유 형태 및 색상과 같은 특색을 알아야 한다.
- 색상과 광택 : 색의 종류와 균일한 정도, 광택 정도, 온전한 정도와 혼잡물 여부 등을 평가한다.

〈표 17〉 외형품평 기준과 방법

품평요점	표준비교기준	품평방법
여린 정도	• 창의 비율과 싹이 말린 상태 • 솜털의 유무 • 찻잎의 광택 유무와 거친 정도	• 창의 비율이 높고, 싹이 말려서 끝이 뾰족한 상태인 봉묘(鋒苗)가 많이 보이면 잎의 여린 정도가 높음 • 솜털이 있는 것은 어리고 여리므로 같은 품종의 차나무에서 채취한 찻잎 중에서도 솜털이 많을수록 품질이 높음 • 찻잎이 매끈하여 윤기가 날수록 높은 품질이며, 표면이 거칠면 품질이 낮음
모 양	• 말린 상태를 모양에 따라 구분 • 모양에 따른 상태와 색상을 평가	• 찻잎의 모양에 따라 편평형(扁平形), 단아형(單芽形), 직조형(直條形), 곡조형(曲條形), 곡라형(曲螺形), 원주형(圓株形), 난화형(蘭花形), 찰화형(札花形) 등으로 구분 • 찻잎의 말린 상태가 느슨하거나 단단한 정도, 찻잎이 얇거나 두터운 정도, 모양이 굽어 있거나 곧은 정도, 가볍거나 무거운 정도, 고르고 가지런한 정도, 납작하거나 둥근 정도 • 과립형일 경우 알갱이가 뭉쳐진 정도, 둥근 정도, 풀어진 정도 • 찻잎의 크기와 색상
색상과 광택	• 색깔의 종류 • 색의 균일한 정도 • 광택 정도 • 온전한 정도[整碎] • 혼잡물 여부[淨度]	• 비취색, 황록색, 연록색, 밤색, 붉은 갈색 등 녹차, 백차, 황차, 청차, 홍차, 흑차 고유의 색 정도 • 색의 균일여부 평가 • 윤기가 있고 없음의 정도와 선명하고 어두운 정도 • 결구의 모양과 상태, 절단한 정도, 형태가 온전하고 고른 정도와 부서진 정도 • 이물질이 섞여 있는 정도와 쇤 잎이나 누런 잎의 함유 정도

3) 내질품평

외형에 대한 평가가 끝나면 정확하게 3.0~5.0g의 찻잎을 채취하여 품평배에 넣고, 끓는 물을 부은 후 뚜껑을 닫고 천천히 시간을 잰다. 시간에 맞춰 품평완에 바로 따라 낸 후 다음과 같은 순서로 평가한다.

> 찻물색 보기看湯色 → 향기 맡기嗅香氣 → 맛 보기嘗滋味 → 우린 잎 보기評葉底

(1) 찻물색 보기[色澤]

우려낸 차의 수색(水色)은 침출액의 기본적인 색, 탁도, 침전물의 양으로 평가하는데 신선한 차일수록 녹색을 띠며 산화되면 붉은 색을 띤다. 찻물색 보기의 심사 항목은 색도, 명도, 탁도이며 차탕은 시간이 지나면서 색의 변화가 진행되므로 빠르고 정확하게 관찰해야 한다. 또한 계절, 기온, 광선과 같은 요소도 고려해야 하는데 예를 들면, 겨울에 차를 심평할 때에는 탕의 온도가 낮아짐에 따라 탕색도 선명하게 짙어진다. 같은 온도와 같은 시간 내에 홍차의 색 변화는 녹차보다 심하고, 대엽종은 소엽종보다 빠르며, 여린 차는 늙은 차보다 심하고, 햇차는 묵은 차보다 빠르다. 차의 탕색이 쉽게 변하는 성질 때문에 탕색은 10분 이내에 관찰해야 비교적 차의 원래 탕색(湯色)을 대표한다고 할 수 있다. 만약 시간을 오래 끌면 비교적 옅은 홍차의 탕색을 밝은 붉은 색으로 잘못 평가하거나 비교적 밝은 붉은색을 밝지 않다고 잘못 평가할 수도 있다.

겨울에는 외부의 반사광이 여름보다 약하기 때문에 홍쇄차의 경우 차탕에 반사된 광선도 겨울과 여름에 차이가 있다. 이것 역시 품평할 때 오차를 유발시키는 요소로 조금 진한 것을 시커먼 것으로 쉽게 판단할 수 있고 조금 연한 것을 밝은 홍색으로 볼 수도 있다. 명우녹차의 탕색은 옅은 녹색이 위에, 황녹색이 그 다음, 어두운 노란색이 밑에 있다. 옅은 녹차의 탕색을 얻으려면 신선하고 싹 하나에 잎이 한 개 내지 두 개 정도 난 여린 잎이 제일 좋다. 살청할 때 가마의 온도는 먼저 높았다가 후에 낮아지며 뚜껑을 덮고 부풀리는 것과 흔들어 떠는 것을 결합해야 하며 1~2분 지난 후 위로 흩뿌리며 흔드는 것을 위주로 한다. 완성품 차는 반드시 건조해야 하며 손으로 비비면 찻잎이 부드러운 분말이 될 수 있을 정도여야 한다. 이런 것들이 모두 좋은 차의 필요조건들이다. 똑같은 조건하에서 대엽종으로 제조한 녹차는 탕색이 비교적 누렇고 신선도를 유지하기 어려우며, 신선도를 유지하는 기간도 상대적으로 짧다.

차의 탕색을 결정하는 주요한 물질은 차 폴리페놀성분인데 신선한 잎 속에 있는 차 폴리페놀은 무색이다. 차를 제조하고 보관하는 과정에서 탕색은 옅은 데에서 점차 짙어져 나중에는 짙은 밤색을 띠게 되는데, 이러한 변화는 차 폴리페놀이 산화된 결과이다.

차를 품평할 때 찻물 우리는 시간은 차의 종류에 따라 약간 차이가 있지만, 일반적으로 품평배에 끓는 물을 붓고 5분 후에 품평완에 따라내어 시행한다. 이때 탕의 온도가 50℃ 이하로 내려가지 않도록 하면서 수색을 측정한다. 구체적인 심사항목은 다음과 같다.

〈표 18〉 탕색 품평 기준과 방법

품평요점	표준비교기준	품평방법
색　도	• 종류별 차의 특성과 표준 탕색 비교 • 탕색의 짙고 옅음, 색의 종류, 청탁, 신도, 암운, 침전도 등	• 적당한 정도의 광선 • 탕색의 정도와 시간 변화 정도 • 발효 정도에 따른 탕색의 화학 변화
명도와 탁도	• 탕색의 신선도, 농염, 명철 정도 • 탕색의 혼색, 잡색, 청결도 및 불량한 정도 • 탕색의 선명도, 암운, 청탁도	• 홍배 정도, 경중하, 침상, 홍색 정도 • 탕색 방치 시간, 냉각 후 변화 • 최적 온도 : 70℃ 전후

(2) 향기 맡기[香氣]

향기 심사란 사람의 후각이 찻잎에서 나는 각종 냄새를 분별하는 것을 말한다. 여기에는 향기의 종류, 이상한 냄새, 향의 짙고 옅음, 지속성 등이 포함된다. 향기에 대한 감각은 구강 상부의 후각 감수기가 향기의 자극을 받아 생기는 것이다. 사람의 후각은 비록 아주 민감하지만 또 매우 쉽게 자극에 적응하기도 한다. 즉 후각이 민감한 시간은 제한적이다. 만약 감기나 비염에 걸렸거나 흡연이나 음주 후와 자극성이 강한 음식을 먹은 후에는 모두 후각의 예민도가 떨어지게 되며, 또한 동일한 자극이 일정시간 계속되면 그 냄새 자체를 감지하지 못하게 되는 경우도 많다. 또한 후각은 겨울과 여름에도 차이가 난다. 여름에는 3~5분 후 즉시 향기를 맡아야 하고, 겨울에는 더 빨리 해야 한다. 향기

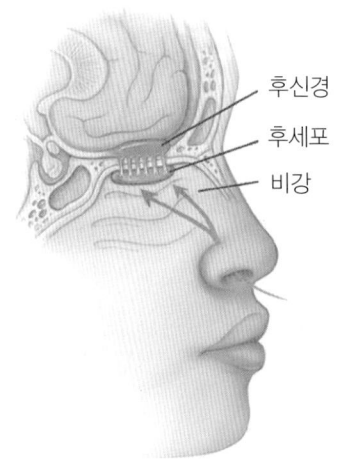

를 맡는데 제일 적합한 온도는 45~55℃이고 60℃를 초과하면 코에 따가운 느낌이 들면서 향기를 잘 식별할 수 없게 된다. 또 향기를 맡을 때 매 종류 향기를 맡는 시간은 2~3초가 가장 적당하며 5초를 초과하거나 1초보다 빠른 것은 적합하지 않다.

찻잎에 함유되어 있는 향기 성분마다 향기가 나기 시작하는 온도가 다르기 때문에 휘발하는 시간도 다르다. 따라서 향기 심사는 여러 번에 걸쳐 실시하여 종합적인 심사 의견을 평가에 적용한다. 시간의 경과에 따라 향기를 심사하는 과정은 찻물색을 본 후 바로 심사하는 뜨거울 때 향기 맡기, 찻잎이 미지근해졌을 때 심사하는 따뜻할 때 향기 맡기, 찻물의 맛을 본 후 우린 잎을 보기 전에 찻잎이 식으면 심사하는 차가울 때 향기 맡기의 3단계로 나누어 볼 수 있다. 뜨거울 때는 일반적으로 침출액의 온도가 40℃ 정도가 되는데, 이때 향기의 특징을 가장 잘 알 수 있으며, 차의 본래 향기 외에 잡향을 쉽게 맡을 수 있어 차향이 순수한지 아닌지를 심사하기에 유리하다. 따뜻할 때에는 주로 향기의 질과 농도, 향의 종류를 판별할 수 있으며, 차 침출액의 온도가 실온에 접근한 차가울 때에는 향기의 지속성을 판단하기에 좋다. 식은 후 냄새를 맡을 때 비교적 진한 향기가 나면 그 차의 향기가 짙고 오래가며 품질이 좋다는 것을 의미한다. 봄철의 고산차(高山茶)와 여러 번 훈제(薰制)한 화차(花茶)에서 많이 나타난다.

향기 심사 때 주의해야 할 점은 코 부위를 찻잔에 깊게 대야 한다는 것이다. 이는 코가 우린 잎에 최대한으로 접근하여 향기와 접촉하는 면적을 크게 하면서 후각의 능력을 높일 수 있기 때문이다. 그리고 숨을 들이 쉬고 내쉴 때 폐 속의 기체를 컵 안에 뿜어서는 안 된다. 이상한 냄새가 컵 안의 차 향기 농도를 희박하게 하며 품평 효과에 영향을 미치는 것을 방지하기 위함이다. 마지막으로 향기를 평가할 때 이상한 냄새가 나는 것을 발견했지만 그 원인을 말할 수 없는 경우가 있다. 이런 것은 주로 평상시 훈련을 거쳐 찻잎에 쉽게 접촉하는 물질의 냄새에 대한 지식이 부족하기 때문이다. 예를 들면 석탄 연기, 목탄 연기, 농약, 과일, 사탕, 나무, 탄 차 등의 냄새이다. 이런 냄새에 대한 감각 훈련이 이루어진 후에는 찻잎에서 나는 이상한 냄새를 만났을 경우 비교적 신속하게 반응할 수 있고 그 냄새를 판단해 낼 수 있다. 향기 맡기에서는 차의 향기와 신선도, 차의 향기와 제다, 향기 종류, 향기의 원인을 중심으로 품평한다.

〈표 19〉 향기 품평 기준과 방법

품평요점	표 준 비 교 기 준	품 평 방 법

향기의 종류	• 각종 차의 향기, 청향, 순향, 과일향, 꿀향
	• 차의 품종, 산지, 계절, 제다 기술 등에 따른 향기
		• 마른 차 향기 : 청(淸), 순(順), 농(濃) 정도 구수한 향(탄 냄새)
		• 열탕의 향기 : 코 끝에 느껴지는 향. 고저(高箸), 청탁(淸濁), 농담(濃淡), 청초(淸楚) 정도
		• 탕의 온도
		  - 56~70℃ 적당
		  - 41~55℃ 보통
		  - 20~50℃ 냉차

향기의 정도	• 향기의 엷고 진함, 맑고 순수한 정도 • 향기의 상쾌함, 고상함, 향기 유지 시간	

(3) 맛 보기[滋味]

맛은 사람의 미각이 감수하고 분별할 수 있는 것으로, 각종 탕의 맛과 순수하고 이상한 정도, 진하고 엷은 맛 등을 포함한다. 이것은 혀의 위치에 따라 감각이

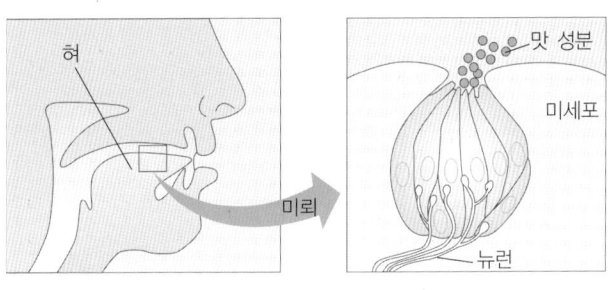

나 민감도가 각각 다른데, 혀의 중간 부위가 맛에 제일 민감하고, 혀끝, 혀뿌리 순이다. 그 중에서도 혀끝은 단맛, 혀의 양쪽 옆은 짠맛, 혀의 양쪽 뒷부분은 신맛, 혀의 중간 부위는 신선하고 시원한 정도에 대해 민감하고, 혀뿌리는 쓴맛에 대해 제일 민감하다.

차의 맛은 가용성 물질의 조성과 양, 감칠맛, 쓴맛, 단맛, 떫은맛 등의 맛이 얼마나 잘 조화되는지가 중요하다. 차를 평가할 때 혀의 생리적 특징에 근거하여 그 장점을 충분히 발휘해야 하므로 맛을 평가할 때 차 침출액의 온도, 마시는 양, 판단 시간, 찻물을 입안에 빨아들이는 속도, 힘쓰는 정도, 혀의 모양 등에 주의해야 한다. 이 모든 요소들은 모두 차의 맛을 품평하는데 영향을 미친다.

① 침출액의 온도

차를 평가할 때 가장 알맞은 차탕의 온도는 45~55℃이다. 만약 70℃보다 높으면 혀를 데기 쉽고 입에 뜨거운 감이 남으며, 40℃보다 낮으면 맛을 잘 감별할 수 없고 떫은맛이 세게 나며 농도도 높아진다.

② 침출액의 양

맛을 보기 위한 1회 차 침출액의 양은 4~5㎖ 정도가 가장 적당하다. 8㎖보다 많으면 온 입안에 넘쳐나는 감이 나고 입안에서 돌리며 분별하기 어렵다. 또한 3㎖보다 적으면 입안에 빈 감이 나면서 맛을 분별하기 쉽지 않다.

③ 시간

4~5㎖(약 3분의 1 순가락)의 차 침출액을 입 안에 넣고 혀의 중간 부분에서 2번 정도 돌리면 된다. 3~4초 정도의 시간이 가장 적당하며 일반적으로 2~3번 맛을 보아야 한다. 몇 가지 차의 맛에 별로 차이가 없을 때나 맛의 순서를 정해야 할 때에는 반드시 반복적으로 맛을 보고 검증해야 한다. 이렇게 해야만 인상을 깊게 하고 비교적 정확한 판단을 하는데 유리하다. 맛이 아주 짙은 차를 맛 볼 때에는 2~3차례 맛을 본 후 따뜻한 물로 입가심을 해야 하며 혓바닥에 남은 정체 물질을 씻어버린 후 다시 평가해야 한다. 그렇지 않으면 미각이 마비되어 올바른 평가를 할 수 없다.

④ 찻물 빨아들이는 속도

차 숟가락 안의 찻물을 빨아들일 때 동작이 자연스러워야 하고 속도도 너무 빨라서는 안 된다. 만약 너무 힘있게 빨아들여 차탕의 흐름 속도를 크게 하면 탕액 일부가 이빨사이로 해서 구강으로 들어가게 된다. 이것은 이 사이의 식물 찌꺼기도 구강에 들어가게 하여 차탕과 혼합되면서 이상한 맛을 내는 원인이 되며 따라서 정확한 평가에 지장을 준다.

⑤ 혀의 모양

차 침출액을 입 안에 넣은 후 혀끝으로 위쪽 앞니를 받히고 입술을 약간 벌린다. 혀를 조금 위로 들어 탕이 혀의 중간 부분에 펼쳐지게 한다. 다시 입으로 공기를 천천히 흡수한다. 차 침출액을 혓바닥 위에서 굴린다. 연속 2번 숨을 들이쉰 후 맛을 구별한다. 그런 다음 입을 다물고 콧구멍으로 폐 속의 가스를 배출하고 뱉어낸다. 만약 첫 맛에 쓴맛이 나는 차를 맛본다면 반드시 혀의 위치를 높여 침출액을 혀의 뿌리 부분까지 넣어 쓴맛의 정도를 평가해야 한다. 연기 냄새가

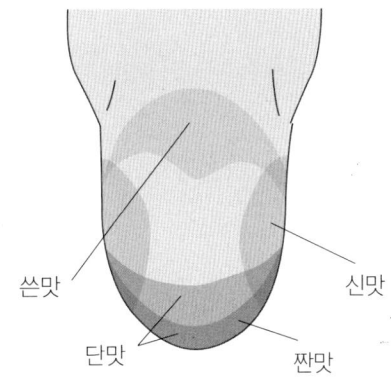

날 것 같은 차는 반드시 침출액을 입안에 넣은 후 입을 다물고 콧구멍으로 숨을 들이쉬고 구강을 볼록하게 한다. 공기와 침출액이 충분히 접촉하게 한 후 다시 콧구멍으로 공기를 내보낸다. 이렇게 2~3차례 반복하면 연기 냄새가 나는 차를 비교적 효과적으로 평가할 수 있다.

맛을 심사할 때 품평원은 미각을 유지하기 위해 맛 본 침출액을 준비된 퇴출 컵에 뱉는다. 이와 같은 방법으로 맛을 심사한 후 찻물에 대한 맛의 감각을 글로 기록하거나 순위를 정하거나 점수를 매긴다. 이때 자극성이 높고 낮음을 나타내는 맛의 진한 정도, 추

〈표 20〉 맛 품평 기준과 방법

품평요점	표 준 비 교 기 준	품 평 방 법
맛	• 맛의 농담, 청탁, 감윤, 고삽, 신구(新舊), 화후(火候), 산미(酸味), 그 외 다른 맛의 평가 • 품종, 산지, 계절, 제다방법에 따른 맛의 감별 • 입안에서 느껴지는 감촉과 정도 (감윤, 순후, 독특한 운치, 쓰고 떫은 정도, 맛의 옅고 짙음 정도, 불량한 맛의 구별)	• 감각적 평가, 자미, 농담, 목의 맛 쓰고 떫은 정도, 달고 감친 정도 • 미각적 반응 정도와 맛의 지속성 • 폴리페놀, 산도의 함량 • 탕의 온도 : 45℃일 때 최적
맛의 미각적 감성	• 입 안에서 느껴지는 맛 • 혀, 코, 목에서 느껴지는 맛	
맛의 순미성	• 차의 종류에 따른 풍미, 묵은 맛, 우량	
독특성과 운치	• 자연조건, 독특한 맛 • 산지, 지리, 기후조건에 따른 맛과 특징	

출된 물질의 많고 적음을 나타내는 맛의 두터운 정도, 개운함과 떫음, 순수한 맛과 잡맛이 섞였는지 여부 등을 심사한다.

우려낸 찻잎을 통해서 차의 맛 이외에 원료로서의 찻잎의 성질이나 잎의 경화 정도, 균일성, 색택, 선도, 손상 여부 등도 알 수 있다.

(4) 우린 잎 보기

우린 잎[葉底]이란 찻잎을 물에 우린 후 남는 차 찌꺼기를 말한다. 우린 잎 보기 역시 중요한 품평 항목인데 시각과 촉각을 이용하여 찻잎의 여린 정도, 두터운 정도, 빛깔, 완정하고 부스러진 정도, 크기, 깨끗한 정도 등을 심사한다.

우린 잎 보기는 차의 종류에 따라 전체 품평의 중요도에서 약간의 차이가 있다. 예를 들면, 중국의 전통적인 공부홍차나 명우녹차품평에서는 우린 잎에 대한 전반적인 평가가 매우 중요하다. 또한 1차 가공차[毛茶]의 내질 평가에도 이것이 크게 작용한다. 반면에 홍쇄차의 경우에는 우린 잎에 대한 품평이 찻잎 내질의 농도나 강도를 평가하는 참고로만 활용될 수도 있다. 왜냐하면 홍쇄차의 우린 잎은 일정한 범위 내에서 일반적으로 내질과 일치하지 않기 때문이다. 비교적 거칠고 늙은 시든 잎을 추격식 회전기계로 덖으면 우린 잎은 상당히 붉고 밝지만 향기나 맛은 떫고 푸른 맛이 난다. 또한 봄 차의 우린 잎은

〈표 21〉 우린 잎의 품평 기준과 방법

품평요점	표준품평비교기준	품평방법
잎이 펴진 상태	• 여리고 쇤 정도 • 두텁고 얇은 정도 • 펴진 정도 • 균일하고 온전한 정도	• 색깔과 경도 및 싹의 많고 적음 잎맥의 상태를 보고 판단 • 유념상태 관찰
부스러기나 이물질 혼합 상태	• 신선도, 묵은 잎 가리기 • 찌꺼기 모양, 크기, 혼합률	• 선명도, 노눈 정도 • 찌꺼기의 크기와 정도 관찰
잎의 크기	• 산지, 계절, 시기, 제다법, 품종에 따른 찻잎의 크기와 형태	• 손으로 만져 보면서 관찰 • 다른 점 찾기
발효 정도와 함수량	• 선명도, 함수량, 색깔, 광택	• 발효 정도, 수분 함량, 빛깔

여리고 부드럽지만 맛이 순수하다면 이것은 홍쇄차로는 부적합한 것이 된다. 이렇듯 차의 특성에 따라 우린 잎에 대한 품평의 중요도가 달라진다.

우린 잎 품평에서는 차 품종간의 구분이나 묵은 차와 햇차의 구분에서도 어려움이 있기 때문에 매우 세심하게 관찰해야 한다. 이러한 점에도 불구하고 경험이 풍부한 품평원은 우린 잎만으로도 차의 품종이나 재배 환경, 가공 기술 등을 알 수 있기에 우린 잎에 대한 품평 역시 차 품평의 주요한 역할을 수행한다고 할 수 있다.

4) 평가표 작성

평가표 작성이란 품평의 마지막 단계로, 모든 과정을 완료한 후 각 항목에 대한 품평 결과를 기록하는 것이다. 평가표에는 정해진 항목들에 대한 개별 평가내용과 전체적인 조화도를 모두 기록해야 한다. 평가항목은 일반적으로 차의 외관과 내질의 2항목으로 크게 나뉘고, 내질품평은 다시 4개의 소항목인 향, 탕색, 맛, 맛과 색과 향의 조화로 구분되며 외관품평은 외형과 우린 잎의 2가지로 세분된다.

〈표 22〉 평가표의 예

품평항목	내 질				외 관		합 계
	향	탕색	맛	맛향색 조화	외 형	우린 잎	
배 점							100

평가표 기록 방법은 각 항목별 특성과 품질을 전문적 용어로 서술하는 평어서술 방식, 각 항목에 대한 평가 결과를 점수로 기록하는 평점산정 방식, 그리고 항목별 품질 비례에 따른 평점계수 표기 방식이 있다.

(1) 평어서술 방식

이 방법은 해당 품평용어[평어, 評語]에 대한 전문적 지식이 필요하다. 예를 들면, 차의 외형 평가에서는 찻잎의 모양에 따른 특징을 '가늘다, 팽팽하다, 둥글다'와 같은 분류와 함께 '수려하다, 여리다, 둥글다, 길다'와 같은 분류를 합성하여 '가늘고 수려하다,

가늘고 여리다, 가늘고 둥글다, 가늘고 길다, 가늘고 팽팽하다' 와 같이 세부적으로 분할 묘사해야 한다. 각 항목별 품평용어에 대한 설명은 부록에 자세하게 수록하였다.

(2) 평점산정 방식

두 번째 방법은 찻잎의 품질에 근거하여 평가하고 그것을 점수로 산정하는 것으로, 평점 산정방법은 매우 다양하다. 우선 전체 배점표에서 내질과 외관의 배점 비율을 정하고, 그 안에서 내질 및 외관의 각 항목별 점수를 다시 배정해야 한다. 이러한 배점비율은 품평단의 논의를 통해 품평 전에 미리 정한다. 일반적으로 100점제를 채용하지만 만점은 주지 않고, 품질이 우량한 제 1(甲)등급에는 94±4점을, 품질에 결점이 있는 제 2(乙)등급에는 84±4점을, 품질에 선명한 결점이 있는 제 3(丙)등급에는 74±4점을 준다. 이보다 더 품질이 나쁜 것은 제 4(丁)등급에 속하고 나쁜 정도에 따라 50~60점을 준다. 평가하는 매개항목 모두에 각각의 점수를 매기고 다시 제각기 상응한 배점 비율을 곱하여 얻은 결과가 바로 그 항목의 실제점수가 된다. 각 항목의 실제 득점의 총합은 평가한 찻잎의 총점이다.

(3) 평점계수 표기 방식

마지막으로 평점계수 표기 방식이 있다. 차 품평의 각 항목별 품질비례를 표시한 것을 품질계수라고 한다. 중국의 경우 농업부에서 제정한 기준에 근거하여 명우녹차(名優綠茶), 홍쇄차(대엽종과 소엽종 포함), 공부홍차(工夫紅茶), 소종홍차(小種紅茶), 미차(眉茶), 주차(珠茶), 홍청차배(烘青茶杯), 화차(花茶), 청차(青茶, 烏龍茶), 보이차(普洱茶), 백차(白茶), 화차(花茶), 긴압차(緊壓茶) 등에 대해 종합적으로 통계한다. 평점계수는 일반적으로 외형이 15%~40%를 차지하고, 탕색이 5%~10%를 차지하며, 향기는 20%~40%를, 맛은 20%~30%를, 우린 잎은 5%~15%를 차지한다. 그러나 이러한 각 항목별 평점계수는 차의 종류와 차나무의 품종, 제다 방법, 품평 지역과 소비 지역에 따라 달라지며 구성된 품평단이 품평 전에 논의하여 결정한다.

품평기록표를 작성할 때에는 위에서 설명한 세 가지 방식이 선택적으로 사용되기도 하지만, 차의 품평에서는 대부분 종합적으로 적용되고 있다. 즉 〈표 23〉과 같이 간단한 평어 서술과 함께 평점을 산정하는데, 이때 각 항목에 대한 평점계수에 의거하여 종합점수를 합산한다.

〈표 23〉 관능심사 평가표의 예

차 종류	외형 (00점)		탕색 (00점)		향기 (00점)		맛 (00점)		우린 잎 (00점)		총 점 (100점)
	평 가	점수	평 가	점수	평 가	점수	평 가	점수	평 가	점수	
A	잘 말려 있고(84), 입자가 균등치 않다. 이물질(-1)	83	녹황색 밝고 맑다 (85점 기준)	86	…		…		…		
B	비교적 잘 말림 균정하나 녹색이 어둡다.	86	녹황색 밝고 맑다.	86	…		…		…		
C	녹색이 어둡다(-1). 균정치 못함. 잘 말려 있음.	83	녹황색 밝고 맑다.	86	…		…		…		
D	녹색이 밝다. 비교적 잘 말려있고 균정하다.	88	녹황색 밝고 맑다.	88	…		…		…		

다음은 항목별 편차를 '매우 좋음, 좋음, 보통, 미흡, 매우 미흡'과 같이 5단계로 구분해서 표기하도록 하는 방식이다. 이러한 평가기록표에서는 평가의 미묘하고 섬세한 편차를 반영하기 어렵다는 문제점을 지니고 있기는 하지만, 개인들이 점수를 매기는 방식과 달리 품평원 개개인에 의한 점수의 편차를 줄이면서 품평할 수 있다는 장점이 있다.

품평기록표

평가일시 :   .   .   .   평가자 : _____

구 분		항 목	기 준	제 품 번 호							
외 관	외형	균일성과 불순물 유무 (차 입자 크기와 모양이 균일하며 분술물이 없고 깨끗한가)	매우좋음 좋 음 보 통 미 흡 매우미흡								
		색택 (연록색을 띠며, 색택이 균일하고 선명한가)	매우좋음 좋 음 보 통 미 흡 매우미흡								
	우린 잎	균일성과 파손 유무 (색과 크기가 균일하고 파손이 적으며 불순물이 없는가)	매우좋음 좋 음 보 통 미 흡 매우미흡								
내 질	탕색	색의 종류와 농담 (고유의 맑고 투명한 녹색을 띠며, 너무 짙거나 옅지 않고, 색택이 균일하고 선명한가)	매우좋음 좋 음 보 통 미 흡 매우미흡								
		색의 맑고 깨끗함 (부유물, 탄가루가 없이 탕이 맑고 깨끗한가)	매우좋음 좋 음 보 통 미 흡 매우미흡								
	향	향의 종류와 조화 (향의 종류가 고상하고 신선하며 조화로운가)	매우좋음 좋 음 보 통 미 흡 매우미흡								
		향의 농담과 지속성 (향의 짙고 옅음이 적당하고 오래 지속되는가)	매우좋음 좋 음 보 통 미 흡 매우미흡								
		잡향 유무 (탄내, 이물질 냄새, 묵은 냄새 등 불쾌한 향이 없는가)	매우좋음 좋 음 보 통 미 흡 매우미흡								

			매우좋음							
내 질	맛	맛의 종류와 조화 (쓴맛, 떫은맛, 단맛이 적당하고 조화로운가)	좋 음							
			보 통							
			미 흡							
			매우미흡							
		맛의 농도와 지속성 (맛의 농도가 적당하고 오래 지속되는가)	매우좋음							
			좋 음							
			보 통							
			미 흡							
			매우미흡							
		부드럽고 순함 (맛이 맑고 깨끗하며 입 안에서 느끼는 감촉이 부드럽고 순한가)	매우좋음							
			좋 음							
			보 통							
			미 흡							
			매우미흡							
		불쾌한 맛의 유무 (칼칼한 맛, 아린 맛 등 불쾌한 맛이 없이 순수한가)	매우좋음							
			좋 음							
			보 통							
			미 흡							
			매우미흡							
	맛향색 조화	맛향색의 조화 (차의 맛과 향과 색이 조화를 이루고 있는가)	매우좋음							
			좋 음							
			보 통							
			미 흡							
			매우미흡							
종 합 평 점										

5) 주의할 점

차 품평원은 찻잎을 심사평가하는 기본적인 조작법과 순서 모두에 익숙해야 하며, 특히 다음과 같은 사항에 유념해야 한다.

(1) 전기주전자로 끓인 물은 물이 끓기 시작하고 최소 1분 후에 사용한다.

품평용수를 끓일 때 전기주전자를 사용하는 것이 이미 보편화 되었지만, 전기주전자로 물을 끓일 경우 거짓 비등현상이 나타날 수 있으므로 유의해야 한다. 전기 주전자의 전열도관은 주전자 안의 중심부분에 안장되어 있어서 물이 전열도관의 열량을 흡수하면 밀도가 작아지고 비중이 줄어들어 위로 부풀게 되지만 주전자 바닥의 물은 열교환의 차이로 인해 비중이 커지고 온도가 비교적 낮다. 따라서 주전자 표면의 물이 끓기 시작하고 1분 이내에는 상, 하층 물의 온도에 5℃정도의 차이가 있다. 이렇게 끓인 물로 차를 우리면 주전자 위쪽 물과 아래쪽 물의 온도 차이로 인해 품평용수의 온도가 상대적으로 낮아지며, 이러한 점은 품평에 영향을 주게 된다. 그러므로 끓기 시작하고 최소 1분 후에 사용해야 하며, 특히 겨울에는 이러한 현상이 더 심하므로 주의해야 한다.

(2) 수돗물은 하루밤을 재워 사용한다.

수도를 틀어 바로 나온 물은 대부분 수도관 안에서 일정 시간 이상 머문 물이며, 이 때 수도관 벽의 철이온과 철산화물이 물 속에 용해되어 있기 쉽다. 철 함유량이 0.3mg/ℓ 보다 많은 물로 차를 우리면 탕색이 어두워지는데, 특히 홍차에 미치는 영향이 크다. 물의 철 함유량이 5mg/ℓ일 때는 찻물의 색깔이 간장색과 비슷해진다.

차를 평가하는 장소는 밤에 물을 사용할 때가 적고, 대부분 아침부터 차를 평가하기 때문에 수도관 안에서 하루 밤 묵은 물을 틀어놓아 물 속에 함유된 철 함량을 낮추어야 한다. 또한 보일러의 증기가 직접 끓는 물에 뿜어 들어가면 물을 더 가열시킨다. 이런 물은 찐 냄새가 나고 철 함량도 높아 차를 평가하는데 사용할 수 없다.

(3) 주전자 입구의 물은 품평용수로 사용하지 않는다.

주전자의 입은 체적이 작아 이 부분의 물은 빨리 냉각되며, 특히 겨울에는 냉각 속도가 더 빠르다. 따라서 차를 우리기 전에 이 부위의 물은 품평보조사발에 부어 놓고 사용해야 한다. 만일 이 물을 그대로 사용하면 품평용수의 온도가 낮아져 차의 품평에 영향을 미칠 수 있다. 이때 따라낸 물은 품평 수저를 데우는 담금용 물로 사용하면 좋다.

(4) 주전자를 높게 들고 물을 붓는다.

보통 차를 평가하는 초학자들은 차가 너무 빨리 내지는 너무 세게 우려지는 것을 걱정하여 찻물을 컵 밖으로 흘리게 된다. 이럴 경우, 물의 충력이 작아 찻잎이 컵의 밑바닥에 가라앉아 잘 우려지지 않아 심사결과에 영향을 미치게 된다.

따라서 물을 따를 때에는 물주전자의 위치가 '낮음-높음-낮음'이 되도록 이동해야 한다. 즉 물을 부을 때 주전자 입구의 물의 세기는 찻잎이 품평배 안에서 빙글빙글 돌게 하며 아래 위로 떠돌게 해야 한다. 품평배 안의 물의 양이 80~90%정도가 되면 신속히 주전자의 위치를 낮추고 물 붓는 속도를 늦춰야 한다. 이러면 5분 내에 가장 좋은 차를 우려낼 수 있다.

(5) 시료 저울은 왼손에 든다.

차의 무게를 측정할 때 일반적으로는 천칭을 이용하지만 손저울과 작은 저울을 사용하는 경우도 있다. 최근에는 디지털 저울을 사용하므로 문제가 없지만 만일 천칭이나 작은 저울을 사용할 경우에는 천칭이나 저울을 왼손에 들고 오른손으로 시료를 담아야 한다. 오른손으로 들 경우에는 차를 왼손으로 담게 되어, 견본을 정확히 저울에 달 수 없다. 또한 작은 손저울을 사용할 때에는 저울추를 해당 눈금에 고정해 놓아야 한다. 그렇지 않으면 추의 위치가 옮겨지기 때문에 차의 무게를 정확히 측정할 수 없다.

(6) 먼저 차의 무게를 측정하고 마른 찻잎, 젖은 찻잎의 순으로 평가 한다.

찻잎에 대한 평가는 차의 무게를 측정한 후 마른 찻잎을 평가하고, 그 다음에 젖은 찻잎을 평가한다. 마른 찻잎을 평가할 때는 반복적으로 품평반을 돌리며 모양을 살피고, 일정한 중량의 차를 선별하여 층을 나눈다. 선별해낸 차 시료는 빈 품평반을 이용하여 2~3차례 서로 쏟고 담기를 되풀이 한다. 이렇게 시료를 잘 섞은 후 저울에 단다.

(7) 엄지, 검지, 중지 세 손가락으로 차를 집는다.

무게를 달기 위해 차를 쥘 때는 엄지와 검지와 중지를 모아 삼각형 모양으로 만들어 차를 유연하게 쥐어야 한다. 약 3g보다 많은 양의 차 시료를 쥐어서 저울에 달아 본다. 이렇게 골라낸 시료는 비교적 고르고 차의 대표성을 잃지 않는다. 닭 모이 주듯 한 줌씩 움켜쥐거나 차를 손 안에 쥐고 손을 기울여 천칭접시에 흘러내리게 하지 말아야 한다.

Ⅳ. 차의 품평

1. 녹차품평 綠茶品評
2. 백차품평 白茶品評
3. 황차품평 黃茶品評
4. 청차품평 青茶品評
5. 홍차품평 紅茶品評
6. 긴차품평 緊茶品評

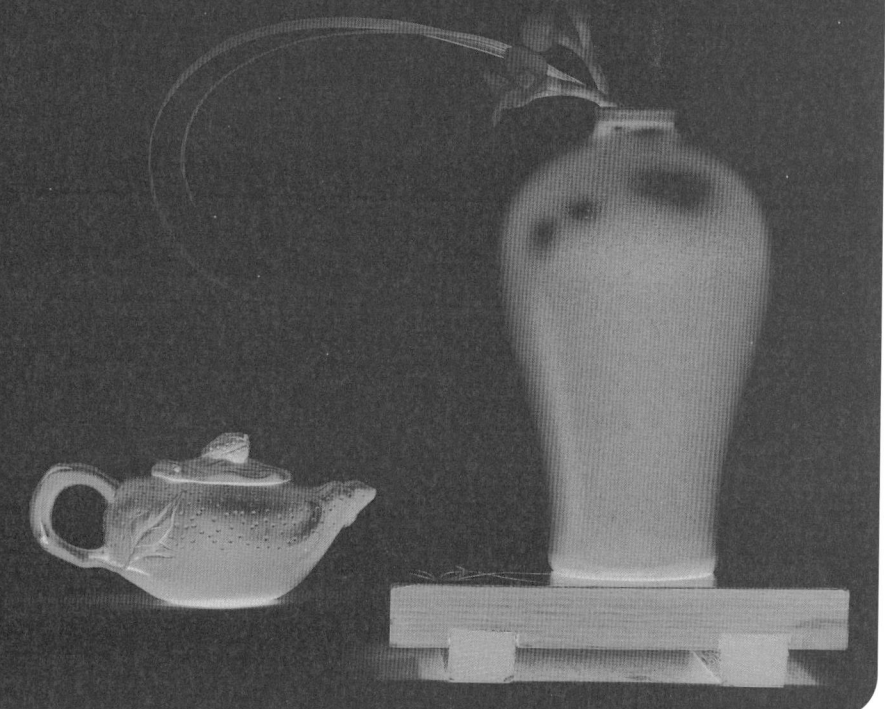

1. 녹차품평 綠茶品評

1) 명우녹차(名優綠茶)

(1) 개 념

　명우녹차에 대한 해석은 사람과 지역에 따라 다르다. 예를 들면 어떤 사람은 여린 차를 명차라고 하고, 또 어떤 사람은 가격이 높은 것을 명차라 한다. 또 한가지 차에 대해서도 명차여부에 대한 의견이 분분하다. 그렇다면 명차란 무엇인가? 한 가지 명확한 것은 명차란 차의 품등이 우수한 것이며, 이때의 품등을 결정하는 것이 바로 품평이다. 그 중에서도 이화품평보다는 관능품평에 의해 명차여부를 판정하고 있다. 그렇다면 명차의 품평 기준은 무엇인가? 간단히 설명하면 진귀한 품종, 특수한 자연 생장 조건, 찻잎의 채취와 제다법의 독특함이 서로 결합하여 만들어낸 품질이 우수하고 품격이 높은 차로 색과 향과 맛이 모두 좋고 시장에서의 평가가 좋은 차 제품을 말한다. 이것을 좀 더 자세히 설명하면 찻잎의 외형이 수려하고 고르며 정연하면서 품위가 있고, 빛깔과 광택이 선명하고, 향기가 짙고 오래가며, 맛이 신선하고 그윽하여 뒷맛이 좋고, 탕색이 산뜻하고, 우린 잎이 균일하고 일치한 것이라고 할 수 있다. 따라서 명차는 외형이 수려하고 내질이 우수한 찻잎 중의 진품(珍品)이라고 할 수 있다.

(2) 종류와 특징

　명우녹차는 살청 방법에 따라 초청형, 반홍반초형, 홍청형의 3가지로 나눌 수 있다.

① 초청형 명차(炒靑型 名茶)

　초청차는 볶은 녹차를 말하는데, 빛깔이 파랗고 윤기가 나며 향기가 진하고 예리하여 맛이 신선하고 순수하다. 찻잎은 외형이 가늘고 팽팽하며 빛깔이 밝은 황록색을 띠고, 우린 잎은 연한 녹색을 띠지만 보통 완전하지 않다. 항주 서호용정, 절강 용정 등이 있다.

② 반홍반초형 명차(半烘半炒型 名茶)

반은 불에 쬐고 반은 볶은 녹차를 반홍반초형 녹차라 한다. 청녹색의 빛깔을 띠고 외형이 완정하고 향기와 맛이 신선하고 순수하며 탕색과 우린 잎이 모두 황록색을 띤다. 제조할 때 찻잎의 수분함량이 20%정도 될 때까지 볶고 다시 불에 쬐어 말리는데, 현재 이런 유형의 명차는 종류가 비교적 많다.

③ 홍청형 명차(烘靑型 名茶)

불에 쬐어 말린 것을 홍청형 녹차라 한다. 말린 정도가 비교적 긴밀하고 빛깔이 좀 시커멓고 선이 드물고 탕색이 맑고 밝으며 우린 잎은 황록색을 띠며 완정하다. 대표적인 홍청형 명차에는 절강의 포강춘호(浦江春毫)가 있고, 불에 쬐어 제다한 명차 중 일부는 말리는데, 고급 화차(花茶)의 원료로 사용할 수도 있다.

(3) 형태와 향기

명차는 찻잎의 말린 형태에 따라 납작하고 평평한 모양의 편평형(扁平形), 소나무 잎 모양의 침형(針形), 굽은 소라살 형상의 곡라형(曲螺形), 구슬 형상의 원주형(圓珠形), 창 모양의 모형(矛形), 난꽃 모양의 난화형(蘭花形), 납작 편형(片形), 굽은 형상의 곡조형(曲条形), 눈썹 모양의 미형(眉形), 참새혀 모양의 작설형(雀舌形) 등으로 나눌 수 있다. 각종 외형을 대표하는 명차의 종류는 〈표 25〉와 같다.

명우녹차 외형의 좋고 나쁨은 주로 마른 찻잎의 색깔과 모양으로 판단한다. 빛깔이 연녹색을 띠고 모양이 특색 있어야만 명차로 간주될 수 있다. 상품의 각도에서 보면 외형이 보기 좋다는 것은 판매에 유리하다는 것을 의미하며 소비자의 마음을 끌 수 있는 첫 번째 요소이다. 따라서 명차는 반드시 형태미가 있어야 한다. 만약 빛깔과 모양이 나쁘면 질량이 아무리 좋다고 해도 명차의 항렬에 들어가기는 어려울 것이다. 그러나 이는 절대 외형만 중시하고 질량을 경시한다는 뜻은 아니다.

〈표 25〉 명우녹차의 형태 분류

외 형	차 의 종 류
편평형[扁形]	용정차(龍井茶)
침형(針形)	안화송침(安花松針), 남경우화차(南京雨花茶)
곡라형(曲螺形)	임해반호(临海蟠毫), 벽라춘(碧螺春)
편형(片形)	육안과편(六安瓜片)
원주형(圓珠形)	천강휘백(泉岗辉白), 용계화청(涌溪火青)
모형(矛形)	난계은로(兰溪銀露), 용천검명(涌泉劍茗)
곡조형(曲条形)	경산차(茎山茶)
미형(眉形)	제산취미(齐山翠眉)
작설형(雀舌形)	각아차(各芽茶)
난화형(蘭花形)	자순(紫笋), 여산운무(庐山云雾), 포강춘호(浦江春毫)

(4) 산지

차의 품(品)을 논한 역대 자료에 의하면 좋은 차란 차나무 품종의 차이에서 기인하는 것으로, 특별한 지역에서 자란 좋은 품종의 차를 말한다. 그러나 지역이나 재배 환경은 자연적인 요소와 인공적 환경이 결합하면서 경우에 따라 달라지기 때문에 어떤 곳을 절대적인 명차의 산지라고 말하거나 또는 그곳에서 난 차가 반드시 명차라고 할 수는 없다. 다만 오랜 동안의 경험에 의하면 다음의 세 지역을 중국의 명우녹차 산지라고 할 수 있다.

첫째, 절강(浙江), 강소(江蘇), 안휘(安徽) 지구에서 생산된 차는 청녹색 빛깔의 잎, 그윽한 향기, 신선하고 순수한 맛, 밝고 황록색의 탕색과 우린 잎 등의 특성을 나타낸다.

둘째, 강서(江西), 호남(湖南), 호북(湖北), 귀주(貴州), 하남, 산동(山東), 사천(四川), 중경(重庆), 섬서(陝西), 감숙(甘肅), 복건(福建)과 서장 12개 지구의 차는 마른 찻잎의 빛깔이 비교적 검푸른색을 띠고 외형이 통통하게 살찌고 향기와 맛이 짙으면서 신선함이 부족하다.

셋째, 광서(廣西), 광동(廣東), 해남(海南), 운남(云南), 대만(台灣) 5개지역의 차는 외형이 통통하고 솜털이 많으며 빛깔이 비교적 어둡고 향기와 맛이 짙고 무디며 탕색이 노랗고 우린 잎은 살찌고 비교적 누렇다.

(5) 생산에 적합한 품종

명우녹차를 생산하는데 적합한 차나무 품종의 특징을 살펴보면 다음과 같다.

① 일찍 채다할 수 있는 조생종이다.

소비자는 새로운 것을 더 빨리 맛보려는 심리가 있으며, 생산자는 이 욕구를 충족시키기 위해 같은 품목일 경우 더 일찍 출하하고자 한다. 차의 경우에도 다른 품종보다 빨리 싹을 틔우고 이로써 더 빨리 채다할 수 있는 품종을 더 선호하고 있다.

② 찻잎의 솜털은 부드러움을 오래 유지하게 한다.

잎에 솜털이 많으면 부드러움을 오래 유지할 수 있는데, 이런 종류의 품종은 모봉(毛峰), 모첨(毛尖), 은침(銀針) 등 "솜털류" 명차를 제조하는데 적합하다. 은색 솜털이 가득 덮혀 있고, 은장소낭(銀裝素囊)의 특징이 있어 잔에 담그면 싱싱하고 산산이 흩어져 맛보는 사람으로 하여금 시각적 즐거움까지 누릴 수 있게 한다면 더욱 높은 가치를 인정받을 수 있다. 그래서 최근에는 솜털이 많은 품종은 물론 가공과정에서도 솜털이 쉽게 떨어지지 않아 기계생산에 적합한 것을 더욱 높이 평가하고 있다.

③ 잎이 섬세하고 솜털이 적으며 연한 녹색 혹은 황록색을 띤 잎을 사용한다.

잎이 섬세하고 솜털이 적으며 연한 녹색이나 황록색을 띤 잎은 용정차(龍井形)와 같은 명우녹차를 제조하는데 적합하다. 찻잎의 외형은 '매끄럽고, 납작하고, 편평하고, 곧게' 가공 할 수 있다. 예를 들면 용정차로는 납작하고 편평하고 매끄럽고 곧고 뾰족하고 새싹이 노출되어 변두리가 약간 노랗고 우린 잎이 연하고 균일하게 망울진 것이 높은 품질의 차이다. 운남(云南), 광동(廣東), 광서(廣西)와 해남(海南)의 일부 지역에서 자라는 대엽종 차와 여름이나 가을에 채다한 잎은 높은 품질의 차를 만드는데 적합하지 않다. 이러한 찻잎은 폴리페놀의 에스테르카테소 함량이 지나치게 높아 녹차의 맛이 짙고 떫으며 그다지 향기롭지 못하고 신선함과 순수함이 부족하고 빛깔이 어둡다. 어떤 종류의 차를 제다하든 폴리페놀 함량이 25%를 초과하지 않고 비에스테르형의 카테킨 함량이 높은 것이 좋다. 만약 이러한 성분을 유지하면서 여린 찻잎에 상처를 내지 않고 온전하게 채엽하여 제다한다면 그윽한 듯 시원하고 상쾌하며 맛이 신선하고 순한 양질의 차를 얻을 수 있다.

(6) 제다(製茶)시 유의사항
① 빛깔이 검지 않아야 한다.
　찻잎의 빛깔이 황록색이나 청녹색이면 좋고 검은 색은 명차가 되기 어렵다. 특히 명차는 단순히 맛과 영양이 뛰어난 것을 넘어 사람들의 시각적 즐거움을 고양시켜 마음을 안정시키는 역할을 하기 때문에 빛깔이 어두우면 침울한 감이 나고, 이는 명차의 치명적인 결점이 된다. 이러한 결점은 운남 대엽종의 경우, 신선한 잎을 말리지 않고 차를 따서 즉시 제조하거나, 너무 강하게 유념하여 차즙이 흘러나와 찻잎에 묻게 될 때, 그리고 건조할 때 온도가 너무 낮거나 시간이 너무 길어 습하고 더운 조건 하에서 폴리페놀의 산화와 엽록소의 분해가 심해진 경우에 나타난다.
　찻잎이 황록색 빛깔을 띠게 하려면 소엽종의 여리고 야들야들한 잎을 선택해야 하고, 철색에 자색을 띠는 잎으로는 명차를 제다하지 않는 것이 좋다. 잎의 수량이 알맞아야 하고 가벼운 동작으로 덖어야 하며 될수록 잎 조직의 파괴를 피하고 차즙이 흘러 나오는것을 방지해야 한다. 덖을 때 자주 휘젓거나 제조 과정이 너무 길면 좋지 않은데, 특히 불에 쬔 명차는 일단 차즙이 흘러나오면 마른 찻잎 색깔이 필연적으로 검게 된다.

② 모양에 특색이 있어야 한다.
　비벼 말린 모양에 특색이 있어야 하는데, 수공으로 불에 쬐거나 덖어 형태가 정밀하고 섬세할 수록 좋다. 만일 홍청이나 쇄청 정도가 여리다면 명차가 될 수 없고 중급의 품등에 머무를 확률이 높다. 이렇듯 말린 모양에 특색이 없으면 빛깔과 질량이 아무리 좋아도 명차로 인정받을 수는 없을 것이다.

③ 싹과 잎이 함께 있어야 한다.
　제일 여린 잎도 하나의 싹에 하나의 잎이 약간 펼쳐져야지 부분적으로 싹의 심[芽心]만 따서 제다하면 안된다. 싹의 심은 생장이 불완전한 부분이기 때문에 함유한 성분도 완전하지 않다. 특히 엽록소와 폴리페놀의 함량이 매우 낮아 제다한 녹차의 빛깔이 회색을 띠

며 탕색이 연하고 맛이 평범하며 우린 잎은 누렇다. 명차의 색, 향, 맛과 형태를 전면적으로 평가하려면 소엽종 싹 하나에 잎 하나이고 잎의 전체 길이가 2~2.5㎝인 신선한 잎을 사용하는 것이 제일 좋다.

④ 푸른 향기가 나지 않도록 한다.

녹차에서 냄새가 나는 것은 차나무의 품종이나 채다 시기와 관계가 있으며, 그 외 너무 적은 잎을 살청하면서 단일하게 흔들어 수분을 빨리 잃은 상태에서 유념하는 경우에도 발생한다. 이 경우에는 잎의 비벼 말려진 정도가 완전하지 않아 산화나 떫은맛이 나며 정상적인 녹차 향기가 부족하게 된다.

⑤ 너무 익은 찐 냄새[熟嫩味]가 나지 않게 한다.

명차의 찐 냄새는 두 가지 경우에 생긴다. 첫째는 말리는 시간이 너무 길 경우이고, 둘째는 찻잎을 제대로 건조하지 않았거나 보관 과정에서 습기 차서 변질이 생긴 경우이다. 첫 번째의 경우, 특히 차를 불에 쬐일 때 잎을 너무 두툼하게 쌓아 놓거나 불에 쬐어 말리는 시간이 길거나 시원한 곳에 펼쳐놓고 건조시키는 시간이 너무 길거나 습기 차고 무더운 곳에 보관하여 산화되었을 경우에 해당한다.

동일한 조건하에서 찻잎을 보관하면 대엽종 녹차가 소엽종 녹차보다 더 빨리 변질된다. 왜냐하면 대엽종은 찻잎의 조직이 비교적 듬성듬성하고 잎 표면의 각질층이 얇아 수분을 흡수하고 산소를 쉽게 투과하여 내부 물질의 산화를 촉진하여 녹차의 신선한 맛을 잃게 하기 때문이다.

⑥ 찻잎을 불에 쬐어 말리는 과정에서 잡내가 배지 않아야 한다.

홍청쇄청녹차의 경우 불에 쬐어 말리는 과정에서 찻잎에 참대 기름이나 목탄 냄새로 오염되는 경우가 있는데, 이러한 냄새가 배지 않도록 유의한다.

⑦ 포장시 잡내가 배지 않아야 한다.

기계기름 냄새는 종이 박스로 포장한 차에서 많이 나는 냄새이다. 종이 박스로 포장할 때에는 포장재를 통풍이 잘 되게 보관하여 기름 냄새를 없게 한 후 사용해야 한다. 또한 품질이 나쁜 고압폴리에틸렌에서는 비닐냄새가 나므로 차를 포장할 때는 반드시 저압 폴리에틸렌 주머니를 사용한다.

⑧ 햇볕에 쬐어 나는 이상한 냄새가 배지 않도록 한다.

채다 후 차를 말리고 볶을 때 찻잎이 햇볕에 노출되면 마른 죽순 냄새와 같은 잡내가 밸 수 있으므로, 차를 말릴 때에는 반드시 직사광선을 피해야 한다.

(7) 위생과 물리화학 지표

차는 근본적으로 식품이기 때문에 위생에 대한 요구가 각별하다. 또한 기호식품으로서 다양한 기능을 담당하기 때문에 차에 함유된 성분의 종류와 함유량은 물론 각 성분들의 조화가 명우녹차 품질의 기본이 된다.

〈표 26〉 명우녹차의 위생과 물리화학 지표

지표 명칭	검사받는 항목	함량(mg/kg)	지표 명칭	검사받는 항목	함량(%)
위생표준	666 DDT 동 연	≤0.2 ≤0.2 ≤60 ≤0.2	물리화학	수 분 무기물 가루차(末茶)	≤6.5 ≤6.5 ≤2.0 (16공 이하)

(8) 관능품평 지수

차의 품평에서는 성분에 대한 이화학적 품평과 아울러 감관에 의한 관능품평이 매우 중요하다. 특히 명우녹차는 차나무의 품종이나 재배 환경, 제다 방법에 따라 독특한 특성을 지녀 매우 많은 사람들에게 선호되는 차이므로 각 종류별 특성이 색과 향과 맛을 구성한다. 명우녹차의 관능검사 지수를 5인자품평법에 의거한 평가항목별로 살펴보면 다음과 같다.

〈표 27〉 명우녹차의 관능품평 지수

등급	외형	탕색	향기	맛	우린 잎
특급	연한 녹색 싹이 보인다.	황록색, 밝다.	옅은 향기	신선하고 순수하다.	완정하고 1싹
1급	파란 윤기가 돌고 싹이 드러난다.	녹색, 밝다.	약간의 옅은 향기	시원하다.	1잎, 2잎 각각 반씩
2급	녹색, 빼곡하고 싹이 있다.	황록색, 밝다.	청신한 향기	순수하고 진하다.	1싹에 2잎 위주
3급	철색, 무겁다.	노란색, 밝다.	약간의 청신한 향기	농후하고 순수하다.	한 싹에 2~3잎
4급	황록색, 무겁다.	노란색 여전히 밝다.	순수한 향기	순수하고 부드럽다.	겹친 2잎

(9) 품평 방법

일반적으로 외형, 탕색, 향기, 맛, 우린 잎의 5개 항목에 의거한 5인자품평법에 의거하여 품평한다.

① 평점 원칙(評點原則)

차를 평가하여 점수를 매길 때에는 반드시 우선 품질인수등급이 몇 개인가를 살펴야 한다. 일반적으로는 갑, 을, 병의 3등급인 경우가 많은데, 이것을 좀 더 세분하여 아주 좋음, 좋음, 보통, 미흡, 아주 미흡과 같이 5개의 등급으로 나누는 경우도 있으므로, 총 등급 수에 따라 점수 배분기준을 만들어야 한다.

3개 등급으로 나눌 경우, 흠집이 없으면 갑급으로 정하고 표준점수 ±94점을 준다. 다시 그 품질의 높고 낮음에 근거하여 1~4점을 더하거나 감할 수 있다. 모양이 좋지 않고 빛깔과 광택이 갑급 보다 못하고 향기가 조금 무디며 탕색과 우린 잎에 파란 윤기가 부족하면 그 정도에 따라 을급 혹은 병급으로 정한다. 을급은 ±84점, 병급은 ±74점을 주고 다시 1~4점을 더하거나 감한다. 점수를 매길 때 평어에도 주의를 기울여야 한다. 평어 기술은 다음번 품평에 참고가 되기 때문이다.

차를 평가하여 점수를 매길 때 명차는 다 좋은 차라고 생각하고 적어도 95점을 산정하는 경우가 있는데, 이것은 좋지 않다. 만일 ±편차 없이 각 급별로 동일하게 점수를 산정할 경우, 좋은 차와 나쁜 차의 점수가 엇비슷한 경우가 종종 나타나 품질 차이를 구별하기 어렵게 된다. 점수를 매기는 구체적인 방법은 〈표 28〉에 예시되어 있다.

〈표 28〉 명우녹차의 각 품질인수의 평점 원칙

품평항목	등급	품 질 특 징	점 수
외 형	갑	• 황록색, 청녹색을 띠고 가늘고 여리다.	94±4
	을	• 청색을 띠고 색깔이 좀 진하고 가늘고 여리다.	84±4
	병	• 어두운 갈색, 회색을 띠고 보통 여리다.	74±4
탕 색	갑	• 밝은 황록색, 밝은 노란색을 띤다.	94±4
	을	• 맑고 밝은 황록색을 띤다.	84±4
	병	• 어두운 노란색이다.	74±4
향 기	갑	• 옅은 밤 향기가 난다.	94±4
	을	• 그윽하고 시원하고 청고(淸高)하나 예리하지 않다.	84±4
	병	• 순수하고 익은 냄새가 난다.	74±4
맛	갑	• 신선하고 순수하고 부드럽고 여리고 시원하다	94±4
	을	• 시원하고 순수하고 진하며 농후하다.	84±4
	병	• 익고 떫고 농후하다.	74±4
우린 잎	갑	• 옅은 녹색, 밝고 싹이 보인다.	94±4
	을	• 황록색, 밝다.	84±4
	병	• 누렇고 어두운 푸른색이다.	74±4

② 항목별 평점계수

　명우녹차의 일반적인 평가항목별 점수 분배비율은 통상적으로는 외형 30%, 탕색 10%, 향기 25%, 맛 25%, 우린 잎 10%를 적용하고 있으나, 근본적으로는 품평단이 정한 기준에 의거한다. 다만 항목별 분배비율은 점수를 매기는데 직접 사용할 수는 없다. 예를 들면 외형에서의 100점과 90점은 분배비율로 점수를 매길 경우 총점의 30%에 해당하므로 환산점수는 30점과 27점이 되어 실제 점수 10점 차가 총점에서는 3점 차로 환산된다. 또 탕색과 우린 잎에서의 100점과 90점은 환산하면 10점과 9점으로 1점 차이밖에는 나질 않는다. 그러므로 품평 요인별 중요도에 따라 총점에 미치는 영향이 달라지므로, 분배비율을 이용하여 점수를 직접 산정하면 비록 계산하기는 편리하지만 찻잎의 품질 등급내부에서의 차이를 등급과 등급사이의 실제 차이로 오인하여 인위적으로 찻잎 "품질차이"를 확대하여 실제적인 심사 평가의 오차를 크게 할 우려가 있다. 따라서 평가항목별 평점을 각각 100점 만점으로 하고, 이것을 다시 항목별 분배비율에 따라 산정하여 안배해야 한다.

항목별 평점과 분배비율을 적용한 평점 계산방법은 〈표 29〉와 같다.

〈표 29〉 명우녹차의 평점 계산 방법

수치나누기	외 형	탕 색	향 기	맛	우 린 잎	합 계
%	30	10	25	25	10	100
평점	90	90	94	92	93	-
득점	27.0	8.5	23.5	23.0	9.3	91.3

③ 차와 품평용수의 양

명우녹차를 품평할 때에는 150㎖의 물에 3g의 차를 우리는 것이 제일 좋다. 즉 200㎖의 끓는 물에 4g의 차를 우린 것과 150㎖ 끓는 물에 3g의 차를 우려서 평가하면 비록 모두 물:차의 비율이 50:1로 동일하기는 하지만 200㎖로 우린 탕액은 150㎖보다 총열량이 30%이상 더 많아 푹 익은 냄새가 나기 쉽다. 특히 여린 호첨차(毫尖茶)를 200㎖의 끓는 물에 5분간 우린 후, 우린 잎을 관찰하면 누런색이 나고 탕색이 짙어지고 빛깔은 노란색에 치우치고 향기의 신선함도 떨어지게 된다. 이와 같이 한 종류의 차를 갑 지역에서 평가 할 때는 150㎖의 물을 사용하고 을 지역에서는 200㎖의 물을 사용하면 그 평가 결과는 같지 않을 수 있다. 따라서 찻잎이 비교적 유연한 명우녹차를 품평할 때에는 150㎖의 물에 3g의 찻잎을 우리는 것이 가장 좋다.

④ 탕색과 우린 잎에 대한 평가

빛깔을 놓고 볼 때 명우녹차의 탕색과 우린 잎은 옅은 녹색이면 제일 좋고, 황록색이 그 다음, 짙은 황색이 그 다음이다. 우린 잎은 매우 여려서 심지어 완전한 싹이라 해도 탕색이 맑고 옅어 마치 "물"과 같다. 이런 경우에는 '탕색이 밝고 옅다' 라는 평어를 달아 주어야 하며, 평점은 반드시 2등 품질의 점수를 산정해야 한다. 우린 잎은 여리고 균일해야 하며 흐트러지고 부스러지지 않게 말려 잎맥이 보여야 한다.

⑤ 품평기록표 작성

품평기록표에는 평점과 평어를 동시에 사용한다. 차를 평가할 때 점수만 표기하고 평어를 달지 않으면 후에 품질이 왜 "좋고 나쁜지"에 대한 근거를 알 수 없다. 특히 여러 사람이 함께 차를 평가할 때에는 품평원에 따라 점수 차이가 많이 날수 있는데, 이때 점수가 높고 낮은 것 만으로는 품질에 대한 정확한 판단을 할 수 없다. 예를 들면 두 팀이 동일한 차를 각각 품평하여 그 중 갑팀에서는 차에서 참대기름 냄새가 나는 것을 발견하고 점수를 낮게 산정하였는데, 을팀에서는 그 냄새를 발견하지 못하고 점수를 높게 책정했다면, 이런 상황에서 평어를 기록했을 경우에는 그 기록을 근거로 다시 품평하거나 토론을 거쳐 해결할 수 있지만, 평어를 기록하지 않았을 경우에는 차이의 근거를 알 수 없기 때문에 잘못된 품질 평가를 할 수도 있다. 따라서 점수와 함께 품질에 대한 특징을 적절한 평어로 기록하는 것이 매우 중요하다.

2) 덖음녹차[炒靑綠茶]

녹차는 건조할 때 가마를 사용하여 볶거나 병모양의 차를 볶는 기계로 모차(毛茶)를 볶아서 말리는데, 이렇게 제다된 차를 덖음녹차라고 한다. 덖음녹차[炒靑綠茶]는 일명 초청 녹차라고도 하는데, 찻잎이 말린 외형에 따라 길쭉한 모양의 장초청, 동그란 모양의 원초청, 납작한 모양의 편초청으로 구분할 수 있다.

(1) 장초청(長炒靑) 녹차

찻잎의 말린 형태가 길쭉한 것으로 긴밀하고 곧아야 하고, 싹이 길고 빛깔이 파르스름하고 윤기가 돌며, 탕색이 황록색을 띠고 밝으며, 향기가 짙고, 맛이 순수하고 농후하며, 우린 잎은 황록색을 띠면서 밝고, 창과 기가 부서지지 않고 완정해야 한다. 만약 형태가 갈고리처럼 구부러졌거나, 잎이 끊기고 부서졌거나, 비벼 말린 상태가 느슨하여 거칠고 푸석하며, 가볍고 탄 냄새가 나고, 탕색과 우린 잎이 암갈색을 띠면 낮은 등급으로 취급한다. 장초청 녹차를 품평할 때에는 외형의 여린 정도와 비벼 말려진 상태의 긴밀한 결합 정도를 보아야 하고, 향기가 순수한지, 깊고 농후한 맛에 탄 냄새가 나는지 여부를 심사한다.

① 미차(眉茶)

장초청 녹차는 정밀 가공을 거쳐 '미차'가 된다. 그 중 진미차(珍眉茶)는 외형이 견고하고, 색깔이 파랗고 윤기가 돌며, 잎 표면에 흰 가루가 나고, 탕색이 황록색을 띠고 밝으며, 밤 향기가 짙고, 우린 잎이 황록색을 띠는 것이 좋은 차이다. 만약 외형이 느슨하고 흰색을 띠며 향기가 순수하지 않고 탄 냄새가 나면 낮은 등급에 속한다.

② 미차의 색

중국에서 국외로 수출하는 미차(眉茶)의 표준 견본은 특진(特珍), 진미(珍眉), 우차(雨

〈표 30〉 미차의 등급별 색깔과 품등 표준

등급	유형	외형 특징
특진	특급	가늘고 보드랍고 꼿꼿하고 싹침이 있다.
	1급	가늘고 팽팽하고 무겁다.
	2급	단단하고 여전히 무겁다.
진미	1급	단단하다.
	2급	여전히 단단하다.
	3급	약간 거칠고 성기다.
	4급	거칠고 성기다.
	등급 외	거칠고 성기며 가볍고 줄기가 있다.
우차	1급	짧고 뭉툭하며 연한 잎맥이 있다.
수미	특급	연한 잎맥에 얇은 조각이 있다.
	1급	조각 모양에 잎맥이 있다.
	2급	작은 조각 모양이다.
	3급	비교적 가볍고 작은 조각이다.
	차편(茶片)	가볍고 작은 조각이다.
공희	특급	윤기가 돌고 둥근 고리모양에 비교적 무겁다.
	1급	여전히 윤기가 돌고 둥근 고리모양에 좀 무겁다.
	2급	색이 좀 시들고 비교적 구부러지고 가볍다.
	3급	색이 시들고 비교적 나른하고 고리모양이다.
	등급 외	나른하고 느슨하며 납작한 조각이고 짧고 뭉툭하다.

茶), 수미(秀眉), 공희(貢熙)로 나뉜다. 구체적인 색깔과 품등은 〈표 30〉과 같으며, 품질이 정상이고 향이나 맛 물질을 첨가하지 않아 이상한 냄새가 없어야 하고 차 이외의 이물질을 함유하지 않을수록 높은 등급에 속한다.

③ 미차 품평기준

미차의 품질은 보통 규정된 찻잎 실물 표준견본과 대조하여 평가한다. 일반적으로 표준보다 '높다', '낮다', '비슷하다'와 같은 3개 항목으로 등급과 값을 정하는데 미차의 등급은 차의 무게와 평원기(平圓機) 체의 구멍 크기에 따라 결정하고, 이때 무게는 풍선기(風選機) 안에서 구별한다. 절강성다엽공사(浙江省茶叶公司)에서 선별한 차의 무게와 크기를 기준으로 한 미차 품평 실례를 살펴보면 〈표 31〉과 같다.

〈표 31〉 각 등급별 미차 선별 비례(%)

등급		체의 공 (구멍 수/2.54cm)								
		4	5	6	7	8	10	12	16	24
특진	1	25	23	22	12	10	5	3		
	2	30	22	20	10	10	5	3		
진미	1	40	25	15	6	6	5	3		
	2	40	25	15	6	6	5	3		
	3	40	30	15	6	5	3	1		
	4	42	30	15	6	5	2			
	등급 외	42	30	15	6	5	2			
우차	1			35	20	15	15	10	5	
수미	특수			30	10	15	15	15	15	
	1					15	25	25	25	10
	2					15	25	25	25	10
각급 공희		50	40	10						

(2) 원초청(圓炒靑) 녹차

찻잎이 동그란 형태로 말린 차를 말하는데, 절강성 소흥(紹興), 승주(嵊州), 신창(新昌), 상우(上虞) 등지에서 생산된다. 절강에서는 '평초청(平炒靑)'이라 하고 정밀가공을 거쳐 제조한 후 '주차(珠茶)'라고 부른다.

원초청 차의 특징은 외형이 둥글고 모양이 진주와 비슷하며 짙은 녹색을 띠고 윤기가 돈다. 탕색은 청록색이고 향기가 그윽하고 맛이 농후하며 우린 잎은 짙은 녹색을 띠면서 튼튼하다.

주차(珠茶)를 품평할 때에는 반드시 외형이 동그랗고 윤기가 돌며 손바닥에 놓으면 무거운 감이 나며 맛이 순수하고, 진하고 탄 냄새가 없어야 하며, 우린 잎의 여린 정도 등을 중심으로 평가한다. 원초청차의 품평 방법은 미차의 품평 방법과 같다.

〈표 32〉 특진 일급 품질의 평점 표준

품평인자	등급	품질 특징과 평어	점수	분배비율
외형	갑	가늘고 긴밀하고 균일하며 정연하고 침싹이 보이며 파란 윤기가 나고, 흰 가루가 있다	94±4	35%
	을	긴밀하고 정연하며 여전히 파란 윤기가 있다	84±4	
	병	여전히 긴밀하고 균일하고 파란 윤기가 있다	74±4	
탕색	갑	밝은 황색이다	94±4	10%
	을	황색이나 밝은 색이 부족하다	84±4	
	병	황갈색이다	74±4	
향기	갑	밤 향기이다.	94±4	20%
	을	향기가 진하다.	84±4	
	병	순수하다.	74±4	
맛	갑	순수하고 시원하다.	94±4	20%
	을	농후하다.	84±4	
	병	순수하고 부드럽다.	74±4	
우린 잎	갑	균일하게 여리고 부드럽다.	94±4	15%
	을	여전히 여리다.	84±4	
	병	균일하지 않고 잎맥이 많다.	74±4	

〈표 33〉 주차의 등급별 체 규격 참고표(%)

등급	체 의 공 (구멍/2.54cm)						
	4	4.5	5	6	7	8	10
특급			42	24	17	11	6
1급		21	46	12	9	8	4
2급	14	20	37	12	8	6	3
3급	20	30	22	12	8	5	3
4급	24	20	21	9	7	4	3
5급	34	36	11	8	6	4	1

〈표 34〉 미차(眉茶)와 주차(珠茶)의 이화지표(%)

항 목	미차, 우차 공희, 주차	쇄차	수미	차편
수 분	6.5	6.5	7.0	7.0
무기물	6.5	6.5	7.0	7.0
분 말	0.5	0.5	1.5	2.5
指	28공	40공	60공	60공

원초청의 모차(毛茶)는 7등급으로 나눈다. 각 등급 차의 여린 정도는 장초청보다 좀 낮다. 주차를 기계로 볶으면 외형이 둥글고, 말린 정도는 손으로 제다한 것보다 더 긴밀하지만 부분적으로 찻잎에서 탄 냄새가 나는데, 대부분은 살청할 때 온도가 너무 높아서 생겨난 것이다.

원초청차는 정밀한 제다과정을 거쳐 정형(整形)한 후 형태의 특징에 따라 주차(珠茶),

〈표 35〉 주차 등급 표준

등 급	외 형 특 징
특급	둥글고 단단하고 무거우며 매끄럽고 철색을 띠면서 밝다.
1급	둥글고 단단하고 여전히 무겁고 철색을 띤다.
2급	여전히 둥글고 단단하지만 윤기가 없다.
3급	여전히 둥글고 암황색을 띤다.
4급	여전히 둥글지만 단단하지 않다.
5급	굵고 둥글고 메마른 색을 띤다.
등급 외	둥글납작하고 황색을 띤다.

우차(雨茶), 쇄차(碎茶), 수미(秀眉) 등 4종으로 구별한다. 그 중 주차의 등급을 구분하는 표준은 〈표 35〉와 같다.

(3) 편초청(扁炒靑) 녹차

찻잎의 말린 형태가 납작한 차로, 대부분 직접 손으로 볶아서 제다한 차이다. 예를 들면 용정차(龍井茶)나 안휘대방(安徽大方) 등은 외형이 편평하고 연녹색을 띠면서 그윽한 향기가 오래 지속되는데, 맛이 순수하고 신선하며, 탕색은 밝고 옅은 녹색을 띠고, 우린 잎은 여리다. 편초청차를 품평할 때에는 색깔의 푸르고 싱싱한 정도, 모양의 편평(扁平)한 정도와 크기의 일치 여부 등을 중심으로 행한다. 또한 잎 표면에는 솜털이 없어야 하고 시들어 누렇게 되지 않아야 하며, 외형이 특히 강조된다. 구체적인 품평 방법은 명우녹차의 경우와 같다.

3) 모봉(毛峰)

모봉은 불에 쬐어 제다하는 여러 차의 총칭으로, 모첨(毛尖)이라고도 부른다. 초기 제다 과정의 녹차에 약하고 긴밀한 선이 형성되면서 솜털이 드러나는 여린 차를 가리킨다.

(1) 종류와 특징

중국의 경우 대부분의 차산지에서 모봉차가 생산되는데, 그중 절강성과 안휘성의 생산량이 비교적 많다. 종류로는 절강의 난계모봉(蘭溪毛峰), 안탕모봉(雁蕩毛峰), 구화모봉(九華毛峰), 양아모봉(羊艾毛峰) 등이 있다.

소엽종으로 제다한 모봉은 외형이 약하고 긴밀하며 솜털이 덮여있고 싹봉[芽鋒]이 보이는데 탕색은 밝고 향기가 청신하며 맛이 순수하고 시원하다. 또한 우린 잎은 연녹색을 띠면서 밝다. 대엽종으로 제다한 모봉은 외형이 비교적 통통하고 털끝이 드러나면서 빛깔이 약간 노랗거나 어두운 녹색을 띠면서 향기가 비교적 짙고, 우린 잎은 여리고 통통하고 싹이 보인다. 잎의 여린 정도가 1싹에 2잎인 것을 위주로 채다하는 것이 좋다. 1싹에 3잎인 것은 일반적으로 홍청녹차에 사용한다. 명우녹차 중 적지 않은 차는 비록 '모봉'이라고 부르지 않지만 제다 방법과 외형은 모봉에 속한다.

(2) 모봉차의 품평

모봉차의 등급은 각 지역마다 나누는 표준이 다르다. 안탕모봉은 3등급에 3개의 표준 견본이 있으며, 황산모봉(黃山毛峰)은 3급 6등으로 나누고 2, 4 ,6등에 표준 견본이 있다.

모봉차를 품평할 때에는 찻잎의 외형, 색깔, 여린 정도를 중시한다. 색깔이 연녹색인 것은 상등품이고, 찻잎과 같은 녹색인 것은 중등품이며, 어두운 녹색은 하등품에 속한다. 선이 긴밀하고 색깔이 검은 것이 많은데, 상품의 모봉차 중에서도 푸른빛이 도는 것이 검은 것보다 품질이 더 높다. 때문에 품평할 때 빛깔이 파랗고 비취색을 띠는 정도를 중시해야 한다. 향기와 맛은 맑고 상쾌한 정도와 순수하고 시원한 정도에 따라 심사한다. 모봉차는 대부분 대바구니에 담아 목탄 불에 쬐어 말리기 때문에 참대기름 냄새와 목탄 냄새가 나지만, 냄새가 심하면 낮은 등급이 된다. 명우녹차의 경우, 이런 냄새가 나는 차는 3류차로 취급하여 70점 전후로 평점한다.

4) 홍청녹차(烘靑綠茶)

(1) 종류와 특징

녹차를 제다할 때 건조 단계에서 직접 불에 쬐어 말린 것을 홍청차(烘靑茶) 또는 홍청모차(烘靑毛茶)라고 한다. 홍청차의 대부분은 정밀 가공을 거쳐 정형(整形)해야 하며 꽃을 태워서 그 향기로 차를 훈제(熏制)한다. 자스민차[茉莉花茶], 주란화차(珠蘭花茶)는 모두 홍청모차(烘靑毛茶)를 꽃향기로 훈제한 것이다.

(2) 홍청차의 품평

모차를 품평할 때 외형이 곧고 긴밀한 정도와 여린 정도를 중시하고 연기 냄새가 없어야 하듯 급배차(級坯茶) 품평에서도 여린 정도와 깨끗한 정도를 중시하며, 그 정도에 따라 등급을 결정한다. 홍청차의 외형은 비교적 느슨하고 싹과 잎이 완정하며 향기가 맑고 그윽하다. 맛은 시원하고 상쾌하며 탕색은 맑고 밝으며, 우린 잎은 파랗고 밝고 완정하며 잘 우러난다. 홍청차의 품평은 5인자품평법에 따라 행하는데, 홍청차는 5급 10등 또는 7급 14등으로 나누고, 2개 등급마다 표준 견본을 사용한다. 품평할 때에는 표준 견본차와의 실물 비교를 통해 등급을 결정하며, 한 쌍의 표준 견본차는 동일한 종류의 홍청차에만 적용하다. 예를 들면 절강 홍청차의 표준 견본차는 절강 지역에서 생산하는 홍청차의 등급을 대조하는 데에만 적합할 뿐 다른 지역의 홍청차를 품평할 때에는 적합하지 않다.

홍청모차는 정밀 가공을 거쳐 제조한 후 화차(花茶)로 급배하는데, 급배차는 1~6급과 차편으로 나눈다. 1~2급배차는 가늘고 긴밀하며 싹봉이 있고 줄기가 없다. 3~4급배차는 단단하지 못하고 여린 줄기가 조금 있다. 5~6급배차는 느슨하고 차줄기가 있고 색깔이 시들하고 어둡다.

급배차의 품평에서는 지역성을 감안해야 하는데, 복건(福建)에서 생산되는 급배차는 비교적 여리고 건실하고, 광서(廣西)의 급배차는 외형이 통통하고 1~2급차는 흰 솜털이 있고 맛이 진하다. 절강(浙江)에서 생산되는 급배차는 선이 비교적 약하고 체형이 좀 작다. 녹차를 생산하는 모든 지역에서 홍청차와 급배차가 생산되며, 급배차의 표준부호와 외형 특징은 〈표 36〉과 같다.

〈표 36〉 홍청 급배차 가공등급별 표준 견본

등 급	외 형 특 징
1급	곧고 싹이 있다.
2급	곧고 무겁다.
3급	곧지 않다.
4급	곧지 않고 비교적 느슨하다.
5급	비교적 느슨하고 줄기가 조금 있다.
6급	굵고 느슨하고 짧고 무디며 줄기가 있다.
차심(茶芯)	약한 편차 이다.
차편(茶片)	굵은 편차 이다.

※ 16공보다 작은 가루차(末茶)는 5.3%를 초과하지 말아야 하며, 수분함량은 7% 이하, 무기물 6.5% 이하여야 한다.

5) 쇄청녹차(晒靑綠茶)

녹차를 제다할 때 직접 햇볕에 쬐어 말린 것을 쇄청녹차라 하는데, 거칠고 오래된 잎을 직접 햇볕에 말리는 경우도 있다. 쇄청차는 주로 운남(云南)에서 생산되고 섬서(陝西)에서도 소량 생산된다. 쇄청차는 대부분 보이차(普洱茶) 제다에 사용되며, 일부는 긴차(緊茶)의 원료로도 쓰인다.

쇄청녹차는 향기에서 '햇볕을 쐰 냄새' 일명 '일광향'이 나는 것이 특징이다. 이것이 다른 차와 차이점으로, 일반 초청차나 홍청차에서는 햇볕을 쐰 냄새가 나면 하등품으로 평가한다. 쇄청차는 보통 굵고 늙었으며 줄기가 많이 들어있어 표준보다 등급이 낮다. 특히 가공을 거치지 않고 가위로 잎과 가지를 잘라 햇볕에 말린 "대엽차(大葉茶)"는 그 품질이 더욱 나쁘다. 햇볕에 말려 애벌 가공한 차의 경우, 찻잎은 어두운 갈색을 띠고 탕색은 종려색을 띠며, 향기가 진하고 맛은 순수하며, 우린 잎은 어두운 갈색을 띠면서 비교적 굵고 단단하다. 보이차, 병차(餠茶) 등은 모두 이런 차를 원료로 하여 만든다.

6) 증청녹차(蒸靑綠茶)

일본에서는 주로 증청녹차를 생산 판매하는데, 최근 중국에서도 제조 설비와 제다 방법을 도입하여 대량으로 증청녹차를 생산하고 있다.

증청녹차의 마른 찻잎과 탕색은 녹색을 띠며 우린 잎은 노란색을 띤다. 보통 이것을 "삼록(三綠)"이라 부른다. 정통 증청녹차의 외형은 바늘처럼 곧고 빛깔이 짙은 녹색을 띠며, 탕색은 청록색을 띠고 맑은 향기에 해조향(海藻香)이 난다. 맛은 상쾌하지만 약간 떫은감이 있고, 우린 잎은 청록색을 띤다. 마른 찻잎의 색깔, 탕색, 우린 잎이 모두 황록색이고 밤 향기가 나면서 맛이 농후하면 증청녹차로는 적합하지 않다.

품등은 상, 중, 하의 3등급으로 나누고 그것을 다시 9개 급으로 나눈다. 각급 차의 여

등급		외형 특징	대응되는 초청녹차 등급
상등	EE급(초초특급)	가늘고 여리며 곧고 황록색을 띠지 않는다.	고급
	E급(초특급)	비교적 가늘고 여리며 곧고 철색이다.	1급
	S급(특급)	여리지 않고 비교적 곧고 짙은 녹색이다.	2급
중등	1급	곧지 않고 어두운 색이다.	3급
	2급	곧지 않고 황록색이다.	4급
	3급	굵고 느슨하고 곧지 않는다.	5급
하등	4급	곧고 편 모양이다.	6급
	5급	굵고 느슨하고 편 모양이다.	7급
	6급	굵고 느슨하고 바조형이다.	등급 외

〈표 37〉 증청녹차의 등급별 특징

린 정도는 중국 초청녹차의 각 급 수준과 비슷한데, 이것을 예시하면 〈표 37〉과 같다. 각 등급 증청녹차의 외형은 모두 초청녹차보다 부스러져 있고 16공보다 작은 분말차가 보통 10%를 넘는다. 상등차는 여린 줄기가 있고 중등차와 하등차는 여린 가지가 있는데, 특히 하등차에는 비교적 긴 줄기가 있다.

중국에서도 증청녹차의 품질을 평가할 때에는 일본 시장에서의 녹차의 품질에 대한 요구와 기호에 맞추어 평가한다. 일본 시장에서는 증청녹차에 부스러기가 있는 것을 매우 꺼리며, 여린 정도는 초청녹차와 똑같이 중히 여긴다. 향기와 맛에서는 '풋냄새[生]'가 나도 괜찮지만 밤 향기가 나면 안 된다. 탕색과 우린 잎이 청록색을 띤 것은 선호하고 노란색을 띤 것은 선호하지 않는다.

2. 백차품평 白茶品評

1) 종류와 특징

백차(白茶)는 찻잎의 외면을 덮은 은백색 털 때문에 붙여진 이름으로, 주로 복건성에서 생산되는 차의 일종이다. 제다할 때 살청을 하지 않는 것이 특징이며, 위조와 건조 공정만을 거치면서 천천히 자연스럽고 약하게 발효시키는 약발효차이다.

백차는 외형이 느슨하고 자연스러우며 가지와 잎과 싹에 모두 백색 털이 있고, 찻잎은 연한 녹색 혹은 황록색이며, 탕색은 밝은 황록색이다. 향기가 그윽하고 맛이 부드러우며 오래 우릴 수 있고, 우린 잎은 연한 황색이고 완정하다. 백차는 주요 생산지인 복건성 외에 대만에서도 일부 생산되나 전체적으로 생산량이 적은 편이다.

백차는 대백차(大白茶)의 수선(水仙) 품종으로 만드는데, 그 중 싹으로 제다한 것을 백호은침(白毫銀針)이라 하고, 1싹 2엽이나 1싹 3엽으로 제다한 것은 품질의 우열에 따라 차례로 백목단, 공미, 수미라고 한다.

찻잎에 따라 육안(六安), 백호은침, 백목단, 공미, 백모후 등이 있다.

(1) 백호은침(白毫銀針)

찻잎의 모양이 '은백색 침과 비슷하다'하여 붙여진 이름으로, 백차를 대표하는 차라고 할 수 있다. 생산지에 따라 복정백호은침(福鼎白毫銀針)과 정화백호은침(政和白毫銀針)으로 구별되는데, 복정에서 생산된 것은 북로은침(北路銀針), 정화에서 생산된 것은 남로은침이라고도 한다.

복정백호은침은 복건성 복정현 태모산(太姥山) 중턱에서 주로 생산된다. 새로 난 싹이 크고 도톰해지면 큰 싹을 따서 제조한다. 찻잎의 외형은 순수한 은백색 또는 은회색의 바늘 모양으로 형태가 고르고 가지런하다. 탕색은 살구빛과 같이 약간 붉은 색이 도는 밝은 녹색이며, 솜털향이 그윽하고, 맛은 신선하고 순하며 뒷맛이 달다. 우린 잎은 튼실하며 부드럽다.

정화백호은침은 복건성 정화현에서 생산되는데, 1싹 2엽을 따서 실내 통풍이 잘 되고 건조한 곳에 놓아 숨을 죽인 후 싹으로 은침을 만들고 잎으로 수미(秀眉)를 만든다. 찻잎은 싹이 크고 튼실하며 솜털로 덮여있고, 올곧고 반듯하여 바늘 같다. 찻잎의 색깔은 흰색 털이 많아 은과 같이 광택이 나며, 탕색은 노랗고 옅으며, 신선한 솜털향이 그윽하다. 다른 차에 비해 단맛이 많이 나면서 농후하고 상쾌하며, 우린 잎은 잎이 여리고 고르고 가지런하며 녹색을 띤다.

청명 전에 채다한 차의 품질이 제일 좋고 청명 후에 채다한 것은 비교적 약하고 작으며 회백색을 띤다. 백차의 제다 공정은 '채다 → 위조 → 건조'로 간단하며, 그 만큼 위조가 차의 품질 형성에 매우 중요하다. 백호은침의 위조 방법은 잎을 선별하여 햇볕에 말리는 방법, 햇볕에 말리고 난 뒤 선별하는 방법, 먼저 실내에서 말리고 볕을 쬐어 말리는 방법의 세 가지가 있다. 2~3일 펼쳐놓아 잎의 수분 함량이 70~80% 정도로 건조되었을 때 불에 말리거나 햇볕에 쬐이는데, 불에 말린 것이 햇볕에 쬐인 것보다 풀질이 더 좋다. 유념을 하지 않기 때문에 우러나는 속도가 느려서 시간을 들여 우리는 것이 좋은데, 우릴수록 향과 담백함이 더해진다.

(2) 토침(土針)

백호은침의 일종으로, 일반적인 차나무의 단일한 싹으로 만드는데, 제다 방법은 백호은침과 비슷하나 품질은 일반적이다.

(3) 축침(軸針)

대백차(大白茶) 나무에서 1싹 2엽이나 3엽을 채엽하여 잎을 따내고 그 싹으로 제조한 백차이다.

(4) 대백(大白)

정화와 복정에서 자라는 대백차(大白茶)의 싹과 잎으로 만든다. 신선한 잎을 채다하여 균일하게 참대조리에 펴서 통풍이 잘 되는 곳에서 말리는데, 찻잎의 수분 함유율이 55% 정도 될 때까지 위조한 다음 목탄 불에 쪼여 충분히 마르게 한다. 한 번에 제다하는 잎은 300g 정도로 한다. 싹이 크고 실하며 털이 많고 잎이 도톰하면서 유연하다. 탕색은 살구색과 비슷한 황색이고, 향기가 부드럽고 그윽하며 맛이 순수하고, 우린 잎은 싹과 잎이 완정하고 황색이며 밝다. 품질은 백호은침보다 좋다.

(5) 수선백(水仙白)

수선(水仙) 품종의 싹과 잎으로 제다한 백차이다. 싹이 길고 실하며 털이 있고 , 잎이 두텁고 크며 향기가 그윽하다. 제조 방법은 대백과 같고 품질도 비슷하다.

(6) 백목단(白牡丹)

대백차 품종이나 수선 품종의 1싹 2~3엽으로 제다한다. 찻잎은 자연스럽게 펼쳐져 있고 녹색 잎 사이에 은백색 털이 있는데 모양이 꽃봉오리 같아서 백목단이라 불린다. 싹에는 백색 털이 있고 매우 여리며 크고 실하다. 탕색은 살구색이고 그윽한 향기를 띠며 맛이 농후하고 상쾌하며, 우린 잎은 전반적으로 은회색인데 잎의 앞면은 녹색이고 밑이 하얗다. 제조 방법은 대백과 같다.

(7) 소백(小白)

여러 가지 품종의 싹으로 만든 백차이다. 싹이 비교적 작고 잎이 가늘고 여리며, 향기와 맛이 순수하다. 채엽한 찻잎을 얇게 펴놓아 2일간 위조하고, 다시 하루 동안 펴놓아 자연스럽게 건조하는 것이 좋다. 다만 잘 마르지 않을 때에는 불에 쪼여 말리는데, 품질이 백목단보다 좋지 않다.

(8) 수미(秀眉)

대백차의 여린 잎이나 일반적인 품종의 싹으로 제다한 것이다. 찻잎은 회록색 혹은 연한 황색을 띠고, 탕색은 밝은 살구색이다. 향기가 순수하고 맛이 연하며, 우린 잎은 황록색이고 거칠며 품질은 일반적이다. 제조 방법은 소백과 같다.

(9) 공미(貢眉)

일반적인 차나무의 1싹 2~3엽으로 제다한 백차이다. 찻잎은 회록색이고 향기가 연하며, 품질은 백목단보다 못하다.

2) 백차품평

백차품평은 일반적인 찻잎 관능품평 방법인 5인자품평법에 따르는데, 찻잎 외형의 여린 정도를 위주로 하고, 싹과 심이 살찌고 털이 많으면 좋은 것이고, 색이 메마르고 약하고 얇은 것은 품질이 좋지 않은 것이다. 색을 볼 때 싹과 잎의 뒷면이 백색이고, 앞면이 녹색인 것이 제일 좋고, 어두운 황색을 띤 것이 그 다음이며, 갈색을 띤 것이 제일 나쁘다. 그중에서도 봄 차가 가장 좋고, 여름 차가 가장 나쁘며, 가을 차가 그 중간이다.

백호은침에 대한 품평 표준은 〈표 49〉와 같으며, 그 외 품종의 백차는 백호은침의 품평 평점을 참고로 하되, 갑급보다 점수가 낮아야 한다.

〈표 49〉 백차품평 표준

항목	급별	품 질 특 징	점 수	평점비율
외형	갑	싹이 두텁고 길며 털이 균일하며 은백색이다	94±4	20%
	을	싹이 좀 두텁고 길며 털이 있고 백색이며 여리다	84±4	
	병	싹이 약하고 털이 있다	74±4	
탕색	갑	살구빛 황색이고 밝다	94±4	10%
	을	짙은 황색이고 밝다	84±4	
	병	어두운 황색이다	74±4	
향기	갑	그윽한 향기가 나고 농후하다	94±4	30%
	을	그윽한 향기가 난다	84±4	
	병	진하다	74±4	
맛	갑	달고 부드럽다	94±4	30%
	을	순수하고 부드럽다	84±4	
	병	거칠다	74±4	
우린 잎	갑	두텁고 여리며 살구빛 황색이다	94±4	10%
	을	조금 여리고 짙은 황색이다	84±4	
	병	약하고 작으며 황갈색이다	74±4	

3. 황차품평 黃茶品評

1) 종류와 특징

황차는 마른 찻잎과 탕색이 모두 황색이다. 제다 방법은 녹차와 비슷하지만, 유념 전후와 말린 다음에 '민황(悶黃)' 공정을 추가한 것으로, 습하고 더운 조건에서 쌓아놓아 발열시켜 폴리페놀의 자동적인 산화를 촉진하고 엽록소를 분해시킨 것이 특징이다. 이 공정을 통해 폴리페놀 성분이 감소하고, 당류와 아미노산도 변화하여 독특하고 그윽한 향을 내게 되며, 잎색과 탕색도 황색을 띠게 되고 맛도 더욱 달콤해진다. 즉 산화효소로 발효시키지 않은 비효소성의 약후발효차이다.

황차는 채엽한 찻잎의 균일한 정도, 민황 시간의 길고 짧음, 차나무의 품종에 따라 구분할 수 있다. 대표적인 황차로는 호남(湖南)의 군산은침(君山銀針), 사천(四川)의 몽정황아(蒙頂黃芽), 안휘(安徽)의 곽산황아(藿山黃芽), 호북(湖北)의 녹원차(鹿苑茶) 등이 있다.

황차는 산동(山東), 북경, 천진(天津), 사천(四川) 등지에서 주로 유통되었는데, 근래에 명우녹차의 품종이 늘어남에 따라 황차를 애호하는 사람들이 줄어들면서 황차의 생산과 판매가 감소하고 있는 추세이다. 절강(浙江)의 평양황탕이나 막간황아는 이미 생산을 중지하고 명우녹차를 생산하고 있다.

(1) 군산은침(君山銀針)

황차의 일종으로, 호남(湖南)의 악양성(岳陽城) 서쪽 동정호洞庭湖) 일대 섬에서 생산된다. 잎은 싹 머리가 크고 단단하며 곧고 담황색이며 털이 많다. 탕색은 노랗고 밝으며 차를 우릴 때 싹 끝이 수면을 향해 떠 있다가 점차 컵 밑으로 가라앉는다. 마치 봄에 새싹이 땅을 뚫고 나오는 것과 같다. 향기가 그윽하고 맛이 농후하고 부드러우며, 우린 잎은 모든 싹이 부드럽고 실하며 살구빛 황색이다. 이러한 정도에 이르지 못한 것은 대부분 주변에서 모방한 은침이다.

군산은침의 제다 공정은 채엽 → 살청 → 위조/유념 → 초홍 → 초포(민황) → 복홍 → 복포(민황) → 건조 순이다. 어린 찻잎을 채엽하여 가마에 넣고 살청하는데, 한 가마에 넣는 찻잎의 양은 300g이며 두 손으로 가볍게 뒤적이면서 볶고 찻잎이 가마 벽과 마찰하지 않도록 주의한다. 살청 시간은 3~4분이고 싹의 수분 함유율이 65% 정도 되었을 때 꺼낸다. 살청하여 가마에서 꺼낸 후 참대광주리에 5분 동안 펼쳐 놓고 10번 정도 체질하면서 냉각시키고 부스러기를 제거한다. 그런 다음 초홍(初烘)을 하는데, 찻잎을 소가죽 종이를 붙인 참대광주리에 넣고 목탄 불에 쪼이며 2~3분에 한 번씩 뒤적여 놓는다. 50~60% 정도 건조되었을 때 다시 5분 동안 펼쳐 놓아 냉각시킨 후 포장을 진행한다. 초포(初包)는 1~1.5kg 단위로 두 겹의 소가죽 종이로 포장하고, 민황(悶黃)은 나무통이나 철통에 넣어 싹의 색이 등황색으로 변할 때까지 하는데, 보통 2일 정도 소요된다. 복홍(復烘)은 찻잎을 넣는 양이 처음 건조할 때보다 1배 더 많으며 70~80% 건조되었을 때 꺼내어 펼쳐놓고 냉각시킨다. 복포(復包) 방법은 초포와 같으며 통에 넣어 하루 정도 민황 시킨다. 모든 과정이 끝나면 황차의 풍격이 나타나므로 이때 충분히 건조시킨다.

이렇게 제조한 차는 정형하여 급을 나누는데, 군산은침의 품등은 특호, 1호, 2호로 나누고, 2호에 표준 견본을 설정한다.

(2) 몽정황차(蒙頂黃茶)

사천(四川) 명산현의 몽정다장(蒙頂茶場)에서 생산하는 황차이다. 외형은 조금 편평하고 곧으며 싹이 정연하고 실하며 황갈색이다. 탕색은 밝은 황색이며, 향기가 그윽하고 맛이 달고 순수하며, 우린 잎은 싹이 두드러지고 부드러운 황색이다.

제다 공정은 살청 → 초포 → 다시 볶기 → 복포 → 삼초(三炒) → 위조(펼쳐 놓기) → 사초(四炒) → 홍배(烘焙) 순이다. 채엽한 찻잎 150g을 가마에 넣고 5분 정도 살청하여 찻잎의 수분 함유율이 55~60%가 되었을 때 뜨거운 채로 초포한다. 초포한 차를 60~80분 동안 민황한 후, 찻잎을 가마에 넣고 3~4분 동안 볶는다. 볶을 때에는 약간 힘을 주어 찻잎이 곧고 편평하게 되도록 하며, 수분 함유율이 44~48%가 되면 복포한다. 복포는 종이로 잘 포장하여 50~60분 동안 민황한 후 한 번 더 민황하여 잎색과 탕색이 황색이 되도록 한 후 세 번째로 볶는다. 삼초에서는 찻잎을 가마에 넣고 3~4분 동안 볶아서 수분 함유율이 30~35%가 되도록 한다. 볶은 찻잎을 뜨거운 상태에서 체 위에 5~7cm 두께로 펼쳐 놓고 그 위에 초지를 덮어 보온하면서 24~36시간 동안 민황한다. 민황한 찻잎을 다시 가마에 넣고 3~4분 정도 볶아서 수분 함유율이 20% 정도가 되게 하며, 이때 형태가 기본적으로 고정되면 가마에서 꺼내어 펼쳐 놓는다. 만약 색이 그다지 노랗지 않으면 하루 동안 더 쌓아 놓는다. 사초를 마친 찻잎을 홍롱에 넣어 충분히 홍배시킨 다음 포장한다.

(3) 곽산황차(藿山黃茶)

안휘(安徽) 곽산현(藿山縣) 대화평(大化坪) 금자산(金字山)과 금죽평(金竹坪) 등지에서 생산된 황차이다. 외형은 가늘고 유연하며 털이 많고 작설(雀舌)과 비슷하며 황록색이다. 탕색은 부드러운 황색이며 향기가 그윽하고 맛은 순수하고 담담하며, 우린 잎은 부드러운 황색이다.

곽산황차의 제다 공정은 살청 → 초홍 → 펼쳐 놓기 → 족화(足火) 순이다.

초홍하여 70% 정도 건조되었을 때 1~2일간 쌓아 놓고 다시 불에 쬐어 90% 정도 건조시킨 후 1~2일 동안 쌓아 놓았다가 건조시키는데, 비교적 높은 온도에서 충분히 건조시킨다. 이렇게 쌓아 놓았을 때 황차의 색깔과 향기와 맛이 형성된다. 곽산황차의 등급은 1, 2, 3급으로 나누고 2급에 표준 견본을 설정한다.

(4) 곽산황대차(藿山黃大茶)

안휘 곽산, 호북(湖北), 영산(英山) 등지에서 생산되는 황차인데 산동, 소북(蘇北), 산서(山西) 등지에서 주로 판매된다.

1싹 4~5엽의 찻잎을 채엽하여 살청, 초홍, 쌓아놓기, 홍배 순으로 제다하여 완성한다. 초홍에서 불에 쬐어 찻잎의 수분 함유율이 20% 정도가 되면 뜨거운 채로 5~7일 동안 쌓아 놓으며 다시 센 불에 쬐어 90% 정도로 건조시킨다. 불의 온도를 높여 충분히 건조시켜 노화향(老火香)이 되게 한 후 포장한다. 가지와 잎이 모두 큰 황대차는 3급 6등품으로 나누고 2, 4, 6등품에 표준 견본을 설정한다.

(5) 북항모첨(北港毛尖)

호남(湖南) 악양현(岳陽縣) 매계(梅溪), 북항(北港) 주변에서 생산되는 황차이다. 1싹 1~2엽을 원료로 하며, 채엽 → 살청 → 유념 → 민황 → 복초복념(複炒複撚) → 홍건(烘乾) 공정으로 제다하고 등급은 특호로부터 4호까지 있다.

(6) 위산모첨(潙山毛尖)

호남(湖南) 영향현(寧鄕縣) 위산에서 생산된다. 황차의 제조 방법 외에 홍배 후 연기에 그을게 하여 송연향(松煙香)을 띠게 한다. 등급은 특호부터 4호까지 있다.

(7) 녹원차(鹿苑茶)

호북(湖北) 원안현(遠安縣) 녹원(鹿苑) 주변에서 생산된다. 일반적인 황차 제다법으로 제조하며, 1싹 1~2엽을 원료로 하는데 향기와 맛은 비교적 달고 부드럽다.

(8) 광동대엽청(廣東大葉靑)

광동(廣東)의 각 현과 소관(韶關), 잠강(湛江) 등지에서 생산된다. 대엽 종류로 1싹 3~4엽의 찻잎을 채엽하여 황차 제다법으로 제조한다. 품등은 1~5급으로 나누고 5가지 모두 표준견본을 설정한다.

2) 황차품평

황차의 품평은 일반적으로 통용되는 '5인자품평법'을 사용하며, 각 품종별로 분류하여 해당 차의 특징을 감안하여 기준을 정한 후 품평해야 한다. 예를 들면, 곽산황대차(霍山黃大茶)는 노화향(老火香)을 띠는 것이 특징이지만 군산은침은 그렇지 않다.

다음의 〈표 50〉은 군산은침의 품평 표준이다.

〈표 50〉 황차품평 표준

항목	급별	품 질 특 징	점 수	평점비율
외형	갑	싹이 두텁고 실하며 털이 균일하고 살구빛 황색이다.	94±4	20%
	을	싹이 좀 두텁고 실하며 털이 있고 짙은 녹색이다.	84±4	
	병	싹이 약하고 털이 있고 짙은 회색이다.	74±4	
탕색	갑	살구빛 황색이고 밝다.	94±4	10%
	을	짙은 황색이고 밝다.	84±4	
	병	어두운 황색이다.	74±4	
향기	갑	그윽한 향기가 나고 농후하다.	94±4	30%
	을	그윽한 향기가 난다.	84±4	
	병	진하다.	74±4	
맛	갑	달고 순수하며 부드럽다.	94±4	30%
	을	순수하고 부드럽다.	84±4	
	병	거칠다.	74±4	
우린 잎	갑	싹이 두드러지고 밝은 황색이다.	94±4	10%
	을	싹의 크기가 일치하지 않고 황색이다.	84±4	
	병	짙은 황색이다.	74±4	

4. 청차품평 青茶品評

1) 종류와 특징

청차의 주요산지는 복건(福建), 광동(廣東), 대만(台灣) 3개 성(省)이고 기타 일부 지역에도 산지가 있으나 생산량이 적고, 복건성을 중심으로 생산된 것이 품질이 제일 좋다.

청차에는 매우 많은 품종의 차가 있는데 통상적으로 오룡차(烏龍茶)라고 한다. 청차는 종류가 많고 품질 차이가 크며 각 품종은 모두 독특한 색과 향과 맛을 지니고 있다. 그러나 품평 측면에서 본다면 품질과 질량이 좋은 청차는 대체로 외형이 견고하고 탄탄하며 색깔은 검은 녹색이고 윤기가 있으며 탕색은 밝은 귤황색이다. 향기는 복숭아 향과 비슷한데 청신하고 맛이 신선하고 부드러우며, 우린 잎은 밝은 황색에 홍색 반점을 띠면서 굵고 통통하다.

반면에 품질이 낮은 것은 외형이 느슨하고 잎이 가벼워 보이고 색상이 검다. 탕색은 홍색을 띠고 오래된 냄새가 나며 맛이 진하고 굵은데 우린 잎은 갈색으로 굳다.

(1) 지역별 구분

① 복건청차(福建青茶)

복건성의 주요 청차 생산지는 민남지역(閩南地域)과 민북지역(閩北地域)으로 크게 나뉜다. 민남지역은 '중국 청차의 고향'이라고 불리는 안계현(安溪縣)과 영춘현(永春縣) 지역으로, 이 두 지역에서 연간 2만 5천 톤 이상의 청차가 생산된다.

이 지역에서 생산되는 청차는 대부분 건조된 찻잎을 천으로 싸서 유념하는 포유(包揉) 과정을 거치는데, 모차의 외형이 탄탄하고 구부러졌으며, 찻잎의 색깔은 끝은 청색이고 중간 부분은 녹색을 띠며 잠자리 머리 모양의 관을 쓴 것처럼 생겼다.

안계현에서 생산되는 철관음(鐵觀音)의 품질이 제일 좋은데, 철관음 중 고급차는 외형이 균일하고 깨끗하며 탄탄하고 나선형으로 되어있으며 무게가 있다. 찻잎의 색은 녹색이고, 탕색은 귤황색이며 복숭아향이 나고, 맛이 싱그럽고 시원하며 여러 번 우릴 수 있다. 우린 잎은 실하고 두꺼우며 녹색 중에 적색도 비친다.

민북지역은 숭안현(崇安縣), 건구현(建瓯縣), 건양현(建阳縣) 지역으로, 이 지역에서는 연간 1만 5천 톤 이상의 청차가 생산된다. 이 지역에서는 민남지역과 달리 천으로 싸서 유념하는 포유를 하지 않는 것이 특징이다. 모차는 외형이 비교적 탄탄하고 곧으며, 색상은 짙은 녹색에 약간 갈색을 띤다. 향기는 비교적 청신하고 향기로우며, 우린 잎은 녹색 잎 주위에 붉은색을 띠고 있다. 민북지역의 청자 중에는 무이차의 품질이 제일 좋다.

복건성 청차의 품질은 차나무의 품종, 찻잎의 외형과 여린 정도에 따라 분류한다. 철관음은 특급과 1~4급의 총 5등급으로 나누고, 민남오룡차는 1~3급, 불수차(佛手茶)는 특급과 1~2급, 민북수선차(閩北水仙茶)는 특급과, 1~3급, 무이수선차(武夷水仙茶)는 특급과 1~4급, 민북오룡차는 특급과, 1~3급으로 각각 나눈다.

철관음차의 품평을 위한 등급별 특성은 〈표 46〉과 같다.

〈표 46〉 철관음의 등급별 품질 특성

등급	외형	향기	탕색	맛	우린 잎
특급	광택 있는 청록색 탄탄하고 무겁다	부드러운 복숭아 향기	연한 황색	부드러운 맛	실하고 유연하다
1급	광택 없는 황록색 탄탄하고 조금 무겁다	청신한 과일향	밝은 황색	신선한 맛	유연하다
2급	암록색 탄탄하지 않다	청신하면서 조금 짙은 향기	짙은 황색	짙은 맛	비교적 굳다
3급	암록색 또는 갈색 무겁지 않고 견고하지 않다	굵은 향기	황갈색	거친 맛	굳 다
4급	시든 녹색 견고하지 않고 줄기 등 잡질이 있다	굵은 향기	갈 색	거친 맛	굳고 잡질이 많다

② 광동청차(廣東靑茶)

광동 청차의 제조 방법은 민북지역과 같으나 비비는 과정을 거치지 않는다. 이 지역에서 생산되는 차의 품종은 주로 봉황단총[鳳凰丹樅]이며, 그 외 수선차, 오룡차 등이 있다. 그 중 품질이 제일 좋은 것이 봉황단총인데, 외형이 탄탄하고 도톰하며 청갈색을 띠며, 탕색은 황록색이다. 꽃향기와 과일향기가 농후하고 맛이 시원하며 오랫동안 우릴 수 있고, 우린 잎은 녹색 잎 주위가 홍색을 띤다.

③ 대만청차(台灣靑茶)

대만청차는 주로 오룡차와 포종차(包種茶)이다. 그 중 동정오룡(凍頂烏龍)의 품종이 제일 좋고 가격도 가장 높다. 대만청차는 발효 시간과 정도에 따라 구별하는데, 발효 시간이 긴 것, 일반적인 것, 짧은 것의 세 가지가 있다. 오룡차는 대부분 발효 시간이 긴 것이고, 동정차는 발효시간이 일반적인 것이며, 대만청차는 발효시간이 짧은 것에 속하는 것이 많다.

(2) 향기와 맛에 따른 구분

청차는 대부분 차나무 품종에 근거하여 이름을 짓는다. 철관음(鐵觀音), 오룡(烏龍), 모섭(毛蟹), 본산(本山), 황금계(黃金桂), 육계(肉桂), 불수(佛手), 봉황단총(鳳凰丹樅) 등이 모두 그러하며 이외에도 수십 개의 품종이 있다. 이런 차는 비록 향기가 다 다르지만 품평할 때에는 어떠한 품종이든 그 향기와 맛에 근거하여 부드러운 과일향, 과일향, 노화향, 거친 노화향의 대략 네 가지 유형으로 나눌 수 있다.

청차의 향기유형은 차나무 품종과 찻잎의 여린 정도에 따라 구별되지만 제다 기술 및 기후에 따라서도 달라진다. 위에서 구분한 4가지의 향기유형별 차 품종과 제다 특징을 분석해 보면 다음과 같다.

① 부드러운 과일향

복숭아향 혹은 난화향과 유사한 향기를 말하는데, 청차 중 품질이 제일 좋은 차의 향에 해당한다. 이러한 향의 청차는 맛이 청신하고 시원하며 부드럽고 우아하다. 탕색은 밝은 귤황색이고, 우린 잎은 녹색이며 밝고 잎 변두리가 붉은 색을 띠는데, 발효시간은 비교적 짧다. 마른 찻잎의 외형은 탄탄하고 색깔은 짙은 녹색이며 윤기가 있고 대부분 봄과 가을 차로 제다한 것이다.

  광동 조안(潮安)의 봉황단총, 복건 안계의 철관음, 무이의 육계, 대만 동정(凍頂)의 오룡(烏龍) 등은 모두 농후하고 부드러운 과일향을 띠고 있다.

  이들 중 특별히 높은 품질의 최고급 청차는 총 생산량의 5% 정도에 불과하며, 그 경제적 가치가 매우 높아 1kg에 수천만 원 이상으로 거래될 정도이다.

  우아하고 부드러운 과일향의 청차 제조 공정은 매우 까다로우며 잎의 신선하고 여린 정도도 적합해야 한다. 생엽은 반드시 개인 날에 채엽해야 하며, 위조는 날씨가 '흐리고 갬' 이 반복될 때 햇빛을 쬐어야 하며, 청량한 북풍도 필요하다. 즉 정밀하고 세심한 제다 기술과 함께 '하늘이 높고 푸른 가을' 날씨와 같은 기후가 부드러운 과일향이 나는 최고급 오룡차 생산의 필요조건이라고 할 수 있다.

② 과일향

  부드러운 과일향과 향기 유형은 같으나 과일향은 복숭아 향기가 돋보이며 맛이 청신하고 상쾌하지만 마실 때 매끄러움이나 부드러운 감이 부족하여 청차 중 2등급의 좋은 차에 속하고 경제적 가치도 비교적 높다. 이런 차들은 대부분 가을에 생산되며 제다 공정과 필요 조건은 1등급인 부드러운 과일향 청차의 경우와 비슷하며 생산량은 청차 총 생산량의 25%를 차지한다. 과일향 청차는 한국의 고급차로도 만들 수 있다.

③ 노화향

  비 오는 날에 채엽한 찻잎이나 말릴 때 햇빛이 강하거나 서늘한 기후 조건에서는 펼쳐 말리는 시간을 연장하거나 혹은 위조할 때 온도를 가하는 방법을 사용할 수 밖에 없다. 이럴 경우 과일향을 형성시킬 수 없으므로 마지막에 온도를 높이는 방법으로 모차(毛茶) 중의 거친 향기를 휘발시켜 얻는 것이 노화향(老火香)이다. 이러한 향이 나는 청차는 부드러운 과일향, 과일향에 이어 세 번째 등급에 해당한다.

④ 거친 노화향

거친 노화향은 청차 중에서 품질이 가장 낮은 종으로, 제다 공정은 세 번째인 노화향과 같으나 원료가 되는 차가 더 거칠고 질기며 대부분 여름의 저급한 찻잎으로 제조한 것이다. 짙은 향기가 있고 또한 거친 맛을 띤다. 정상적인 방법으로 건조하여 노화향으로 하지 않으면 삼각편 녹차의 맛과 비슷하게 되어 소비자들이 선호하지 않게 된다. 그러나 이런 류의 차는 고온에서 건조해도 거친 맛과 향기가 완전히 제거되지 않기에 품질이 좋지 않다.

청차를 품평할 때 노화향을 홍차나 녹차의 품평 기준에 따라 열등품으로 판단하지 않도록 주의해야 한다. 청차의 노화향은 정상적인 향기에 속하고 이는 제조 과정 중의 일부 인위적 처리에 의해 생긴 것이며, 목적은 품질을 개선하고 거친 원래의 맛을 제거하기 위한 것이다.

(3) 제다 방법

품평원들은 정확하고 효과적인 청차품평을 위해 청차 제다 과정과 각각의 공정에 따른 효과와 특징을 아는 것이 중요하다. 대표적인 청차인 무이암차(武夷岩茶)와 철관음의 제다 방법과 품질 특징을 살펴보면 다음과 같다.

무이암차는 복건성 중산현 서남에 위치한 무이산에서 생산된 차이다. 무이산의 암석들 사이에서 성장한 차나무의 신선한 잎으로 만든 청차를 무이암차라고 한다. 이 차는 외형이 크고 견고하며, 탕색은 등황색이고 밝으며 농후한 과일향기를 함유하고 있다. 맛이 농후하고 시원하며, 우린 잎이 두텁고 유연하여 청차 중의 최고급이라고 할 수 있다. 차나무 품종에는 대홍포(大紅袍), 철라한(鐵羅漢), 수금귀(水金龜), 백계관(白鷄冠), 금소시(金鎖匙), 육계(肉桂) 등 좋은 품종이 있는데 그중에서 육계 품종으로 만든 청차는 제1, 2차 중국농업박람회 명차품평에서 금상을 수상한 바 있다.

① 무이암차

무이암차는 대부분 기계로 제조하는데, 일부 최고급차는 수공으로 한다. 무이암차의 제다 공정은 다음과 같다.

가. 위조(萎凋)

위조란 바람에 말리거나 햇빛에 쪼여 시들게 하는 것으로, 무이암차의 경우 햇빛에 말리거나 혹은 가열하여 시들게 하는 공정을 말한다. 햇빛에 말리는 것을 일광위조라고 하는데 이 방법으로 얻은 차가 가열한 것보다 향기가 더 좋으며, 그 중에서도 햇빛의 강도가 약해진 오후에 말린 것이 가장 좋다. 말리는 시간은 온도의 높낮이와 강도에 따라 다르지만 일반적으로 60분 정도가 알맞다. 잎이 시들면 푸른 기운이 약해지면서 청신한 향기를 조금 띠고 질량이 10~15% 감소하며 수분 함유량이 68~72% 정도 되었을 때가 가장 좋다. 차를 얇게 펼쳐 놓아 열을 균일하게 받게 하고 기계손상을 받거나 잎이 홍색으로 변하지 않도록 주의해야 한다. 가열위조는 실내에서 진행하며 송풍기로 열풍을 들여보내는데 그 온도는 35~40℃가 적당하고, 펼쳐놓은 찻잎의 두께는 15㎝정도이며, 시간은 대략 60분 정도이다. 찻잎이 시들어 가벼울수록 좋다.

이미 햇빛을 쪼였거나 가열하여 시든 잎을 차게 식힌다. 차게 식히는 공정을 '양청(凉靑)'이라 한다. 구체적인 방법은 찻잎을 털어서 부풀게 하여 참대조리 위에 얇게 펴놓아 찻잎의 수분이 증발하면서 유연해지게 하는 것이다. 시들리고 차게 식힌 잎을 요청기(搖靑機)에 넣고 돌린다.

나. 주청(做靑)

참대조리를 회전시켜 찻잎이 조리 안에서 회전하며 마찰하여 수분이 줄어들고 찻잎 조직이 파손되면서 점차적으로 효소산화(酵素酸化)되어 변두리에 붉은 녹색 잎을 형성시키는 공정이다.

주청은 수공으로 하는 방법과 기계로 하는 방법이 있는데, 수공으로 주청할 때에는 조리를 일반적으로 8번 정도 회전시키는데, 처음에는 15회 정도로 회전시키고 그 다음 매번 40~60회 정도로 회전수를 점점 늘리면서 총 300회 정도 회전시킨다. 회전 시간과 정지 시간을 모두 합하면 10~12시간 정도 소요된다. 기계로 할 때에는 길이 160~200㎝, 직경 60㎝, 20공 정도 그물 체의 요청기에 한 번에 10kg을 넣어 주청한다. 1분에 25~30회 정도 회전하며, 매번 1~3분씩 30~60분 동안 800~1000회 회전하여 총 6~7시간 정도 한다. 주청 방법별 회전차수와 시간은 〈표 47〉과 같다.

<표 47> 요청 회전차수와 시간

방법		요 청 절 차								
		1	2	3	4	5	6	7	8	9
수공	회전(차수)	10~15	20~30	30~40	40~50	50~60	50~60	40~50	30~40	7~8
	정지(분)	30~50	60~70	60~70	60~90	90~120	90~120	120~150	50~60	
기계	회전(분)	0.5	1	1.5	2	2~3	3~4	3~4	2~3	
	정지(분)	30	45	50	60	60~70	60~70	50~60		

요청(搖靑) 정도는 잎이 황록색이고 변두리가 검은 홍색을 띠며 홍색 면적이 30% 정도를 차지하고 청신한 향기가 나며 잎의 수분 함유율이 대략 70%가 되도록 한다.

다. 살청(殺靑)

녹차의 살청과 비슷하며 적게 휘저어 온도를 빨리 상승시켜 효소의 활성을 억제한다. 잎의 수분 함유율이 55% 되었을 때가 가장 적합하다.

라. 유념(揉捻)

40형 유념기(揉捻機)로 주무르는데 살청한 뒤 온도가 높을 때 해야 하며, 시간은 6~10분 정도가 적합하다.

마. 건조와 홍배(烘乾)

홍롱(烘籠) 혹은 홍건기(烘乾機)를 사용한다. 약한 불에 쪼여 말린 뒤 60분 동안 냉각시키고 다시 강한 불에 쪼여 말린다. 청신한 향기가 없고 거친 향기가 있으면 반드시 고온이나 강한 불로 거친 향기를 제거해야 한다. 고온에서 말리는 것은 품질 개선 방법의 하나이다.

② 안계철관음(安溪鐵觀音)

민남청차는 차나무 품종에 따라 차의 이름을 달리 하는데, 철관음 품종에서 채엽한 신선한 잎으로 만든 청차를 철관음이라 한다. 그 외 이 지역에서 자라는 차나무 품종으로는 오룡, 수선, 황금계 등이 있다. 모섭(毛蟹), 매점(梅占), 기란(奇蘭), 본산(本山) 등을 혼합하여 제조하거나 제조 후 혼합한 것을 색종(色種)이라고 한다. 이렇듯 오룡은 차나무 품종의 이름이면서 동시에 청차 품종의 명칭 중 하나이다. 따라서 모든 청차를 '오룡차'라고 부르는 것은 적합하지 않으며, 철관음, 오룡차, 수선차, 황금계 등 각각의 이름으로 분류해야 한다. 이렇게 명확하게 분류해야 청차의 품평에도 더욱 유리하다.

철관음은 주로 복건성 안계현에서 생산된다. 외형이 견고하고 탄탄하며 형태는 잠자리 머리 모양에 올챙이 꼬리를 가진 것과 비슷하다. 찻잎은 짙은 녹색을 띠고, 탕색은 등황색이며 농후한 난화향을 띤다. 맛은 농후하고 순수하며 마신 후 청신한 향기가 입 안에 오래 남고 우린 잎은 황록색에 홍변이 나타나며 비교적 유연하다. 안계에서 생산되는 철관음 중에서도 봄 차가 제일 좋고 가을 차는 일반적이며 여름 차는 질이 좋지 않다.

제다 방법은 무이암차와 비슷하나 무이암차보다 위조 정도가 약하고 요청 차수도 적고 매번 회전할 때 시간 간격이 비교적 길다. 철관음과 무이암차 제다 공정의 가장 큰 차이점은 포유(包揉)공정의 유무이다.

가. 위조

채엽한 찻잎을 참대조리에 얇게 펴서 실외에 놓고 햇빛의 세기가 비교적 약할 때 20~30분 정도 쪼이면서 한 번 뒤척여 총 2~3번 정도 가볍게 뒤치면서 말린다.

잎의 색깔이 짙은 녹색으로 변하며 잎의 기부(基部)를 손으로 잡으면 잎이 아래로 처질 는 정도로 시들리기를 하는데, 이 때 중량은 8~10% 감소한다. 기온이 높고 햇빛의 세기가 너무 강할 때에는 바람에 말리는 것으로 대체한다.

나. 요청

참대로 만든 원통형(圓筒形) 요청기를 사용한다. 통은 길이가 150㎝, 직경이 80㎝이며 찻잎을 40㎏ 정도 넣을 수 있고 분당 30번 회전한다. 온도와 습도가 낮은 북풍(北風)이 부는 날씨에는 회전 강도를 높여야 하고, 온도와 습도가 높은 남풍(南風)의 날씨에는 회전 강도를 낮춰야 한다. 일반적으로 4~5번에 나누어 회전하고 매번 시간 간격과 회전수를 점점 늘리고, 잎은 처음에는 얇게 펴 놓았다가 점점 더 두껍게 펴 놓는다.

요청은 보통 오후 6시부터 시작하며 회전 시간은 첫 번째 2~3분, 두 번째는 10분, 세 번째는 15분, 네 번째는 20분으로 늘린다. 회전 시간과 정지 시간을 모두 합하면 총 9~10시간이 소요된다.

다. 살청

대부분 병식 살청기(瓶式 殺靑機)를 사용하고, 이 과정을 거친 후에는 잎의 수분 함유율이 58% 정도가 된다.

라. 유념

살청한 후 잎이 뜨거울 때 진행하며, 일반적으로 35형 유념기를 사용한다.

마. 초건(初乾)

홍롱을 사용하거나 자동 혹은 손으로 당기는 홍건기를 사용한다. 약한 불로 건조시켜 잎이 손에 붙지 않게 하며 찻잎의 초보적 조건을 구비하고 수분 함유율이 45% 정도일 때 그 다음 공정으로 넘어간다.

바. 포유(包揉)

수공으로 주무를 때 일반적으로 길이가 75㎝인 정방형 흰색 천을 사용하며 초건 과정을 거친 찻잎이 뜨거울 때 진행한다. 매회 천에 싸는 잎의 양은 대략 0.5kg이 되게 하고, 찻잎을 싼 천을 의자에 놓고 한 손으로 힘있게 누르면서 앞으로 밀어 굴려서 찻잎이 천 안에서 뒤척이게 한다. 이렇게 1분 정도 주무른 다음 천을 열어 차 덩어리를 흩어지게 한 후 다시 3~4회 반복 한다.

사. 복배(復焙)

포유를 거친 찻잎을 다시 불에 쬐어 수분 함유율이 30% 정도 되도록 건조시킨 후 다음 공정으로 넘어간다.

아. 복포유(復包揉)

방법은 앞에서 서술한 포유와 같다. 복배한 찻잎을 수공으로 2분 정도 포유해서 찻잎이 구부러져 잠자리 머리 모양이 되게 한다. 체질하여 느슨한 것은 다시 포유한다. 마지막에 찻잎을 싼 천을 1시간 동안 단단히 묶어서 찻잎의 형을 고정[定型]시킨다. 포유와 정형(定型)의 총시간은 70분 정도이며, 기계로 할 경우에는 25분 정도 소요된다.

자. 족화(足火)

홍롱으로 불에 쬐는 방법으로, 작은 불에 천천히 말린다. 차 덩어리가 자연적으로 흩어질 때 적당히 뒤척여 놓는다. 찻잎의 수분 함유율이 10~15% 정도 될 때까지 퍼놓고 냉각시켜 잎과 꼭지의 수분이 균일해지도록 한 다음 다시 불에 말린다.

말리는 과정에 2~3번 뒤척여 놓으며 잎과 꼭지가 쉽게 떨어질 정도로 충분히 말리고, 약간 냉각시킨 후 상자 혹은 비닐주머니에 넣고 겉면에 방습 성능이 있는 천을 씌워 보관한다.

(4) 청차의 정제정형(精制整形)

우선 체질하여 거친 것과 가는 것을 분류하고 다시 3, 5, 12공의 원형 체로 1, 2, 3호 차로 분류한다. 3, 5공은 면적을 작게 하고, 3, 5공 아래 즉 12공 면에 있는 것은 2호 차가 되며, 12공 아래에 있는 것은 3호 차가 된다. 각 호에 해당하는 차는 다시 체질하여 규격을 더욱 정확히 분류한다. 줄기나 잡질 등을 골라내는데, 이 과정에 찻잎이 습하게 되면 다시 불에 쬐인다.

정제한 차공장에서는 자동 홍건기를 사용하고 있으며 1급 차는 145~150℃, 2급 차는 155~160℃, 3급 차는 170~180℃의 뜨거운 바람으로 말리고, 거친 차는 200℃가 넘는 바람에 말리는 것도 있다. 이렇게 높은 온도에서 말리는 목적은 거친 향기를 제거하려는 것이며 과일향을 띠는 고급차는 고온으로 말리지 않는다.

2) 청차품평

(1) 품평 방법

현재 청차품평 방법에는 전통법과 통용법의 두 가지 방식이 있다. 복건 지역에서는 전통법을 많이 사용하며, 대만과 광동 및 기타 지역에서는 통용법을 주로 사용한다.

전통법은 110㎖의 종형(鐘形) 컵과 품평 접시를 사용하고 차의 양은 5g이며 찻잎과 물의 비율은 1:22이다. 품평 절차는 차를 우려 '향기 → 탕색 → 맛 → 우린 잎'의 순서로 평가한다. 우선 품평에 사용하는 컵과 접시를 끓는 물로 덥힌 후, 5g의 찻잎을 종형 컵에 넣고 끓는 물을 붓는다. 일반적으로 3번 우리는데 첫 번째는 2분, 두 번째는 3분, 세 번째는 5분이 경과한 후 찻물을 따른다. 매번 찻물을 따르기 전에 향기를 맡으며, 동일한 유형 중에서 세 번째 우릴 때 향기가 짙고 맛이 농후한 것이 제일 좋다.

통용법은 150㎖의 품평용 컵과 이보다 용량이 큰 품평 접시를 사용하며, 차의 양은 3g, 품평용수의 비율은 1:50이다. 3g의 찻잎을 품평 컵에 넣고 끓는 물을 부은 다음 5분이 지난 후 찻물을 따른다. '탕색 → 향기 → 맛 → 우린 잎'의 순서로 품평한다.

이러한 두 종류의 품평 방법은 기술이 숙련되기만 하면 청차 품질의 특징을 이해할 수 있고 정확하게 찻잎 품질의 우열을 평가할 수 있다.

(2) 품질 등급과 표준

① 이화학검사 표준

청차의 이화학적 성분은 수분 함유량 7.5% 이하, 부차(副茶) 8% 미만, 회분(灰分) 6.5% 미만, 12공 이하의 가루차 비율 17% 이하이다.

② 관능검사 표준

철관음, 색종, 오룡, 수선, 무이암과 같은 종류는 특급과 1~4급의 총 5등급으로 나눈다. 앞에서 설명한 전통법과 통용법을 모두 사용할 수 있으나 그중 통용법이 편리하고 품평 조건이 동일하여 비교적 정확하고 신속하게 품평 결과를 얻을 수 있다.

각 종류별 차의 품질은 반드시 정상적이어야 하는데, 외형은 표준 견본과 비교 평가하고, 내질은 이상한 맛이 없어야 하며 차 아닌 다른 잡질을 함유하지 않아야 한다.

그 외 자세한 품평 항목 및 항목별 평어와 평점, 그리고 평점비율은 〈표 48〉과 같고, 이것은 지역과 품종에 관계없이 청차의 종합적 품질을 평가하기 위한 품평 기준이다.

〈표 48〉 통용법으로 품평하는 청차 평어 및 평점 참고표

요 소	등 급	품 질 특 성	점 수	평점비율
외 형	갑	탄탄하고 견고하며 짙은 녹색이고 윤기가 있다.	94±4	15%
	을	탄탄하고 견고하며 짙은 녹색이고 윤기가 거의 없다.	84±4	
	병	견고하지 않고 윤기가 없다.	74±4	
	정	견고하지 않고 색이 메마르다.	64±4	
탕 색	갑	등황색이고 밝다.	94±4	5%
	을	등황색이고 조금 밝다.	84±4	
	병	황색이고 그다지 밝지 않다.	74±4	
	정	황색이고 어둡다.	64±4	
향 기	갑	부드러운 과일향	94±4	35%
	을	과일향	84±4	
	병	노화향	74±4	
	정	거친 노화향	64±4	
맛	갑	상쾌하고 시원하며 신선하고 부드럽다.	94±4	30%
	을	상쾌하고 시원하지만 별로 부드럽지 않다.	84±4	
	병	보리볶음맛을 띠고 있으며 입맛에 별로 적합하지 않다.	74±4	
	정	보리볶음맛을 띠고 있으며 거칠다.	64±4	
우린 잎	갑	녹색이고 밝으며 잎 가장자리는 붉은변이고 실하며 유연하다.	94±4	10%
	을	거칠고 크며 홍녹색을 띠며 밝지 않다.	84±4	
	병	청색이고 어둡다.	74±4	
	정	청색이고 어두우며 거칠다.	64±4	

5. 홍차품평 紅茶品評

홍차는 완전발효차로, 색이 진하고 홍색이며 찻물색이 주홍색이라 홍차(紅茶)라 불린다. 영문으로는 '블랙 티(Black Tea)'라고 하는데, 비교적 어두운 암홍색을 띤다.

홍차를 만드는 원료로는 소엽종과 대엽종이 모두 쓰이며, 대개 절단된 부스러기 형태이지만 온전한 잎차도 있다. 맥아당 향과 캐러멜 향이 나며, 맛이 진하고 약간 떫은맛도 있다. 성질이 온화하며, 엽록소와 비타민 C는 함유되어 있지 않고, 카페인과 데오필린이 비교적 적어 신경흥분작용이 낮다. 종류로는 홍조차와 홍쇄차(紅碎茶)가 있으며, 홍조차는 다시 공부홍차(工夫紅茶)와 소종홍차(小種紅茶)로 나뉜다. 공부홍차, 소종홍차, 홍쇄차는 모두 제조 방법이 다르기 때문에 품질과 기호에 대한 요구가 서로 다르다. 따라서 품평할 때 중시해야 할 부분도 서로 다르다. 구체적인 품평방법은 '5인자품평법'을 참고한다. 홍차의 경우, 차의 품질 개선을 목적으로 품평할 때에는 차 견본 없이 찻잎 품질의 우수성과 결점을 지적하는 방법을 취하지만, 수출용 홍차의 모차(毛茶)와 가공차의 품평에서는 표준 견본과 비교하여 평가하며, 일반적으로 표준 견본과 비교하여 '높다', '낮다', '비슷하다'와 같은 평어를 사용한다.

1) 홍조차

홍조차는 맛이 순후하고 단맛이 있으며, 탕색은 붉고 아름다우며 명랑하다. 일반적으로 공부홍차와 소종홍차로 구분한다.

(1) 종류와 특징
① 공부홍차(工夫紅茶)
공부홍차는 제다할 때에는 찻잎이 온정하고 간결하도록 공을 들이며, 정제할 때에도

상당한 공이 들어야 하므로 붙여진 이름이다. 산지에 따라 기홍공부, 전홍공부, 영홍공부, 부홍공부, 의홍공부, 천홍공부, 민홍공부, 호홍공부, 월홍공부의 9가지가 있으며, 그 중 기홍공부와 전홍공부가 대표적이다.

가. 기홍공부(祁紅工夫)

'기문홍차(祁門紅茶)'라고도 한다. 특징은 외형이 가늘고 긴밀하며 고르고 가지런하고 싹이 있고 색깔이 검고 윤기가 돈다. 탕색은 붉은 색으로 밝은 빛이 나고, 향기는 그윽하고 짙은데 신선하고 단 과일단향이 유지되는 것이 특징이다. 맛은 순수하고 신선하며 상쾌하고며 뒷맛이 달콤하다. 또한 우린 잎은 고르게 붉고 유연하다.

향이 깊고 오래 유지되어 인도의 다즐링홍차, 스리랑카의 우바홍차와 더불어 세계 3대 고향홍차(高香紅茶)로 불린다.

안휘성 기문현에서 주로 생산되는데 봄 차와 여름 차는 잎의 여린 정도가 좋고 색이 검고 윤기가 나며 향기가 부드러워 높은 평가를 받는다. 가을에 나는 차는 탕색과 우린 잎이 모두 비교적 밝은 붉은색을 띠는 정도나 향기의 신선함과 순수함이 전반적으로 봄 차보다 떨어진다. 이런 차는 위조할 때 힘있게 주물러 살짝 건조시키는 것이 특징이다.

홍차 원료 차와 가공한 차를 품평할 때에는 각 등급의 표준 견본과 비교하여 품평하며, 이때 잎의 여린 정도와 말린 정도가 매우 중요하다. 잎이 느슨하고 가벼우며 색깔이 시들고, 탕색이 옅고 향기가 거칠고 맛이 떫고 우린 잎이 파랗고 어두운 것은 품질이 낮다.

기홍공부의 품등은 1~7급으로 나눈다. 완성된 각 등급의 차는 외형이 모두 견고하다. 그 중 1~3급은 싹이 비교적 좋고, 4~5급도 비교적 견실하며, 6~7급 차는 비교적 짧고 무디다. 각 등급 차의 여린 정도와 견고한 정도는 모두 동급 녹차보다 좋고 중국 소엽종 중 가장 우수하다. 모차(毛茶)와 가공 차에 대한 품평은 표준 견본과 대조하여 등급을 정하고 품질을 평가한다.

나. 전홍공부(滇紅工夫)

전홍공부는 운남(云南)의 전홍에서 주로 생산된다. 외형이 통통하고 금황색 솜털이 나있으며 긴밀하게 잘 말려진 끝부분의 싹이 매우 아름답다. 마른 찻잎의 색은 종려색을 띠며 탕색은 밝은 붉은색을 띠는데, 향기는 여린 향이 나고 진하고 그윽한 향이 오래 지속된다. 맛이 농후하고 순수하며 뒷맛이 달콤하고 우린 잎은 밝으 붉은 색에 실하고 여리며 부드럽고 균일하다.

전홍공부는 폴리페놀 함량이 높고 맛이 농후하여 잘 우려지며 3번 우려도 계속 그 맛이 유지된다.

모차(毛茶)와 가공 차에 대한 품평은 표준 견본을 기초로 하고 여린 정도를 중심으로 평가한다. 특히 찻잎의 여린 정도는 전홍공부 품질의 객관적인 표준이 된다. 정밀한 가공을 거친 차는 여린 정도와 더불어 깨끗한 정도[淨度]도 매우 중요한 품평 항목이 된다. 1~2급 차는 싹을 드러내고 차 줄기와 부스러기가 없어야 한다.

다. 영홍공부(寧紅工夫)

영홍공부는 주로 강서성(江西省) 수수현(修水縣)과 무영(武寧), 동구(銅鼓)에서 생산되며, 수수현에서의 생산량이 영홍공부 총생산량의 80%를 차지한다.

영홍공부의 품질은 기홍공부와 매우 비슷하다. 고급차는 외형이 견고하고 싹이 길고 색이 검으며 윤기가 나고, 탕색은 밝은 붉은 색을 띤다. 달콤한 향기가 오래 유지되며, 맛은 달콤하고 순수하고, 우린 잎은 밝은 붉은색이다.

라. 부홍공부(浮紅工夫)

부홍공부는 주로 강서성 부량현(浮梁縣) 경덕진(景德鎮)에서 생산되며, 팽현(彭縣)에서도 소량 생산된다. 산지가 기홍과 가까우며 품질도 기홍공부와 비슷하다.

해외에서는 영홍, 부홍, 기홍이 잘 알려져 있다.

마. 의홍공부(宜紅工夫)

의홍공부는 주로 호북(湖北), 의창(宜昌), 은시(恩施)에서 생산되며, 소엽종 공부홍차에 속한다. 외형은 약하고 팽팽하고 노란 솜털이 있으며, 색이 검고 윤기가 난다. 탕색은 밝은 붉은 색을 띠고 달콤한 향기가 오래 지속되며 맛이 농후하고 짙다. 우린 잎은 밝은 붉은 색이다.

바. 천홍공부(川紅工夫)

천홍공부는 주로 사천(四川) 의빈(宜賓)에서 생산되는데, 소엽종 공부홍차에 속하고, 외형이 튼튼하고 향기가 풍부하다. 그 중 진품(珍品)은 '조백첨(早白尖)'이며 품질이 매우 우수하여 동급의 다른 공부홍차보다 몇 배 이상 높은 가격에 유통된다.

사. 민홍공부(閩紅工夫)

민홍공부는 정화공부(政和工夫)와 백림공부(白琳工夫), 그리고 단양공부(坦洋工夫)로 세분되는데, 산지와 차나무 품종이 다르기 때문에 품질도 비교적 큰 차이가 있다.

정화공부는 주로 정화현(政和縣)에서 생산되며, 그 중 정화대백차(政和大白茶)의 품질이 뛰어나다. 외형이 살찌고 솜털이 많으며 검은 종려색을 띠고 향기가 풍족하다. 소엽종으로 제다한 차는 선이 긴밀하게 결합되고 향기가 순수하다.

백림공부는 주로 복정현(福鼎縣)에서 생산되는데, 소엽종 공부홍차에 속한다. 외형은 가늘고 길며 구부러졌고 색은 검은 노란색을 띠고 탕색은 옅은 붉은색을 띠며 맛은 순수하다. 단양공부는 주로 복안(福安), 탁영(拓寧), 수영(壽寧), 하폭(霞浦) 등지에서 생산되었는데, 지금은 대부분 홍청차(烘靑茶)를 생산하고 있다.

아. 호홍공부(湖紅工夫)

호홍공부는 소엽종 공부홍차로 주로 호남성(湖南省) 안화(安化), 도원(桃源), 연원(連源), 소양(邵阳), 평강(平江), 류양(瀏陽), 장사(長沙) 등지에서 생산되며, 현재 시장의 변화에 따라 생산량이 줄고 있다.

자. 월홍공부(越紅工夫)

월홍공부는 소엽종 공부홍차에 속하며, 주로 절강(浙江), 소흥(紹興), 제기(諸暨) 등지에서 생산된다. 외형이 가늘고 팽팽하며 향기가 순수하다.

② 소종홍차(小種紅茶)

소종홍차는 복건성(福建省) 숭안현(崇安縣), 소무현(紹武縣), 정화현(政和縣), 건양현

(建阳縣), 광택현(光泽縣) 등지에서 주로 생산된다. 이 지역은 산과 대밭이 차밭을 에워 싸고 있으며 계곡이 깊고 기후는 한랭하다. 그 외 강서성(江西省)의 광신(廣信), 연산(鉛山)에서도 소량 생산된다.

소종홍차 역시 공부홍차의 일종으로, 발효시킨 뒤 훈배할 때 젖은 소나무 가지를 태운 연기로 쪄서 마감하므로 완성된 찻잎에서 송연향이 나는 것이 특징이다. 산지에 따라 정산소종(正山小種)과 외산소종(外山小種)으로 세분된다.

'정산'이라는 것은 그것이 진정한 고산지구에서 나는 차라는 뜻으로, 정산소종은 숭안현 성촌진(星村鎭) 동목촌(桐木村) 일대에서 생산되기 때문에 '동목관소종' 또는 '성촌소종'이라고도 한다.

복건성 무이산 바깥 지역인 정화, 탄양(坦洋), 북령(北岺), 병남(屛南), 고전(古田), 사현(沙縣)과 강서성의 광신, 연산 일대에서 생산되는 것이 외산소종이다. 정산소종을 모방해서 만들었다 하여 '인공소종(人工小種)'이나 '가소종(假小種)'이라고도 한다. 품질이 낮은 공부홍차를 마지막 건조할 때 훈배하여 만든 것도 있는데, 이것을 '연소종(煙小種)'이라고 한다. 연소종 역시 외산소종의 일종이다.

모차(毛茶)는 체질하여 순수한 것을 취하고, 정차(精茶)는 1~4급으로 나누고, 부차(副茶)는 부스러기 차와 가루차[末茶]로 나눈다. 상품의 차는 농후한 송연향이 나는 것을 요구하기 때문에 정밀 가공을 거친 차에 판매 전에 다시 한 번 연기를 쏘인다. 100kg의 정차(精茶)에 8kg의 맑은 물을 넣어 찻잎을 축축하게 한 뒤 연기를 쐬어 향이 배게 한다. 이때 화로에 목탄을 놓고 거기에 솔기름 성분이 있는 나무 뿌리나 소나무 가지를 끼워 넣고 불에 쪼여 그 연기가 배게 한다. 또 순수한 솔기름을 만분의 일의 양에 따라 2시간 동안 훈배하여 기름이 찻잎에 배게 하는데, 이렇게 하면 용안냄새가 더욱 짙어진다.

소종홍차는 찻잎의 외형이 굵고 튼튼하며 곧고 잎사귀가 무겁고 솜털이 없으며 말린 상태가 비교적 느슨하고 색깔은 검은 광택이 난다. 탕색은 붉은 갈색을 띠고 송연향(松煙香)과 용안향[桂圓香]이 난다. 맛은 순수하고 진하며 달콤하고 풍부한데 뒷맛이 깔끔하고 우린 잎은 암홍색을 띤다. 소종홍차를 품평할 때에는 특히 송연향의 순수하고 농후한 정도를 중요하게 여기는데, 만일 장작나무 탄 냄새가 나면 낮은 품등에 속한다.

(2) 홍조차의 품평

일반적인 상거래를 위해서 차를 품평할 때에는 차의 등급별 가격을 산정해야 하기 때문에 대부분 품종별 표준 견본에 의한 외형심사를 중시하지만, 그 외 전체적인 차의 품질을 평가할 때, 특히 명우차에 대해 평가할 때에는 찻잎의 관능심사를 중심으로 품평한다.

앞에서 언급한 9가지 주요 공부홍차를 품평할 때에는 산지가 어디인가 보다는 실제 품질에 근거해서 평가해야 하며, 다만 외형은 각 산지별 표준 견본과 비교 평가한다.

공부홍차의 등급은 특급과 1~7급의 총 8등급으로 나눈다. 맛은 1, 2급 차는 향기가 달콤하고 순수하며, 3, 4급 차는 비교적 수수하고 진하다. 5, 6급 차는 비교적 순수하다. 각 등급 모두 기타 잡질과 잡냄새가 없어야 한다.

1급 공부홍차 품질에 관한 평어와 평점계수는 〈표 38〉, 〈표 39〉와 같다.

〈표 38〉 1급 공부홍차의 각 항목별 품평 표준

항 목	등 급	품 질 특 징	점 수	평점비율
외 형	갑	가늘고 팽팽하고 뾰족싹이 있고 색이 까맣고 윤기가 나며 종려색, 갈색, 황금색 솜털이 보인다.	94±4	20%
	을	가늘고 팽팽하며 솜털이 약간 있고 까만색이나 종려색의 윤기가 난다.	84±4	
	병	가늘고 팽팽하며 까만 윤기가 조금 난다	74±4	
탕 색	갑	밝은 붉은 색이다	94±4	10%
	을	여전히 밝은 붉은 색이 난다	84±4	
	병	밝은 붉은색이 부족하다	74±4	
향 기	갑	연하고 달콤한 향기가 있다	94±4	30%
	을	달콤한 향기가 있다	84±4	
	병	순수하다	74±4	
맛	갑	신선하고 순수하고 단맛이 난다	94±4	30%
	을	순수하고 진하다	84±4	
	병	조금 순수하고 진하다	74±4	
우린 잎	갑	유연하나 싹이 보이고 점동색이다	94±4	10%
	을	아직 균일하게 여리고 암홍색이다	84±4	
	병	고르지 않고 잎맥이 많으며 암갈색이다	74±4	

〈표 39〉 홍조차의 항목별 평점 비례(%)

종 류	외 형	탕 색	향 기	맛	우린잎	합 계
공부홍차	35	10	20	20	15	100
소종홍차	30	10	25	25	10	100

2) 홍쇄차(紅碎茶)

홍쇄차는 국제 차시장에서 교역의 주류를 이루는 품목이다. 가공 과정에서 '차를 잘라 부순다' 하여 1970년대 중국에서는 '분급홍차(分級紅茶)'라고 불렀고, 이후에는 '홍쇄차' 또는 '절세홍차(切細紅茶)'라고 부르는데, 서양에서는 '블랙 티(Black Tea)'라고 한다. 일반적으로 찻물색이 진하고 강하며, 향기도 진하고 자극성이 많다.

(1) 종류와 특징

현재 생산되는 홍쇄차는 CTC차와 전통차로 나눌 수 있다.

세계 주요 홍쇄차 생산국은 인도, 스리랑카, 케냐, 중국 등인데 인도와 케냐에서는 CTC 홍쇄차를 주로 생산하고, 중국과 스리랑카에서는 전통 홍쇄차를 주로 생산한다.

〈표 40〉 홍쇄차의 종류와 명칭

구 분	화 색 명 칭(花色名稱)	영 어 명 칭	약 칭
엽차류	화등황백호(花橙黃白毫)	Flowery Orange Pekoe	FOP
	등황백호(橙黃白毫)	Orange Pekoe	OP
	백호(白毫)	Pekoe	P
쇄차류	화쇄등황백호(花碎橙黃白毫)	Flowery Broken Orange Pekoe	FBOP
	쇄등황백호(碎橙黃白毫)	Broken Orange Pekoe	BOP
	쇄백호(碎白毫)	Broken Pekoe	BP
편차류	쇄등황백호편(碎橙黃白毫片)	Broken Orange Pekoe Fanning	BOPE
	백호편(白毫片)	Pekoe Fanning	PE
	등황편(橙黃片)	Orange Fanning	OF
	편(片)	Fanning	F
가루차류	가루차(末茶)	Dust	D

인도의 연간 홍쇄차 생산량은 약 80만 톤에 달하는데, 그 중 60%~70%가 CTC차이다. 케냐에서는 1년에 약 25만 톤의 홍쇄차를 생산하는데 거의 대부분이 CTC차이다. 스리랑카는 연간 26만 여 톤의 홍쇄차를 생산하는데, 약 90%가 전통 홍쇄차이다.

중국에서는 대부분의 산지에서 전통 홍쇄차를 생산하고, 운남(云南)과 해남(海南)의 일부 지역에서 생산되는 약 2%만이 CTC차이다. 홍쇄차의 종류와 명칭은 〈표 40〉과 같다.

① 전통 홍쇄차

현재 중국에서 생산되는 홍쇄차의 약 98%가 전통 홍쇄차이다. 주무르는 과정에서 회전 기계로 부수는 것을 위주로 하는데, 완성품 차는 색은 비교적 반지르르하고 외형은 단단하며 향기도 비교적 순수하고 진하다. 그러나 주물러 부수는 시간이 너무 길면 폴리페놀이 산화되어 너무 익은 냄새가 나는 결점이 있다.

중국의 전통 홍쇄차는 차의 형태에 따라 잎차, 쇄차, 편차, 가루차로 구분하며, 산지에 따라 크게 4종류로 나눈다. 전통 홍쇄차를 외형에 근거하여 구분하면 〈표 41〉과 같이 분류할 수 있다.

〈표 41〉 전통 홍쇄차 분류표

찻 잎 형 태	중국에서의 명칭	해외에서의 약칭
비교적 털끝이 완정하고 뾰족한 차	잎차 1호(호첨차(毫尖茶))	FOP
비교적 완정한 여린 줄기차	잎차 2호(눈경차(嫩莖茶))	OP
미세하고 무겁고 털끝이 뾰족한 부스러기 차	쇄차 1호	FBOP
과립이 비교적 약한 부스러기 차	쇄차 2호	BOP1
과립이 약간 큰 부스러기 차	쇄차 3호	BOP2
과립이 비교적 큰 부스러기 차	쇄차 4호	BOP3
비교적 가벼운 작은 부스러기 차	쇄차 5호	BOPF
비교적 굵고 딴딴한 줄기	쇄차 6호	BP
비교적 가벼운 차 조각	편 차	F
선명한 모래알 모양의 작은 부스레기 차	가루차(末茶)	D

② CTC 홍쇄차

CTC는 '끊다(Crushing), 찢다(Tearing), 당기다(Curling)'의 줄임말로, CTC 홍쇄차란 비벼 끊는 과정에서 CTC 절차 기계를 이용하여 차를 끊어 부수어 제조한 것을 가리킨다.

여린 정도가 양호한 CTC차는 외형의 과립이 둥글고 단단하며 가루차일 경우에도 모래알 같은 형태이다. 마른 찻잎의 빛깔은 종갈색을 띤 붉은 색이고 탕색은 밝은 붉은 색을 띠며 향기가 신선하고 코를 찌르며 맛이 농후하고 시원하며 우린 잎은 밝다.

인도에서는 연간 총 80만 톤 중 약 18만 톤을 수출하고 나머지를 국내에서 소비한다. 인도에서 생산하는 차는 전반적으로 품질이 양호하고 향기가 신선하고 코를 찌르며 맛이 농후하고 강하다. 그 중 아쌈(Assam)과 다즐링(Darjeeling)에서 생산되는 차의 품질이 우수하고, 남인도에서 생산되는 것은 좋지 않다.

스리랑카의 연간 홍쇄차 생산량은 26만 여 톤으로, 그 중 약 25만 톤을 수출한다. 이곳에서 생산된 홍쇄차는 전반적으로 품질이 양호한데, 고지대에서 생산된 차는 그 향기가 더욱 좋으며 장미향이 나고, 중간지대와 저지대의 차는 고지대 차에 비해서 품질이 떨어진다.

케냐에서 생산하는 연간 홍쇄차의 생산량은 25만 여 톤으로, 그 중 약 24만 톤을 수출한다. 과립모양이 많으며 질이 단단하고 깨끗하고 매끄럽다. 탕색은 선명한 밝은 붉은 색이 돋보이며, 향기가 진하고 맛이 농후하고 시원하며 수렴성이 있고, 우린 잎은 산뜻하고 밝은 홍색으로 전반적으로 품질이 우수하다.

(2) 홍쇄차의 품평

홍쇄차에 대한 품평은 잎차, 쇄차, 편차, 가루차를 명확하게 구분하고, 맛의 농도와 신선하고 시원한 정도에 따라 세분한다.

① 전통 홍쇄차의 품평

중국 전통 홍쇄차의 품평은 표준 견본에 근거하여 4대 산지와 4개 유형으로 나누어 그 품질을 평가한다.

가. 제1유형 홍쇄차 견본

제1유형은 운남성(云南省)에서 주로 생산되는 대엽으로 가공한 홍쇄차이다. 외형이 건실하고 잎에는 노란 솜털이 있고 과립이 단단하며 색깔은 종갈색을 띤다. 탕색이 밝으며 붉은 색을 띠고, 향기가 짙고, 맛이 진하고 순수하며, 우린 잎이 고르게 붉다.

이 유형의 장점은 잎의 여린 정도가 좋고 맛이 진하며 여러 번 우릴 수 있다는 점이다. 또한 향기가 독특하고 비교적 강한데, 발효가 조금 심한 운남 홍쇄차의 개성을 보여준다.

대엽종 찻잎이라 조직이 비교적 듬성하기 때문에 차 제조와 완제품 차를 보관하는 과정에서 폴리페놀이 쉽게 산화될 수 있으므로, 찻물색이 어두워지고 향기가 무디어지기 쉽다. 따라서 제1유형 견본의 홍쇄차를 품평할 때에는 탕색의 밝은 정도와 향기의 신선하고 시원한 정도를 중시해야 한다.

나. 제2유형 홍쇄차 견본

주로 광동(廣東), 광서(廣西), 해남(海南) 지역에서 생산되는 제2유형 홍쇄차는 찻잎에 종려색 윤기가 돌고 과립이 무거우며, 탕색이 밝으면서 붉은 색을 띤다. 중국 홍쇄차 중에서 품질이 전반적으로 고르면서 비교적 좋은 종류이다.

일부 고급 제품의 향기는 인도차와 비슷할 뿐 아니라 중화성(中和性)도 강하여 세계 여러 나라의 다양한 차 종류와 섞어서 사용하기에 적합하기 때문에 많은 나라에 수출되고 있다. 더욱이 중국에서는 홍쇄차의 품질을 제2유형 견본을 기준으로 한다.

아래 〈표 42〉는 제2유형 홍쇄차 견본의 항목별 품질 특징과 평점에 관한 표준으로, 차나무 우량종 홍쇄차의 품질과 평점에 관한 참고자료이다.

제2유형의 등급은 잎차 1, 2호, 쇄차 1~6호, 편차 1~2호, 가루차(末茶)의 총 11종으로 나누며, 각 호별로는 품질의 상하를 구분하지 않는다.

제2유형 각 등급별 규격 품평을 위한 체의 공은 〈표 43〉과 같으며, 품평할 때 먼저 잎의 여린 정도를 보고 다음 탕색의 농도, 강도, 신선한 정도를 평가한다.

〈표 42〉 제 2유형 홍쇄차 견본의 항목별 품질 및 평점 비율

항 목	등급	품 질 특 징	점 수	평점비율
외 형	갑	과립이 무겁고, 균일하며 종려색의 윤기가 돈다.	94±4	20%
	을	과립이 비교적 무겁고 종려색이다.	84±4	
	병	과립이 무겁지 않고 색이 난잡하다.	74±4	
탕 색	갑	붉고 밝으며 활력이 넘친다.	94±4	10%
	을	여전히 붉고 밝다.	84±4	
	병	붉고 밝은 것이 부족하다.	74±4	
향 기	갑	신선하고 예리하다.	94±4	30%
	을	순정하다.	84±4	
	병	너무 익은 냄새가 난다.	74±4	
맛	갑	농후하고 시원하며 수렴성이 있다.	94±4	30%
	을	농후하고 진하다.	84±4	
	병	시원한 감이 부족하거나 떫다.	74±4	
우린 잎	갑	고르고 연하며 밝은 붉은색을 띤다.	94±4	10%
	을	비교적 여리고 밝은 붉은색을 띤다.	84±4	
	병	여리지 않고 암갈색의 윤기가 난다.	74±4	

〈표 43〉 제 2유형 홍쇄차 견본의 기본 규격

종 류	체의 공	특 기 사 항
잎차 1,2호	8	
쇄차 1호	16	
쇄차 2호	14	• 체에 남은 차가 70% 이상을 차지해야하며, 주요 차의 규격보다 크거나 작은 것의 총합이 30%를 초과하지 말아야 한다.
쇄차 3호	12	
쇄차 4호	10	
쇄차 5호	16	• 각 등급별 차는 반드시 여린 정도와 깨끗한 정도[淨度]에 주의해야 한다
쇄차 6호	8	
편차 1호	16	
편차 2호	14	
가루차	24	

다. 제 3유형 홍쇄차 견본

제 3유형은 중엽과 소엽으로 가공한 것으로, 귀주(貴州), 사천(四川), 호북(湖北) 및 호남(湖南) 지역에서 주로 생산되는 홍쇄차이다. 찻잎의 색이 비교적 검고 윤기가 돌며 대부분 향기가 그윽하다. 맛의 농도는 보통이고, 탕색이 아직 밝은 붉은 색을 띠지 않고, 우린 잎은 비교적 검푸른색을 띤다. 전반적인 품질면에서는 제 1유형이나 제 2유형보다 떨어진다.

제 3유형 홍쇄차를 품평할 때에는 특히 여린 정도와 향기에 주의해야 한다. 외형이 깨끗하고 매끄러우며 여린 정도가 좋고 향기가 예리한 제품은 다른 차와 섞어 마시는 블랜드 차로 사용할 수 있다.

라. 제 4유형 홍쇄차 견본

절강(浙江), 강소(江蘇)와 호남(湖南) 등 일부 지역에서 소엽으로 생산하는 홍쇄차가 제 4유형에 해당한다. 찻잎의 빛깔이 검고, 탕색이 옅은 홍색을 띠며, 향기가 청신하고, 맛이 순수하고 부드러우나 농도가 부족하고, 우린 잎은 붉지 않다. 폴리페놀 함량과 찻잎의 농도가 낮아 외형과 내질 모두에서 품질이 비교적 낮다.

제 4유형 홍쇄차를 품평할 때에는 반드시 여린 정도와 외형이 깨끗하고 밝은가에 주의해야 한다. 외형이 좋은 것, 연기 냄새와 같은 잡냄새가 없는 것은 세계 여러 지역의 차와 블랜딩하기에 적합하다.

홍쇄차는 대엽, 중엽, 소엽 등 사용한 잎의 크기에 따라 구별할 수 있다. 그 중 대엽으로 가공한 것은 제 1유형과 제 2유형의 홍쇄차에 해당하며, 중엽과 소엽은 제 3유형과 제 4유형 홍쇄차에 해당한다. 이들 4종류의 홍쇄차의 잎차, 쇄차, 편차, 가루차에 대한 등급은 〈표 44〉와 같다.

〈표 44〉 중엽과 소엽 홍쇄차의 등급

분류	제1유형 견본	제2유형 견본	제3유형 견본	제4유형 견본
잎차	1호(FOP) 2호(OP)	1호(OP) 2호(OP)	상 중 하(OP)	상 하
쇄차	1호(FBOP) 2호(BOP1) 3호(BOP2) 4호(BOP3) 5호(BOPF)	1호(FBOP) 2호(BOP1) 3호(BOP2) 4호(BOP3) 5호(BOPF) 6호(BP)	1호-상·중·하(BOPF) 2호-상·중·하(BOP) 3호-상·중·중하·하(BP)	1호-상·중·하(BOPF) 2호-상·중·하(BOP) 3호-상·하(BP)
편차	1호(F) 2호(PF)	1호(F1) 2호(F2)	1호(F1) 2호(F2) 3호(F3)	상 중 하
가루차	1호(D1) 2호(D2)	1호(D1)	1호(D1) 2호(D2) 3호(D3)	상 중 하

제1, 2세트 : 수분≤6%, 무기물≤6.5%, 40공 보다 작은 차≤2%
제2, 3세트 : 수분≤6%, 무기물≤6.5%, 40공 보다 작은 차≤2.5%

② CTC 홍쇄차의 품평

CTC 홍쇄차를 품평할 때에는 외형의 밝고 깨끗함을 중시해야 하며, 색깔이 반지르르하게 윤기가 도는 정도, 농후하고 신선한 맛 등을 중심으로 평가한다. 다만 껍질이 있거나 색이 누렇게 되어서는 안되며, 청향이 없어야 한다. 굵고 늙은 잎으로 제조한 CTC차는 빛깔에 윤기가 없고 종려색을 띠며, 껍질이 있고 맛이 떫다.

또한 햇차인지 묵은차인지를 판별해야 한다. 만일 묵은차라면 몇 년이나 지난 것인지 확인해야 한다. 햇차는 탕색이 밝아야 하고 맛도 신선해야 한다. 만일 탕색이 어둡고 맛이 농후하고 무디며 심지어 유지가 산화된 냄새가 나면 이런 차는 보통 묵은차 혹은 습기 찬 차이다.

홍쇄차의 품평에서는 잎차, 쇄차, 편차, 가루차 여부를 포함해 각 품등별로 구분하고, 각 종류의 품질이 반드시 정상이어야 하며, 색이 변하지 않아야 하고, 이상한 냄새가 없어야 하며, 차 이외에 잡질이 없어야 한다.

전반적으로 수분함량 6% 이하, 무기질 6.5% 이하이며, 잎차, 쇄차, 편차 중 40구멍차가 2% 이내, 가루차 중 80구멍차가 1% 이내여야 하고, 위생상태가 엄밀해야 한다.

다만 중국 이외 지역에서 생산된 홍쇄차는 외형을 섬세하게 세분하지 않으며, 쇄차나 편차의 등급도 명확하지 않다. 특히 스리랑카 전통 홍쇄차가 이런 결점이 있다.

③ 우유 넣은 홍쇄차의 품평

홍쇄차를 품평할 때에는 차를 끓인 물에 우유를 넣어 품질을 평가할 수도 있다. 우유 넣은 홍쇄차의 품평도 일반적인 품평 방법과 같다. 다만 찻물을 품평완에 부어놓고 품평 차순가락에 우유 한 술(약 20㎖)을 넣는다. 여름과 가을에 대엽으로 생산한 제 1유형과 제 2유형처럼 품질이 좋은 홍쇄차는 탕색이 보통 분홍색이고, 맛이 농후하고 강하며, 우유 맛 속에서 차 맛이 난다. 그러나 발효가 지나치거나 보관 시간이 너무 긴 찻잎은 신선도가 떨어져 빛깔이 황토색을 띠게 된다.

중엽과 소엽으로 가공한 제 3유형과 제 4유형 홍쇄차는 폴리페놀 함량이 비교적 낮다. 차를 끓인 물에 우유를 넣은 후 폴리페놀이 우유의 단백질과 결합하여 차맛이 더 담백해지고 우유빛이 진노랑 혹은 유백색을 띤다.

여름과 가을에 가공한 홍쇄차 중 발효 정도가 경미한 것은 우유의 색이 대부분 분홍색을 띠는데, 홍쇄차의 품질이 높은 것에서 낮은 것으로 갈수록 우유색은 분홍색 → 황토색 → 황갈색 → 진노랑 → 유백색 순으로 나타나고, 맛은 농후한 것에서 희박한 것으로, 강도는 강한 것에서 약한 것으로 나타난다. 따라서 우유를 넣었을 때의 색과 맛과 강도의 정도에 따라 품질을 평가할 수도 있다.

중국의 제 3유형 및 제 4유형 홍쇄차의 향기 성분과 위 세 지역에서 생산된 홍쇄차의 맛의 농도를 잘 이용하여 적당한 양으로 블랜딩하면 품질을 조절할 수 있는 좋은 차를 만들 수 있다.

6. 긴차품평 緊茶品評

긴차는 긴압차(緊壓茶)라고도 한다. 홍차, 녹차, 청차, 흑차(黑茶)의 모차(毛茶)를 원료로 증기 압축하여 만든 것으로, 일종의 재가공차이다. 현재 중국에서 생산되는 압축차로는 주로 타차(沱茶), 보이타차, 죽통차, 전차(磚茶)가 있고, 그 외 흑전(黑磚), 복전(茯磚), 강전(康磚), 청전(靑磚), 타전(沱磚), 금첨차(金尖茶), 방포차(方包茶), 육보차(六堡茶), 상첨(湘尖), 긴차(緊茶), 원차(圓茶)와 병차(餠茶) 등이 있다.

긴차의 주요 산지는 호남(湖南), 호북(湖北), 사천(四川) 3개 성(省)이고, 그 외 귀주(貴州), 운남(云南), 광서(廣西) 등지에서도 소량 생산된다. 호남에서는 복전, 흑전, 화전(花磚)을 주로 생산하고, 호북에서는 청전을 많이 생산하며, 사천에서는 강전, 금첨차를 많이 생산한다. 주로 신강(新疆), 내몽골(內蒙古), 감숙(甘肅) 등지에서 판매되며, 변방 소수민족들에게는 없어서는 안 될 음료이다.

긴차는 또한 흑차(黑茶)의 일종으로, 색깔이 대부분 흑색인데 어떤 원료를 사용하느냐에 따라 조금씩 차이가 있고, 탕색도 모두 짙은 색이다. 긴압차는 원료인 모차가 거칠기 때문에 건조 전후에 악퇴(渥堆) 공정을 거친다. 악퇴는 수분을 머금은 찻잎을 고온 다습한 곳에 놓아두어 균의 활동으로 발효시키는 흑차 특유의 공정으로, 이 과정에서 온도가 상승하면서 폴리페놀이 산화되고 청미(靑味)를 없애며 찻잎의 향기를 순수하게 한다.

덩이차의 형태를 만들기 위해 틀에 넣어 강하게 누르는 긴압 전에 찻잎을 쪄서 수분을 흡수시켜 연하게 하여 긴압틀에 넣어 모양을 형성시킨다. 그런 다음 긴압틀을 제거하고 건조시킨다. 일반적으로 10일 정도 건조시키는데, 천천히 건조시킬수록 좋을 효과를 볼 수 있다. 차를 눌러 놓았기 때문에 빨리 건조시키면 바깥쪽만 건조되고 안쪽은 건조되지 않아 찻잎이 갈라 터질 수 있기 때문이다.

긴차의 형태는 사용한 긴압틀의 형태에 따라 결정되는데, 일반적으로 전차는 벽돌 모양이고 타차는 그릇 모양이다. 예전에는 버섯모양이 많았는데, 최근에는 작은 벽돌모양을 많이 사용한다. 긴차는 외면에 광택이 있고 모서리가 분명하며 갈라 터지지 않고 층이 일지 말아야 한다. 향기는 순수해야 하며 짙은 향이 있어야 하고, 떫은 냄새가 없어야 하며, 종갈색의 탕색에 우린 잎은 갈색이다.

1) 종류와 특징
(1) 흑차(黑茶)

흑차의 모양은 벽돌 모양과 다이아몬드 모양의 2가지가 있는데, 벽돌 모양은 흑전(黑磚), 화전(花磚), 특제 복전(特製茯磚)과 보통 복전(普通茯磚)의 네 가지로 나누며, 다이아몬드 형은 천소(天尖), 공첨(貢尖), 생첨(生尖)의 3가지로 나눈다.

벽돌 모양의 흑차를 품평할 때에는 외면의 평평함과 두께의 균일함, 네 변의 선명함, 포장 문자, 무게 표준, 갈색의 탕색, 순전한 향기, 구수하고 떫지 않은 맛, 짙은 갈색의 우린 잎 등을 중심으로 평가한다.

호남의 흑차 관리 기준은 〈표 51〉, 〈표 52〉에 예시되어 있는데, 매 단위 함량은 기준치에서 +1%~-0.5%의 오차범위를 허용하고 있으며, 무게는 +2.5%~-1.25%를 허용한다. 복전(茯磚), 흑전(黑磚)의 길이는 3cm를 초과하지 않아야 한다.

〈표 52〉 완성품 흑차 크기와 품질

명 칭	규 격		품 질				
	형태	사이즈(cm)	색	탕색	향기	맛	우린 잎
특제복전차	장방괴 (長方塊)	35×18.5×5	흑갈색	황적색	용안향	순수 농후	흑갈색
보통복전차	장방괴	35×18.5×5	흑갈색	황갈색	용안향	조금 순수	흑갈색이고 거칠다
흑 전 차	장방괴	35×18.5×5	흑갈색	암황색	순 정	조금 순수	암갈색
화 전 차	장방괴	35×18.5×5	암갈색	암적색	순 정	농 후	암갈색
천 첨 차	누산장 (蔞散裝)	58×35×50	암갈색	짙은 황색	순 정	순수 담담	황갈색
공 첨 차	누산장	58×35×50	암갈색	황갈색	순 정	순수 담담	암갈색
생 첨 차	누산장	58×35×50	암갈색	암갈색	족화향 (足火香)	순수 담담	흑색이고 거칠다

〈표 52〉 완성품 흑차의 이화학 지표

명 칭	함량 (kg)		물리 화학 지표 (% 이하)				위생표준 (mg/kg 이하)			
	건	편	수 분	회 분 (灰分)	함 경 (含梗)	잡 질	666	DDT	동	납
특제복전차	40	2	14	9.0	18.0	1.0	0.4	0.2	60	3
보통복전차	40	2	14	9.0	20.0	1.0	0.4	0.2	60	3
흑 전 차	40	2	13	7.5	18.0	0.8	0.4	0.2	60	3
화 전 차	40	2	13	7.5	15.0	0.7	0.4	0.2	60	3
천 첨 차	50		14.5		5.0	0.5	0.4	0.2	60	3
공 첨 차	45		14.5		5.0	0.6	0.4	0.2	60	3
생 첨 차	40		14.5		15.0	1.0	0.4	0.2	60	3

(2) 청전차(靑磚茶)

노청차(老靑茶)를 긴압하여 만든 것으로, 주로 호북 조리교차장(湖北 趙李橋茶匠)에서 생산되는데, 외면에 오목형(凹形)의 '천(川)'자가 있어서 천자전(川字磚)이라고 불리기도 한다. 청전차의 원료인 '쇄면(洒面)'은 1급 청차이고, '저면(底面)'은 2급 청차이며, '이차(里茶)'는 3급 청차이다.

노청차의 제작 방법은 다음과 같다. 쇄청 후 뜨거울 때 문지르고 쌓아두었다가 말리는데, 쌓아두는 시간이 비교적 길고, 찻잎이 선홍색[豚肝色]이 나며 청기(靑氣)가 거의 없어질 때까지 악퇴한다. 감관으로 느낄 수 있는 품질은 외면이 평평하고 층이 일지 않으며 변두리가 선명하고, 색택이 청갈색을 띠며, 탕색은 황갈색이고, 향기가 순정하며, 거친 맛이 나지 않고 순수하고 부드러우며, 우린 잎은 어두운 갈색을 띤다. 청전차의 이화학 지표는 다음과 같다.

〈 표 53 〉 청전차의 이화학 지표

중 량	척 도	수분(水分)	회분(灰分)	차경(茶梗)	잡 질	위생표준
2kg	340x170x40mm	12% 미만	7.5% 미만	25% 미만	0.8% 미만	변차류와 같다

(3) 화전차(花磚茶)

원래는 원기둥 모양이었고 무게는 31.25kg으로, 일명 '천량차(千兩茶)'라고 불린다.

후에는 장방형 모양으로 바뀌었으며 원료는 호남(湖南)의 3급 흑모차(黑毛茶)를 위주로 한다.

외면이 평평하고 꽃무늬가 선명하며 변두리가 분명하고 두께가 일정하며, 탕색은 흑갈색이고, 향기가 순정하고 송연향이 나며, 맛이 구수하고, 우린 잎은 흑갈색이다. 화전차의 이화학 지표는 다음과 같다.

〈 표 54 〉 화전차의 이화학 지표

중 량	수분(水分)	회분(灰分)	차경(茶梗)	잡 질	위생표준
2kg (+0.05~-0.025kg)	14% 미만	8%	15% 미만 (길이 30mm인 것≤0.5%)	0.8% 미만	변차류와 같다

(4) 강전차(康磚茶)

사천(四川) 남로변차(南路邊茶)에 속한다. 주로 서장, 청해, 사천 등지에서 소비되며, 하등 녹차와 청모차(靑毛茶)를 원료로 한다.

찻잎의 외형은 모서리가 둥근 장방형인데 베개 모양과 비슷하다. 외면이 평평하고 팽팽하며 쇄면(洒面)의 색깔은 종갈색이고, 탕색은 홍갈색이며, 향기는 순정하고, 맛은 구수하며, 우린 잎은 어두운 갈색이다. 강전차의 이화학 지표는 다음과 같다.

〈 표 55 〉 강전차의 이화학 지표

중량	척도	수분(水分)	회분(灰分)	차경(茶梗)	잡질	위생표준
0.5kg	160x90x60mm	16% 미만	7.5% 미만	8% 미만	0.5% 미만	변차류와 같다

(5) 타차(沱茶)

운남(云南)과 사천(四川)에서 주로 생산되는데, 운남 하관다장(下關茶匠)에서 생산하는 타차는 청모차(靑毛茶)를 원료로 하고, 보이타차(普洱沱茶)는 보이차(普洱茶)를 원료로 한다. 중경(重慶)시 중경다장(重庆茶匠)에서 생산하는 산성타차(山城沱茶)와 특급타차(特級沱茶)는 중국 변강에서 주로 소비되고 일부만 해외로 수출된다.

타차는 급을 나누지 않는데, 모양은 사발형이고 팽팽하고 매끄럽다. 청모차와 녹차를 원료로 한 타차는 암녹색이고, 탕색이 짙은 황색이며 향기가 순수하고 맛이 농후하며 우린 잎은 암녹색이다. 보이타차는 암갈색이고 탕색도 짙은 갈색이며, 향기가 짙고 맛이 농후하며 우린 잎은 흑갈색이다. 타차의 이화학 지표는 다음과 같다.

〈 표 56 〉 타차의 이화학 지표

중량	수분(水分)	회분(灰分)	차경(茶梗)	잡질	위생표준
50g, 100g, 250g	9% 미만	9% 미만	3% 미만	0.2% 미만	변차류와 같다

(6) 긴차(緊茶)

긴압차의 일종으로 운남(云南)에서 생산되는데, 전청(滇青)을 원료로 모차(毛茶)를 쌓아두어 향기가 순수하게 변한다. 주로 서장과 운남장족 지구에서 소비된다.

긴차도 타차와 마찬가지로 급을 나누지 않는데, 외형은 장방형의 작은 벽돌 모양이며(하트 모양도 있다), 평평하고 정연하며 탄탄하고 두께가 일치하고 검은 색을 띤다. 탕색은 황갈색이며 향기가 순수하고 맛이 농후하며 우린 잎은 굵기가 균일하지 않고 색은 짙은 갈색이다. 푸른 곰팡이(青霉)나 검은 곰팡이(黑霉)가 없다. 긴차의 이화학 지표는 다음과 같다.

〈 표 57 〉 긴차의 이화학 지표

중량	척도	수분(水分)	회분(灰分)	차경(茶梗)	잡질	위생표준
0.5kg	150x100x22mm	13% 미만	7.5% 미만	8% 미만	0.58% 미만	변차류와 같다

(7) 미전차(米磚茶)

홍전차라고도 불리는데, 긴압차의 일종이다. 홍차와 공부차 분말로 증압하여 제조한다. 호북(湖北) 조리교다장(趙李橋茶匠)에서 생산되며 신강(新疆)과 러시아에서 주로 소비된다. 각 덩어리의 무게는 1.125kg이고 그중에서 쇄면(洒面)과 2면차가 0.50kg이고, 이차(裏茶)는 0.625kg이다. 각각의 크기는 길이 237mm, 너비 187mm, 높이 20mm이다. 면이 평평하고 정연하며 흑색이고 윤기가 있으며 탕색은 적갈색이고 향기가 담담하고 우린 잎은 작고 짙은 갈색이다.

(8) 육보차(六堡茶)

흑차의 일종으로, 광서(廣西) 창오현(蒼梧縣)의 육보(六堡)에서 주로 생산되며 횡현(橫顯), 소평(昭平), 옥림(玉林) 등지에서도 소량 생산된다. 육보차 제조는 살청, 유념, 악퇴,

건조 등의 공정을 거친다. 건조 과정에서는 소나무 불에 쪼인다. 모차(毛茶)는 체질하여 분류한 후 오랫 동안 쌓아놓은 후 증압하고 포장한다. 매 바구니는 30~50kg 사이이며 바구니에 담아서 10일 동안 쌓아놓은 후 잎의 온도가 낮아지면 창고에서 몇 달 동안 보관한다. 육보차의 외형은 거칠고 느슨하며 짙은 갈색이고, 탕색은 짙은 적색이며 진한 향기가 나고 맛이 농후하며, 우린 잎은 거칠고 짙은 갈색이다. 모차(毛茶)는 1~6급으로 나누고 각 등급별 견본과 비교하여 평가한다.

(9) 서로변차(西路邊茶)

사천(四川)에서 생산하는 일종의 흑차이다. 공래(攻崍), 관현(灌顯), 면양(綿陽) 지역에서 주로 생산되며 감숙, 청해, 신강과 사천 아파(阿壩) 자치구 등지에서 소비된다. 원료가 거칠고 채다할 때 갈구리 칼을 사용한다. 제조 방법은 증기 살청, 초유, 초건, 복유, 악퇴, 건조 등의 공정을 거친다. 이렇게 제조한 차는 '좌장차(坐莊茶)'라고 부르며 품질이 상대적으로 좋다. 모장차(毛庄茶)는 살청, 건조 두 개의 공정만 거치며 품질이 좋지 않고 정제한 후 복전차와 방포차(方包茶)의 원료가 된다.

(10) 복전차(茯磚茶)

특급 복전과 보통 복전으로 나누며 전자가 후자보다 품질이 좋다. 호남성(湖南省) 익양(益陽)에서 주로 생산되며, 신강, 감숙에서 소비된다. 차 덩어리의 모양은 작은 장방형 벽돌 모양이고 3, 4급의 흑모차를 원료로 한다.

복전차의 표면색은 특급은 흑갈색이고, 보통은 황갈색이다. 차덩어리 중심에 포자(胞子)가 많아야 하며 '황화(黃花)'가 많은 것은 상등품이고, 검은 곰팡이나 백색 곰팡이가 있는 것은 낮은 등급이며, 특별히 흑곡매(黑曲霉)가 있는 것은 불합격품이다. 그 중에서도 모양이 평평하고 정연하며 무게가 표준이고, 탕색이 갈색이며 진한 기에 용안향(桂圓香)을 띠고, 맛이 순수하고 담담하며, 우린 잎이 짙은 갈색인 것이 상등품이고, 모양이 정연하지 않으며 무게가 표준 미달이고, 곰팡이 냄새가 나며, 맛이 거칠고, 우린 잎이 짙은 청색 혹은 적색을 띠는 것은 하등품이다.

복전차의 우열을 품평할 때에는 차덩어리 내부에 노란 곰팡이인 일명 '황화(黃花)'가 많은 것이 상등품이고 적은 것이 그 다음이고, 없으면 하등품이다.

2) 긴차품평

긴차의 품평 방법은 여러 가지가 있는데, 5g의 찻잎을 품평컵에 넣고 8~10분 동안 우리는 방법과 4g의 찻잎을 200㎖의 끓는 물에 넣어 5분 동안 우리는 방법이 있다. 중국 농업부 찻잎질량검측센터에서는 긴차 역시 일반적인 5인자품평법을 사용하는데, 다른 점이라면 반드시 긴차의 차덩어리를 흐트러지게 한 다음 필요한 양의 찻잎을 취하여 품평한다는 점이다.

복전차에 대한 품평은 각 항목별로 갑, 을, 병의 3등급으로 나누며, 항목별 평어 및 평점비율은 〈표 58〉과 같다. 단 외형에 흑매가 있는 것은 불합격품이기 때문에 품평 등급에서 제외된다.

〈표 58〉 복전차 평점 지표

항 목	등 급	품 질 특 성	점 수	평점비율
외 형	갑	평평하고 정연하며 각이 분명하고 황화가 많으며 갈색이고 윤기가 있으며 흑매, 백매가 없다.	94±4	30%
	을	그다지 정연하지 않고 황갈색이며 황화가 적고 소량의 백매가 있다.	84±4	
	병	모양이 완정하지 않고 메마른 황색이며 황화가 적고 흑매가 조금 있다.	74±4	
탕 색	갑	등황색이고 밝다.	94±4	10%
	을	옅은 황색이다.	84±4	
	병	짙은 갈색이다.	74±4	
향 기	갑	용안 향기	94±4	20%
	을	짙은 향기	84±4	
	병	거친 향기	74±4	
맛	갑	순수하고 농후하다.	94±4	25%
	을	순하고 담담하다.	84±4	
	병	거칠다.	74±4	
우린 잎	갑	흑갈색이고 균일하다.	94±4	15%
	을	흑갈색이고 거칠다.	84±4	
	병	흑색이고 거칠며 줄기가 많다.	74±4	

부 록

- 사진으로 보는 차의 품평
- 품평 용어

사진으로 보는
차의 품평

1 마른 찻잎 외형보기

2 요반

3 시료 채취

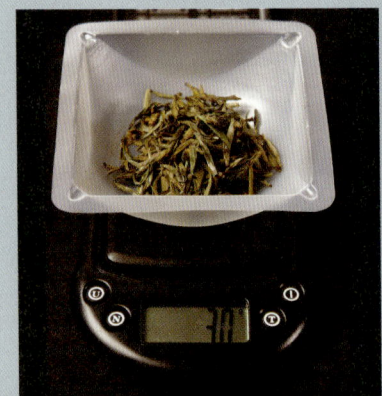
4 무게 달기(3g)

5 품평배에 찻잎 넣기

6 품평배와 타이머

사진으로 보는 茶의 品評

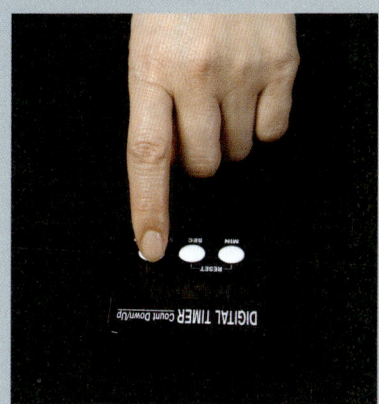
7 시간 재기(5분)

8 뚜껑 들기

9 품평배에 물 따르기

10 물 가득 따르기

11 품평배 뚜껑 덮기

12 품평배 잡기

13 찻물을 품평완에 따르기

14 찻물 완전히 따르기

15 마지막 한 방울까지

사진으로 보는 茶의 品評

16 품평배 내려놓기

17 찻물색(湯色) 보기

18 품평배 잡기

19 뚜껑 고정시켜 흔들기

20 뚜껑 열기

21 숨을 크게 들이쉬며 향기 맡기

22 품평완의 찻물 덜어내기

23 덜어낸 찻물

24 입 안에 머금기

사진으로 보는 茶의 品評

25 입 안에서 굴리며 맛 보기

26 우린 잎(葉底) 덜어내기 ①

27 우린 잎 덜어내기 ②

28 엽저반에 찻잎 놓기

29 엽저반에 물 따르기

30 우린 잎 고루 펴기 ①

30 우린 잎 고루 펴기 ②

31 우린 잎 고루 펴기 ③

32 우린 잎 보기

품평 용어

1. 외형
2. 탕색
3. 향기
4. 맛
5. 우린 잎
6. 종합품평

1. 외형 품평 용어

(1) 완성된 찻잎의 모양에 따라

- Orchid appearance 난화형 蘭花形

  찻잎이 난초꽃이 활짝 핀 것 같은 모양을 가리킨다. 가늘고 여린 찻잎을 불에 쬐어 제조한 명우녹차에서 많이 볼 수 있다.

- Chrysanthemum appearance 국화형 菊花形

  많은 차싹을 묶어 국화 모양으로 만든 것을 가리킨다.

- Jujube-stone appearance 대추씨모양 棗核形

  잎자루가 잎 끝 방향으로 말아져 대추씨 모양이 된 것을 가리킨다.

- Brick appearance 벽돌형 磚形

  찻잎을 일정한 모형 틀에 넣어 압축하여 벽돌 모양으로 만든 것을 가리킨다. 각종 긴압차(緊壓茶)의 외형 설명에 사용한다.

- Round appearance 구형 球形

  찻잎을 문지르고 비빈 후 호두알만한 둥근 공 모양으로 만든 것을 가리킨다

- Pillow appearance 침형(베개 모양) 枕形

  찻잎을 특수한 모형 틀에 넣어 압축하여 베개 모양으로 만든 것을 가리킨다.

- Cake appearance 병형 餅形

  찻잎을 모형 틀에 넣어 압축하여 동그란 굽은 떡 모양으로 만든 것을 가리킨다. 예를 들면 운남(云南)에서 생산되는 칠자병차(七子餠茶)와 같은 모양이다.

- Bowl appearance 완형(사발 모양) 碗形

  잘 찐 찻잎을 사발모양의 공구 안에 채워 넣고 압축하여 사발이나 절구 모양과 비슷한 형태로 만든 것으로, '절구 모양[臼形, Mortar appearance]'이라고도 부른다. 찻잔 모양으로 압축한 차의 외형을 묘사할 때 사용한다.

- Column appearance 기둥형 柱形

  잘 찐 찻잎을 대오리 모양의 모형 틀에 넣고 압축하여 기둥 모양으로 만든 것을 가리킨다.

- Needle shape 침형 針形

찻잎이 팽팽하고 꼿꼿하며 바늘 모양과 비슷한 것을 가리키는데, 명우녹차 중 고급차의 외형에서 많이 볼 수 있다. 예를 들면 남경 우화차(雨花茶), 안화 솔잎차(松針)는 침형이다.

- Pearl appearance 구슬형 珠形

  찻잎이 동그랗고 단단하여 진주알 같은 것을 가리키며, 녹차 중 가마에서 동그랗게 볶은 차에서 많이 볼 수 있다. 예를 들면 절강(浙江)의 "주차(珠茶)", 안휘(安徽)의 "용계화청"(湧溪火靑)의 외형이 구슬형이다.

- Spiral appearance 나선형 螺形

  찻잎이 우렁이처럼 빙빙 감아 돌려 말린 모양을 가리키며, 명우녹차 중 고급차에서 많이 볼 수 있다. 예를 들면 강소(江蘇)의 "벽라춘(碧螺春)"은 전형적인 나선형 차이다.

- Spear appearance 창 모양 矛形

  단일한 차 싹으로만 제조한 것으로, 형태가 약간 납작하고 긴 창 모양의 찻잎 외형을 가리킨다.

- Sandy 사립형 砂粒狀

  찻잎이 작고 무거우며 모양이 모래알 모양인 것을 가리킨다.

- Sparrow tongue appearance 작설형 雀舌形

  찻잎이 가늘고 어려 참새의 혀 모양과 같은 것을 가리킨다. 어린 싹으로 제조한 명우녹차의 외형 묘사에 주로 사용하는데, 용정차 중 특급차보다 더 가늘고 여린 찻잎을 '작설형' 또는 '연심(蓮芯)'이라고도 부른다.

- Shell appearance 조개껍질 모양 貝殼形

  마른 찻잎이 느슨하고 가벼워 조개껍질과 같은 모양을 가리키며, 굵고 늙은 차의 외형에서 많이 볼 수 있다.

- Curly 반화권곡 盤花捲曲

  찻잎이 말리면서 감돌아 동그란 구슬 같이 생긴 것을 가리킨다.

- Dragonfly head 청정두 蜻蜓頭

  찻잎의 형태가 작은 데에서 점차 커져 마치 잠자리 머리 모양과 비슷한 것을 가리킨다. 포유한 청차의 외형을 묘사하는 전문 용어이다.

- Granule appearance 두립상 豆粒狀
  콩알과 비슷한 동그란 모양을 가리킨다.
- Granule appearance 과립형 顆粒形
  찻잎의 외형이 작고 동그랗게 오그라진 것을 가리키며, 과립이 단단하고 무거운 찻잎을 묘사할 때 사용한다. 예를 들면 특급 주차(珠茶)는 과립이 동그랗고 단단하며 무겁다.

(2) 비벼 말린 모양에 따라

① 조형차(條形茶) : 찻잎의 말린 모양이 길쭉한 차

- Strip appearance 조형 條形
  찻잎을 길쭉하게 비벼 말린 것을 가리킨다. 차를 잘 비벼 말려서 길쭉한 모양이 잘 형성된 것을 '조형양호(條形良好)'라고 한다.
- Twisty 비벼 말린 條索
  조형차의 제다공정인 위조와 유념에서 차를 비벼 마는 것을 가리킨다.
- Fine and elegant 가늘고 수려한 細秀
  찻잎이 연하고 꼿꼿하며 수려하고, 고르게 정연한 것을 가리킨다. 경산차와 같은 고급 녹차나 홍차에서 많이 볼 수 있다.
- Fine and tender 가늘고 여린 細嫩
  잎이 작고 솜털이 선명하고 부드러운 것을 가리킨다. 봄철의 소엽종 고급차에서 많이 볼 수 있는데, 벽라춘과 특급 기문홍차는 외형과 우린 잎이 모두 여린 것이 특징이다. 마른 찻잎의 외형과 함께 우린 잎의 모양 설명에도 사용된다.
- Fine and wiry 가늘고 긴밀한 細緊
  찻잎의 말림이 가늘고 팽팽하게 구부러진 것으로, 유념 상태가 긴밀하고 정연하여 온전한 것을 가리킨다. 조형 녹차와 홍차 중 높은 품등의 찻잎 외형 설명에 사용한다.
- Tightly 긴밀하고 단단한 緊結
  찻잎을 잘 비벼 팽팽하면서 단단하게 구부러진 것을 가리킨다. 찻잎의 여린 정도는 '세긴(細緊)'보다 낮으며, 중급 이상의 조형차 설명에 많이 사용한다. 예를 들면 1급 수초청차는 긴밀하고 단단하며 무게감이 있고, 잎 끝이 침처럼 뾰족하다.

- Leggy 긴밀하고 긴 細長

  유념 상태가 긴밀하며 끝이 뾰족하고 길쭉한 것을 가리킨다. 높은 품등의 녹차와 홍차의 외형을 설명할 때 사용한다. 예를 들면, 안화송침의 외형은 곧고 가늘고 길다.

- Tight and elegant 긴밀하고 수려한 緊秀

  단단히 잘 비벼 유념 상태가 긴밀하여 찻잎이 균일하고 정연하며 수려한 것을 가리킨다. 명우녹차와 일부 고급 홍차 외형 설명에 많이 사용한다. 예를 들면 기홍예품차(祁紅禮品茶)는 가지가 긴밀하고 수려하며, 싹이 선명하고 빛깔이 까맣고 윤기가 있다.

- Tight and heavy 긴밀하고 실한 緊實

  유념이 잘 되어 외형이 단단하고 무게감이 있는 것을 가리킨다. 중상급 이상의 조형 찻잎 외형 설명에 사용한다. 예를 들면 1급 진미차는 마른 찻잎의 외형이 긴밀하고 실하며 윤기가 있고 녹색을 띤다.

- Tight and straight 팽팽하고 곧은 緊直

  찻잎이 단단하게 잘 비벼졌으며, 완정하고 곧은 것을 가리킨다. 중상급 이상의 녹차 외형 설명에 주로 사용하는데, 예를 들면 남경의 우화차는 찻잎이 팽팽하고 곧으며 형태가 솔잎과 비슷하다.

- Straight 곧은 挺直

  찻잎이 직선처럼 평평하고 곧게 말린 모양으로, 잎의 길이가 그다지 짧지 않은 것을 가리킨다. 예를 들면 귀주(貴州)의 용청검명(龍泉劍茗)과 같이 잎이 여리고 조금 납작한 싹으로 만든 명우녹차의 외형을 묘사할 때 사용한다.

- Straight and elegant 곧고 수려한 挺秀

  찻잎의 끝이 곧고 빼어나게 뛰어난 것을 가리킨다. 대부분 고급 명우차의 외형을 묘사할 때 사용한다.

- Slender 곧고 길게 잘 말린 苗直/苗條

  찻잎을 잘 비벼 말려 곧고 긴 형상을 가리킨다. 우화차(雨花茶)와 같이 여린 잎으로 잘 만든 상급의 조형차(條形茶)의 특징을 설명할 때 사용한다.

- Tight and slender 단단하고 뾰족하게 잘 말린 鋒苗

  여린 싹을 팽팽하게 잘 비벼 곧고 가늘게 잘 말린 조형차의 형상을 가리킨다. 고급 홍차와 녹차의 찻잎 외형 설명에 사용한다.

- Loose 성긴 鬆散

  찻잎의 말린 상태가 잘 비벼지지 않아 엉성하고 큼직하게 된 것을 가리킨다. 잘 비비지 않은 굵고 늙은 조형 홍차와 녹차의 외형 설명에 사용한다.

- Loose and broken 성기고 부서진 松碎

  찻잎이 잘 말려지지 않았으며 끊어지고 부스러진 것을 가리킨다. 위조가 덜 된 홍차나 살청이 부족한 상태에서 유념이 너무 많이 된 녹차와 같이 저급차의 외형을 설명할 때 주로 사용한다.

- Coarse and loose 성기고 가벼운 / 느슨하고 가벼운 松泡 / 空松 / 空泡

  찻잎이 거칠고 큼직하며 성기고 가벼운 것을 가리키는데, 공포(空泡), 공송(空松)이라고도 한다. 제대로 비비지 않은 하등의 조형차에서 많이 볼 수 있다.

- Round lump 둥그스름한 圓頭

  조형차 중에 원형차가 섞여 있는 것을 가리킨다. 초청녹차 가운데 섞여 있는 콩알 모양의 찻잎과 같이 녹차의 외형으로는 품질이 떨어지는 것을 말한다.

- Pearl round 혼원 渾圓

  찻잎의 말린 상태가 긴밀하고 곧으며, 횡단면이 선명하게 동그란 것을 가리킨다.

② 원형차(圓形茶) : 찻잎의 말린 모양이 둥근 차

- Round appearance 원형의 曲軏婉

  찻잎을 길쭉하지 않고 둥글게 비벼 말린 것을 가리킨다. 대부분 솥이나 항아리[瓶] 모양의 건조기에서 건조한 차에서 많이 볼 수 있다.

- Fine round 가늘고 둥근 細圓

  찻잎을 잘 비벼 말아 팽팽하게 구부러져 있으며, 무게감이 있으면서 가늘고 긴 것을 가리킨다. 고급 미차(眉茶)와 일부 명우녹차에서 볼 수 있다. 예를 들면 1급 진미차는 찻잎이 가늘고 둥글며 길쭉하고 끝이 뾰족하고 선명하게 드러나야 한다.

- Round and tight 둥글고 긴밀한 圓緊
  과립형의 찻잎 외형을 설명하는데 사용하는 것으로, 진주처럼 둥근 모양이 선명하고 팽팽한 것을 가리킨다. 예를 들면 평수진차(平水珍茶)는 외형이 둥글고 팽팽하여 진주알 같다.
- Round and even 둥글고 정연한 圓整
  형태가 둥글고 정연한 것을 가리킨다. 선별을 거쳐 정형(整形)한 후의 크기가 일치하는 원형차의 외형을 설명할 때 사용한다.
- Round and tight 둥글고 단단한 圓結
  찻잎의 말린 상태가 팽팽하게 구부러진 것을 가리키며, 고급 녹차의 외형 묘사에 많이 사용한다. 기계로 제조한 평수진차는 손으로 제조한 것보다 더 둥글고 단단하다.
- Round and straight 둥글고 탄탄한 圓直
  찻잎의 말린 상태가 탄탄하고 둥근 것을 가리키며, 고급 녹차의 외형 설명에 많이 사용한다. 예를 들면 일본에 수출하는 증청녹차(蒸靑綠茶)는 둥글고 탄탄하며 빛깔이 밝은 녹색을 띨 것을 요구한다.
- Blunt round 둥글고 뭉툭한 鈍圓
  찻잎이 짧고 뭉툭하며 비록 둥글지만 말린 정도가 긴밀하지 않은 것을 가리키는데, 비교적 여린 찻잎의 초청녹차에서 많이 볼 수 있다. 예를 들면 우화차 중 찻잎이 둥글고 뭉툭하며 굵고 큰 것은 표준 미달이다.
- Bend 구부러진 句曲
  찻잎의 외형이 구부러져 마치 갈고리 같은 것을 가리킨다.
- Curly 돌돌 말린 卷曲
  찻잎의 외형이 귀뚜라미나 잠자리의 머리처럼 나선형으로 빽빽하게 돌돌 말린 형태를 가리킨다.

③ 편형차(扁形茶) : 찻잎의 말린 모양이 곧거나 외형이 편평(扁平)한 차
- Flat and straight 평평하고 꼿꼿한 平直
  찻잎의 말림이 평평하여 매끈하고 꼿꼿한 것을 가리킨다. 여린 정도가 좋은 편형 녹

차류의 정차(精茶) 외형 설명에 많이 사용한다.

- Flat and even 평평하고 균일한 平伏

  찻잎의 입상(粒狀)이 균일하여 매끈하고 시료 접시에 놓았을 때 기복이 없는 것을 가리킨다. 편형의 고급차 외형 설명에 많이 사용한다.

- Flat and smooth 평평하고 정연한 平整

  찻잎의 모양이 평평하고 정연한 것을 가리킨다. 편형의 고급 녹차에 많이 사용한다.

- Shrink 접히고 주름진 折皺

  편차의 잎이 납작하지 않고 접혀 구김이 있는 것을 가리킨다. '추절(皺折)'이라고도 하며, 보통 굵고 늙은 편형차의 외형 설명에 사용한다. 예를 들면 5급 절강용정차(浙江龍井茶)는 잎이 접혀지고 구김살이 쉽게 난다.

- Flat and smooth 납작하고 매끄러운 扁平光滑

  찻잎이 곧고 납작하면서 평탄하고, 밝고 매끈매끈한 것을 가리킨다. 용정차 중 우수한 품등의 차를 설명할 때 주로 사용한다.

- Irregular flat 불규칙하게 납작한 扁條

  찻잎이 불규칙하게 겹쳐서 납작하고 길쭉하게 비벼진 형태를 가리킨다. 어린 잎과 늙은 잎이 뒤섞여 있거나 위조나 살청을 제대로 하지 않은 것에서 많이 나타난다.

- Flat and fragmentary 납작하면서 조각난 扁片

  굵고 늙은 편형의 부스러기차[片茶] 외형 설명에 주로 사용한다.

- Sharp and flat 납작하고 뾰족한 扁削

  찻잎이 납작하여 곧고 매끄러우며 끝이 창과 같이 뾰족한 것을 가리킨다. 어린 정도가 양호한 편형차의 외형 설명에 주로 사용한다.

- Flat 편평한 扁平

  찻잎이 납작하며 곧고 평탄한 것을 가리킨다. 예를 들면 서호용정의 외형은 편평하고 매끄럽다.

- Flat and thin 납작하고 오그라진 扁瘠

  찻잎의 납작한 모양이 선명하고 잎이 오그라지고 야윈 것을 가리킨다. 저급 차와 편차(片茶)에서 많이 나타난다.

- Board and flat 넓적하게 눌린 寬條/寬鬆/寬扁
  잎이 과도하게 눌려서 납작하면서 비교적 넓고 성기게 말린 것을 가리킨다. 느슨하거나 넓적하다는 뜻의 관송(寬鬆)이나 관편(寬扁)이라고도 한다.
- Round leaf with oval cross section 둥글넓적한 渾條
  찻잎의 말린 형태가 곧고 조금 납작하며 횡단면이 선명한 타원형인 것을 가리킨다. 잘못 덖은 편형의 초청녹차에서 많이 나타난다.

④ 쇄차(碎茶)
- Graining appearance 과립상 顆粒狀
  부서진 녹차와 홍차의 외형이 둥근 알갱이 모양인 것을 가리킨다. 단, 원래 말린 모양이 과립형인 주차(球茶)는 잎이 완전하지만 홍쇄차나 녹쇄차는 잎이 부서진 상태를 말한다.
- Flaky 편상 片狀
  부서진 녹차 중 잘 비비지 않았거나 제대로 말리지 않아 느슨하게 펼쳐진 찻잎 조각과 창 없이 잎만 단일하게 있는 상태를 가리킨다. 저급 차의 특성이다.
- Powder 분말상 粉末狀
  과립이나 부서진 정도가 아니라 가루 모양인 것을 가리킨다.

(3) 광택에 따라
- Bright and clean 밝고 맑은 光潔
  찻잎 외형에 광택이 많은 것을 가리킨다. 예를 들면 경차색(經車色)의 찻잎은 모두 비교적 밝고 맑다.
- Bright and smooth 밝고 매끄러운 光滑
  형태가 평평하고 매끄러우며 표면이 평활한 것을 가리킨다. 예를 들면 서호용정차의 찻잎은 밝고 매끄럽다.
- Silky 밝고 윤기 있는 光亮
  찻잎에 윤기가 돌아 반지르르하고 밝은 것을 가리킨다. 예를 들면 안휘성의 노죽대

방차(老竹大方茶)는 외형이 편평하며 밝고 윤기가 난다.
- Bloomed 윤기 있는 光潤

  찻잎의 색이 밝고 윤기가 있는 것을 가리킨다. 예를 들면 1급 특진은 외형에 광택이 있고 빛깔에 윤기가 있다.

(4) 여린 정도와 두께, 비벼 말린 상태, 잡질 정도에 따라

- Tender and even 여리고 균일한 嫩勻

  찻잎이 여리면서 크기가 일정한 것을 가리킨다. 고급 홍차 및 녹차의 마른 찻잎과 우린 잎의 형태를 설명할 때 주로 사용한다.

- Tender stem 연한 줄기 嫩莖

  싹 끝과 서로 연결되거나 잎이 없는 차 줄기를 가리킨다. 찻잎의 외형이나 우린 잎 설명에 사용한다.

- Fat and tender 통통하고 여린 肥嫩

  싹이 선명하게 노출되어 찻잎 끝이 뾰족하고 뚜렷하며 살이 도톰하면서도 늙거나 거칠지 않은 여린 잎으로 만든 것을 가리킨다. 고급 명우녹차와 대엽종 고급 홍차의 찻잎 외형과 우린 잎을 설명하는 용어이다.

- Fat and bold 통통하고 튼실한 肥壯

  창(槍)이 통통하고 크며, 잎도 도톰하고 두꺼워 찻잎의 전체적인 형태가 풍만한 모습을 가리킨다. 찻잎의 외형과 우린 잎을 설명할 때 사용한다.

- Even 균제한 勻齊

  찻잎의 형태와 크기가 균일하고 정연한 것을 가리킨다. 대부분 고급 차의 외형과 우린 잎을 설명할 때 주로 사용한다. 예를 들면 황산모봉(黃山毛峰)은 균일하고 정연한 솜털이 선명하게 보이는 것이 특징이 있다.

- Even and Clean 균정한 勻淨

  찻잎의 크기가 균일하고 줄기와 기타 잡질이 없는 것을 가리킨다. 찻잎의 외형과 우린 잎을 설명하는 용어로, 채다와 제다방법이 양호한 좋은 차의 외형을 설명할 때 사용한다.

- Dark dull 오조/암조 烏條/暗條

  신선한 잎에 보라색 싹을 섞어서 제조한 녹차를 가리킨다. 암조(暗條)라고도 하며, 품질이 비교적 열등한 녹차의 특성을 설명할 때 사용한다.

- Red rib 붉은 잎맥 紅筋

  찻잎의 외형 중 홍차를 문지르고 절단하여 찢겨진 잎맥 조직을 가리킨다. 하등의 홍쇄차에서 많이 나타난다.

- Red stalk 붉은 줄기 紅莖

  홍차 중에서 잎사귀가 떨어져 나간 줄기나 녹차 중의 붉은 줄기를 가리킨다. 하등의 홍차나 잘못 제조된 녹차에서 많이 나타나며, 찻잎이나 우린 잎을 설명할 때 사용한다.

- Stalky 줄기가 노출된 露莖

  찻잎에 선명하게 줄기가 노출된 것을 가리킨다. 채다한 찻잎을 거칠게 아무 곳에나 보관하거나 외형이 거칠거칠하고 줄기가 달린 찻잎에서 많이 볼 수 있다.

- Short and broken 짧고 부스러진 短碎

  찻잎이 부스러진 것이 많으며 끊어져 싹이 없는 것을 가리킨다. 조형차(條形茶)를 지나치게 문지르거나 너무 힘 있게 분쇄하여 만들었을 때 나타나는 특성이다.

- Short and blunt 짧고 무딘 短禿/短鈍

  찻잎이 끊어져 짧고 싹이 떨어져 끝이 무딘 것을 가리키며, 단둔(短鈍)이라고도 한다. 찻잎의 외형 설명 용어로, 비교적 거칠고 성긴 모차(毛茶)에 많이 사용한다.

- Large 큼직한 粗大

  찻잎의 외형이 정상적인 규격보다 큰 것으로 적절하게 배합하여 제다하지 않은 것을 가리킨다. 예를 들면 찻잎이 너무나 큼직하고 표준 요구에 부합되지 않는다.

- Coarse 거칠고 질긴 粗老

  거칠고 늙은 잎으로 만든 찻잎의 외형과 우린 잎을 설명할 때 사용한다.

- Coarse and loose 거칠고 성긴 粗松/粗條

  찻잎이 여리지 않고 비벼 말린 정도도 엉성하여 성기고 가벼운 것을 가리킨다. 조밀하지 않다는 뜻의 '조대(粗大)'와 함께 정상적인 규격보다 큰 것을 의미하기도 한다. 대부분 하등의 조형차 외형 설명에 사용하는데, 예를 들면, 4급 차는 너무나 거칠고 성겨서 반드시 찻잎을 선별하여 정형(整形)하고 찻잎을 팽팽하게 말아야 한다.

- Coarse and straight 거칠고 가벼운 空鬆/空泡

  잎이 거칠고 크며 가볍고 찻잎이 물에 뜨는 것으로, 공포(空泡)라고도 한다.

- Coarse and bold 굵고 튼실한 粗壯

  찻잎이 큼직하고 비교적 단단한 것을 가리킨다. 비교적 살찌고 육질이 무거운 중, 하등차의 찻잎 외형 설명에 많이 사용한다.

- Ragged 조잡한 粗雜

  차를 제조할 때 늙은 잎과 여린 잎이 섞여 있는 것을 가리킨다.

- Rough 거친 粗糙/毛糙

  찻잎이 매끄럽지 않고 정밀하지 못한 것을 가리키는데, 거칠거칠하다는 의미의 '모조(毛糙)'라고도 한다. 제다 방법이 거칠고 기술이 저급한 제품의 외형을 설명할 때 사용한다. 예를 들면, 가마에서 잘 젓지 않은 용정차는 외형이 비교적 거칠다거나 미차(眉茶) 정제 과정에서 휘저으며 볶지 않으면 찻잎이 거칠거칠해 보인다.

- Yellow broken 노황의 露黃

  여린 찻잎 중에 비교적 늙은 황색의 부서진 조각들이 섞여 있는 것을 가리킨다. 주로 깨끗하게 고르지 못하고 늙은 잎과 여린 잎이 섞인 녹차에 많이 나타난다.

- Overgrown stalk 노백경/노로경 露白梗/露老梗

  이미 목질화된 차줄기가 섞여있는 것을 가리키며, 늙은 줄기가 섞여 있다는 의미의 노로경(露老梗)이라고도 한다. '변차(邊茶)'나 깨끗하게 고르지 못한 반제품차에서 볼 수 있다.

- Uneven 노눈혼잡 老嫩混雜

  완성된 찻잎 중에 여린 것과 늙은 것이 섞여 있는 것을 가리킨다. 찻잎의 외형과 우린 잎을 설명할 때 사용한다.

- Mixed broken and dusty 쇄차가 많이 섞인 碎茶多

  부스러기와 가루가 많이 섞여 있는 차를 가리킨다. 일반적으로 완성된 차의 외형이 16번 체 이하의 부스러기인 쇄차나 24번 체 이하의 가루차가 섞여 있는 것으로, 너무 오래 살청했거나 덖을 때 너무 적은 양을 솥에 넣었거나 기계 회전수가 20번을

넘었을 경우에 주로 나타난다.

- Broken tea 편차 片茶

  줄기와 잎이 분리된 조각 잎차를 가리킨다. 안휘의 육안과편(六安瓜片)이 여기에 해당된다.

- Mixed broken 편차가 많이 섞인 片茶多

  차의 외형에 찻잎 조각이 많은 것을 가리킨다. 살청이나 위조가 약하게 되었거나, 너무 강하게 유념했을 때, 그리고 생엽 중에 여린 잎과 늙은 잎이 혼합되었을 때 주로 나타난다.

- Mixed 화잡 花雜

  찻잎의 색깔이 난잡하고 깨끗하지 못하며, 크기가 일정하지 않고, 잡물질이 섞여 있는 것을 가리킨다. 찻잎 외형과 우린 잎을 설명할 때 사용한다.

- Adulterant 협잡물 夾雜物

  찻잎 중에 섞여 있는 차 아닌 다른 잡질로, 진흙, 모래, 톱밥, 철사 및 기타 식물의 가지와 잎 등을 가리킨다.

(5) 표면의 솜털 정도에 따라

- Hairy tip 이호 茸毫

  찻잎 표면에 백호(솜털)가 많은 것을 가리킨다. 차의 품종, 찻잎의 여린 정도, 제다과정에 따라 찻잎 표면의 백호 유무나 그 양이 달라지는데, 대부분 여리고 도톰하며 솜털이 많은 잎으로 제다한 명우녹차의 특징이다.

- Golden tip 금호 金毫

  대엽종으로 제다한 고급 홍차 표면에 난 솜털을 가리킨다.

- Tippy 백호가 선명하게 드러난 披露

  찻잎 표면에 미세한 백호(白毫)가 매우 선명하게 드러나 있는 모습을 가리킨다. 고급 명우녹차의 특징 중 하나로, 찻잎의 외형 설명에 사용한다.

- Tippy 선명한 솜털 顯毫

  마른 차의 여린 싹에 솜털이 선명하게 보이는 것을 가리킨다.

- Hairy tip 호첨/눈첨 毫尖/嫩尖

  완성품 차에 단단하고 무거운 과립이 있으며 뾰족한 솜털이 선명하게 노출된 것을 가리킨다.

(6) 크기에 따라

- Upper level tea 상단차 上段茶

  완성된 차를 4~5번 체로 선별했을 때 체 위에 남아 있는 차를 가리키는데, 면장차(面張茶)라고도 하며, 대부분 잎이 크다.

- Middle level tea 중단차 中段茶

  찻잎의 크기가 상단차와 하단차 중간으로 대부분 6~8번 체로 선별한 차를 가리킨다.

- Lower level tea 하단차 下段茶

  상단차보다 찻잎의 크기가 좀 작은 것으로 대부분 10번 이하의 체로 선별한 차를 가리킨다.

(7) 외형 색택(色澤)에 따라

- Frosty 기상 起霜

  녹차의 표면이 깨끗하고 매끄러우며 은회색의 광택이 나는 것을 가리킨다. 차를 덖을 때 찻잎과 솥의 마찰로 광택이 나도록 덖은 정제차(精製茶)에 많이 사용하는 외형 설명 용어이다. 예를 들면 특급 진미차는 찻잎이 곧고 단단하게 비벼 말렸으며 윤기 있는 녹색에 은회색의 광택이 나는 것이 특징이다.

- Green bloomed 녹윤 綠潤

  윤기 있는 선명한 녹색을 가리킨다. 상급 녹차의 찻잎 외형과 우린 잎의 색태 설명에 많이 사용한다.

- Viridity 취록색 翠綠/綠翠

  비취처럼 신선하고 푸른빛을 띠는 녹색을 가리킨다. 비취색이라고도 하며, 고급 명우녹차의 찻잎 외형과 우린 잎 설명에 많이 사용한다.

- Bright green 선록색 鮮綠

  밝고 산뜻한 녹색을 가리킨다. 찻잎의 외형과 우린 잎 설명에 많이 사용하며, 건조 상태와 여린 정도가 우수한 고급 명우녹차에서 많이 나타난다.

- Tender green 눈녹색 嫩綠

  금방 자라난 버들잎과 같이 신선함이 느껴지는 엷은 녹색을 가리키며, 찻잎의 외형과 차의 탕색, 그리고 우린 잎의 빛깔을 설명할 때 사용한다. 예를 들면 찻잎의 외형은 가늘고 여리며 눈녹색을 띠고, 탕색과 우린 잎도 밝은 눈녹색이다.

- Grass green 연녹색 草綠

  풀빛 녹색을 가리키며, 주로 백차의 찻잎 색깔 설명에 사용한다.

- Grayish green 회록색 灰綠

  회백색을 띤 녹색을 가리킨다. 덖을 때 솥에서 충분히 휘저어 광택을 낸 차에서 많이 나타나는데, 만일 기계로 가공한 진미차(珍美茶)가 회록색을 띤다면 이것은 좋은 품등에 속하지만, 수공으로 작업한 덖음차가 회록색을 띠는 경우에는 낮은 품등에 속한다.

- Blackish green 흑록색 墨綠

  녹차의 경우, 마른 찻잎 색깔이 짙은 녹색인 것을 가리키며, 중급의 녹차에서 많이 볼 수 있는데, 차를 덖을 때 솥에 기름을 너무 많이 바르면 이런 색이 나타난다.

  백차일 경우에는, 찻잎에 깊은 녹색이 적고 광택이 나며 검은 빛이 어리는 것을 가리킨다.

- Light yellow 현미색 糙米色

  연한 녹색에 엷은 노랑색을 띤 것을 가리킨다. 예를 들면, 이른 봄 항주에서 생산하는 특급 '서호용정'의 빛깔을 묘사하는데 사용하며, 찻잎의 자연적인 품질과 관계있다. 또한 용정차를 제조할 때 가마를 휘젓는 단계에서 온도를 지나치게 높여 찻잎의 색깔이 노랗게 변하게 하여 인위적으로 현미색을 만들었을 때에도 사용하는데, 이러한 차는 품질이 나쁘고 센 불에 의한 노화(老火)와 족화(足火) 향미가 난다.

- Dry yellow 고황색 枯黃

  색이 누렇고 광택이 없는 것을 가리킨다. 굵고 늙은 잎으로 만든 낮은 등급의 녹차에서 많이 나타난다.

- Dry brown/Dry auburn 고종색/고갈색 枯棕/枯褐
  어둡고 광택이 없는 마른 종려나무색을 가리킨다. 크고 늙은 잎으로 만든 품질이 낮은 홍쇄차(紅碎茶)에서 많이 나타난다.
- Dry grey 고회색 枯灰
  광택 없는 마른 회색을 가리킨다. '고황색'과 마찬가지로 굵고 늙은 잎으로 만든 낮은 등급의 녹차에서 많이 나타난다.
- Greyish white 회백색 灰白
  백색을 띠는 연한 회색을 가리킨다. 충분히 휘저어 볶은 고급 녹차의 찻잎 외형 색깔을 설명할 때 사용한다.
- Silvery grey 은회색 銀灰
  찻잎이 연한 회백색을 띠고 약간의 광택이 있는 것을 가리킨다. 외형이 완정하고 솜털이 많으며 녹색 빛이 나는 고급 홍청형이나 반홍반초형의 명우녹차 색택 표현에 많이 사용한다.
- Green with silver sprout 은아녹엽 銀芽綠葉
  백차에서 창은 은빛이고 잎은 녹색으로, 흰빛에 녹색을 띠는 것을 가리킨다.
- Silver white 은백색 銀白
  찻잎에 하얀 솜털이 덮혀 있어 광택이 있는 것을 가리킨다. 호첨차(毫尖茶)와 같은 백차 찻잎에서 많이 나타나며, 도톰하게 살찐 잎 전체에 솜털 무성한 '백호은침'과 같은 고급 백차의 외형과 색택 설명에 사용한다.
- White 백색 白色
  백차의 찻잎 외형 설명에 사용하는 용어이다.
- Brownish blue 갈청색 褐青
  청색과 갈색이 뒤섞인 것으로, 광택이 나고 신선하고 맑다. 청차의 찻잎 외형과 색택을 설명할 때 사용한다.
- Three-colored leaf 삼절색 三節色
  청차의 마른 찻잎이 가지는 녹색, 끝 부분은 황록색, 잎 중간은 검은색을 띠고 있으며 깊은 홍색이 어린 것을 가리킨다. 세 가지 색깔이 나서 삼절색이라 한다.

- Black gloomed 오흑유윤/오윤 烏黑油潤/烏潤

  표면이 매끄럽고 반지르르하게 윤기가 도는 짙은 검은색을 가리킨다. '새까만[烏黑]'과 함께 중엽이나 소엽의 여린 찻잎으로 만든 고급 홍차의 마른 찻잎 색택을 설명하는데 사용한다.

- Black glossy 흑윤 黑潤

  빛깔이 검고 광택이 있는 것을 가리킨다. 보통 중급 홍차의 외형 색깔을 설명하는데 사용한다.

- Blacky 오흑 烏黑

  짙은 검은 색을 가리킨다. 중엽이나 소엽의 여린 찻잎으로 제조한 홍차의 마른 찻잎 색택을 설명하는데 사용한다.

- Brown bloomed 종윤 棕潤

  종려색에 반지르르 윤기가 도는 것을 가리킨다. 여름 차와 가을 차 중에서 여린 정도가 양호한 대엽종 홍쇄차에서 많이 볼 수 있다.

- Brownish auburn 종갈색 棕褐

  종려색이 나며 약간 갈색에 치우친 것을 가리킨다. 찻잎의 외형, 탕색, 우린 잎의 색택 설명에 사용한다.

- Brownish red 종홍색 棕紅

  종려색이 나는 붉은색을 가리킨다. 대엽종 홍쇄차의 마른 찻잎의 색깔 중 하나로, 찻잎의 외형 뿐 아니라 탕색, 우린 잎의 색택 표현에도 사용한다.

- Bluish brown 청갈색 靑褐

  갈색 바탕에 푸른 기운이 도는 것을 가리키며 흑차의 외형 설명에 사용한다.

- Blackish auburn 흑갈색 黑褐

  검은색에 치우친 갈색을 가리킨다. 흑차의 찻잎 외형과 탕색, 우린 잎의 색택을 설명할 때 사용한다.

- Yellowish brown 황갈색 黃褐

  누르스름한 빛이 도는 갈색을 가리키며, 흑차의 외형을 설명할 때 사용한다.

- Greyish olive 잿빛올리브색 灰橄欖色
  잿빛이 감도는 감색을 가리키며, 흑차의 외형 설명에 주로 사용한다.
- Old dark color 진암색 陳暗
  마른 찻잎이나 탕색, 우린 잎이 광택을 잃고 빛깔이 어두워진 것을 가리킨다. 묵은 차나 습기로 인해 차의 색택이 변화된 것을 설명할 때 사용한다.
- Greyish dull 암회색 灰暗
  광택 없는 어두운 회색을 가리킨다. 차를 덖을 때 바람이 없고 습기가 차서 찻잎의 색이 변한 상태를 나타내거나, 도톰한 여린 찻잎이 약하게 살청되어 차즙이 찻잎 표면에 흡착되면서 덖일 때, 쇠솥과 마찰하면서 색이 변한 상태, 차를 덖어서 건조할 때 온도가 낮고 시간이 너무 길어서 나타나는 찻잎의 색을 설명할 때 사용한다.

(8) 기 타

- Suitable tightness 긴도합격 緊度合格
  압제한 차의 느슨하고 팽팽한 정도가 적합한 것을 가리키는 말로, 긴압차(緊壓茶)의 외형 묘사에 사용한다. 예를 들면 특별히 제조한 복전(茯磚)은 외형이 매끄럽고 반듯하며 찻잎의 말린 정도인 긴도가 적합하다.
- Cleanness 깨끗한 정도 淨度
  찻잎의 형태, 크기, 부서진 정도, 건조 상태, 잎이나 줄기 이외의 이물질 혼합 유무 등 전체적으로 균일하고 깨끗한 정도에 대해 평가하는 것을 가리킨다.
- Strong 웅장한 雄壯
  찻잎의 외형이 크고 살쪘으며 싹이 굵고 튼실하며 잎살이 탱탱하고 두툼한 것을 가리킨다. 상등의 전홍(滇紅) 품질을 설명할 때 많이 사용한다.
- Normal 단정한 端正
  크기와 길이가 고르고 일정하며 형태가 정연한 찻잎의 외형 설명에 많이 사용한다.
- Unsymmetry 비례가 맞지 않는 脫檔
  찻잎을 상단, 중단, 하단의 3단으로 선별하여 배합할 때 비례가 맞지 않게 배합된 완성품 차의 외형을 설명할 때 사용한다. 예를 들면, 1급 진미(珍眉)는 4~5구멍의 상단차를 위주로 하고 다시 6~8구멍의 중단차와 적은 양의 10구멍 내외의 하단차로 구성해야 한다. 그런데 세 단계 차 가운데 임의의 한 부분이 너무 많거나 혹은 너무 적으면 비례가 맞지 않는 차가 된다.

- Black mould multiplication 검은 곰팡이가 핀 黑毒滋生

  전차(磚茶)에 세균이 대량으로 번식한 상태를 가리키는 찻잎의 외형 설명 용어이다.

- Yellow flower bolssoming 황화무성 黃花茂盛

  '황화' 란 금황색의 관돌구세균포자(冠突曲毒菌袍孢子)를 말하는데, 이것이 복전차(茯算茶)에 가득 피어난 것을 가리킨다. 높은 등급의 복전차 품질을 설명할 때 사용한다. 예를 들면 9~10월경에 생산한 특급 복전차의 대부분은 황화가 만개한 '황화무성'을 특징으로 한다.

- Scorch batch 초반 焦斑

  얼룩이나 반점과 같이 살청 온도가 너무 높아 찻잎이 눋거나 탄 흔적을 가리킨다. 마른 찻잎과 우린 잎의 외형을 설명할 때 사용하는 용어이다.

- Brownish/Sallow 초황 焦黃

  황색을 많이 띠며 잎이 마른 것처럼 탄 것을 가리킨다. 주로 녹차에서 많이 나타나며, 초건(炒乾)이나 홍건(烘乾)에서 온도가 높아 유기물이 타기 시작한 차에서 볼 수 있다. 이러한 차는 향기나 맛에서 신선하고 맑은 정도가 떨어지고 불에 탄 냄새나 화기가 나는데, 황대차(黃大茶)나 하급의 오룡차를 제외하고는 품질 불합격 차이다.

- Hard 중실한 重實

  찻잎을 손바닥에 놓고 무게를 달았을 때 무거운 느낌이 드는 것을 가리킨다. 조형차에서는 여린 잎으로 긴밀하게 잘 비벼 말린 고급차의 특징에 해당하며, 과립형 차의 경우에는 보편적인 특징이다.

- Body 몸체 身骨

  찻잎 외형 술어로 찻잎이 가볍고 무거운 것을 가리킨다. 살집이 도톰하고 여린 생엽으로 만든 차는 차에 무게감이 있어 품질이 좋은 것으로 평가되고, 찻잎이 가벼우면 비교적 나쁜 것에 해당한다. 이렇듯 찻잎이 가볍고 무거운 것은 생엽의 늙고 여린 정도에 의해 결정된다. '여린 것이 무겁고 늙은것은 가볍다(嫩者種 老者輕).'

2. 탕색 품평 용어

차탕(茶湯)이란 찻잎을 우리거나 혹은 액체를 추출해낸 것을 말하며, 차탕에 대한 검사에는 탕색(湯色)과 맛이 포함된다. 탕색은 관능검사를 통해 품평하는 항목 중 하나로, 눈으로 품평완 안에 담겨 있는 차탕 색깔을 분별해 내는 것을 말한다. 탕색의 품평 항목에는 빛깔, 밝은 정도, 혼탁도 등이 포함된다.

(1) 빛깔

- Yellowish Green 황록색 黃綠

  녹색 중 황색을 띠는 것으로, 등황색을 가리킨다.

- Bluish green 청록색 靑綠

  맑은 녹색을 가리킨다.

- Dark blue 청암색 靑暗

  푸르고 어두운 것을 가리킨다.

- Apricot yellow 아황색 杏黃/鵝黃

  선명하고 연한 노란색을 가리킨다. 황차나 찻잎의 여린 정도가 좋고 보관 시간이 비교적 긴 명우녹차의 탕색과 우린 잎의 색택 설명에 많이 사용한다.

- Pale yellow 천황색 淺黃

  어둡지 않고 해맑은 노란색을 가리킨다. 여린 정도가 좋고 맛이 그다지 신선하지 않은 고급 녹차에서 많이 나타난다.

- Bright yellow 밝은 노란색 黃亮

  밝고 맑은 노란색을 가리킨다. 향기가 순정하고 맛이 순수하고 진한 고급 및 중급 녹차와 보관시간이 비교적 오래 된 명우녹차에서 많이 볼 수 있다. 탕색과 우린 잎의 색깔을 설명할 때 도사용한다.

- Bright yellowish green 밝은 황록색 黃綠明亮

  맑고 밝고 신선한 노란 빛을 띠는 녹색을 가리킨다. 고급 및 중급 녹차의 탕색과 우린 잎 색택 설명에 많이 사용한다. 예를 들면 수공으로 제조한 1급 홍청차는 향이 순수하고 시원하며 탕색과 우린 잎이 모두 밝은 황록색을 띤다.

- Light bright 밝고 맑은 淺亮

엷고 밝아 맑은 것을 가리킨다. 대부분의 백차와 이른 봄에 여린 잎으로 제조한 명우녹차의 탕색 설명에 많이 사용한다.

- Tender yellow 눈황색 嫩黃
  옅은 황색을 가리킨다. 건조 과정에서 불의 온도가 비교적 높았거나 그다지 신선하지 않은 명우녹차의 탕색과 우린 잎의 색택 설명에 많이 사용한다.
- Golden yellow 금황색 金黃
  밝고 황금 같은 빛깔이 나는 것을 가리킨다. 발효가 비교적 경미한 청차의 탕색을 설명할 때 많이 사용한다.
- Orange yellow 등황색 橙黃
  붉은 색이 살짝 감도는 오렌지빛 황색을 가리킨다. 살짝 산화된 청차의 탕색에서 많이 나타난다.
- Bluish yellow 청황색 靑黃
  푸른빛을 띠는 황색을 가리킨다.
- Bright red 밝은 홍색 紅亮
  밝고 붉은 홍차의 탕색을 가리킨다. 고급 홍차는 우린 잎의 색택이 선명하고 붉고 고르다.
- Reddish 심홍색 深紅
  약간 어둡고 가라앉은 느낌의 깊은 홍색을 가리킨다.
- Dull red 암홍색 紅暗/暗紅
  어둡고 검은 홍색 또는 탁하고 진한 흑홍색을 가리킨다. 발효가 지나치거나 수분 함량이 너무 높고 보관시간이 너무 긴 홍차에서 많이 나타나며, 탕색과 우린 잎의 색택 설명에 사용한다.
- Red liquor 홍탕 紅湯
  담황색을 띠는 것을 가리킨다. 홍차의 제조 공정이 적절하지 않았을 때 나타나는 탕색이다.
- Brilliant red 염홍색 艶紅
  산뜻하고 선명하며 밝은 홍색을 띠는 투명한 탕색과 우린 잎을 설명하는 용어이다.

찻잔 안벽에 금테모양이 선명하게 보인다. 홍차의 우린 잎은 통통하고 여리며 빛깔은 밝은 홍색을 띠고 산뜻하고 보기 좋다.

- Scarlet 선홍색 鮮紅

  밝고 산뜻한 홍색을 띠는 탕색과 우린 잎을 설명하는 용어이다. 홍차의 우린 잎은 통통하고 여리며 빛깔은 밝은 홍색을 띠고 산뜻하고 보기 좋다.

- Rosy 장미빛 홍색 玫瑰紅

  탕색과 우린 잎을 설명하는 용어로, 붉은 장미의 꽃잎과 같은 자홍색이 선명하게 보인다.

- Golden ring 금테 金圈

  차탕 표면과 품평완 안벽에 둥그런 황금빛 테가 선명하게 둘려져 있는 것을 가리킨다. 탕색이 선홍색인 상등 홍차에서 많이 볼 수 있다. 예를 들면 운남(云南), 광서, 광동, 해남 등에서 생산된 여름과 가을철 고급 홍쇄차의 탕색을 말한다.

- Light red 옅은 홍색 淺紅

  차의 탕색이 붉지만 선명하지 않은 것을 가리킨다. 낮은 품질이나 제대로 발효되지 않은 홍차에서 많이 나타난다.

- Pink 분홍색 粉紅

  붉은색과 흰색을 섞어 형성된 색깔로 홍차에 우유를 넣은 후 나타나는 탕색의 일종을 가리킨다. 고급 품질의 신선한 홍쇄차는 차황소(茶黃素)와 차 폴리페놀(茶多酚)류 물질의 함량이 비교적 높다. 예를 들면 여름, 가을철에 생산한 CTC 홍차는 차탕에 우유를 넣으면 선명한 분홍색을 띤다.

- Ginger yellow 강황색 薑黃

  홍차(紅茶)의 탕색으로 우유를 넣은 후 나타내는 탕색의 일종을 가리키며, 담황색이라고도 한다. 차황소와 차 폴리페놀의 함량이 비교적 낮은 소엽종 홍쇄차에 우유를 넣어 그 탕색을 평가할 때 많이 나타난다.

- Cream down 식은 후 흐려지는 冷後渾

  식은 홍차에 갈색 유탁형의 응고제가 형성된 것을 가리킨다. 이것은 홍차가 식었을 때 형성되는 것으로, 폴리페놀과 카페인 등의 화합물이 비교적 낮은 온도인 15℃ 이하에서 합성된 물질인데 다시 가열하면 원래의 밝고 붉은 투명한 상태를 회복한다. 카테친이 많이 함유된 우수한 대엽종 홍쇄차에서 많이 나타난다.

- Milky white 유백색 乳白

  우유를 넣은 홍차의 탕색을 가리킨다. 맛이 담백하고 품질이 조금 떨어진 소엽종 홍쇄차에서 많이 볼 수 있다.

- Brownish yellow 종황색 棕黃

  노란색을 띠는 빛깔이 연한 갈색을 가리키는데, 탕색과 우린 잎의 색택을 설명하는 용어이다. 홍쇄차는 제다 과정에서 시들고 경미하게 발효되며 또 빠른 건조과정을 거쳐 탕색과 엽저는 대부분 짙은 고동색을 띠는데, 살짝 발효된 대엽종 홍쇄차는 종황색을 띤다.

- Reddish brown 홍갈색 紅褐

  붉은 색을 띠는 갈색을 가리킨다. 탕색과 우린 잎을 설명하는 용어로, 과도하게 산화된 낮은 품질의 홍차에서 많이 볼 수 있다.

- Chestnut auburn 밤갈색 栗褐

  탕색이나 우린 잎의 색을 설명할 때 사용하는 것으로, 짙은 종갈색을 가리킨다. 발효가 지나치거나 보관 시간이 너무 긴 홍차에 사용한다. 예를 들면, 향과 맛은 여리고 탕색과 우린 잎은 선명한 밤갈색을 띤다.

(2) 밝고 혼탁한 정도

- Fresh bright 선명 鮮明

  차탕이 신선하고 밝은 것을 가리킨다. 홍청이나 반홍반초의 명우녹차와 같이 품질이 우수한 차의 탕색 설명에 사용한다.

- Brilliant 선염 鮮艶

  차탕이 선명하고 산뜻한 것을 가리킨다. 오염이 없고 아름다운 것으로 고급 홍차와 명우녹차의 탕색 설명에 많이 사용한다.

- Clear lacking 맑고 투명한 清澈

  맑고 투명한 것을 가리킨다. 고급 홍청녹차의 탕색 설명에 많이 사용한다. 예를 들면 황산모봉(黃山毛峰)은 탕색이 맑고 투명하다.

- Light bright 천량한 淺亮

  엷고 밝아 맑은 것을 가리킨다. 대부분의 백차와 이른 봄에 여린 잎으로 제조한 명우녹차의 탕색 설명에 많이 사용한다.

- Clean 명정한 明爭

  탕색이 투명하고 맑고 깨끗한 것을 가리킨다. 차를 우려냈을 때 한 번에 우러나는 침전물의 양이 비교적 적은 것으로 고급차나 일부 티백의 탕색을 설명할 때 사용한다.

- Bright 명량한 明亮

  차탕이 매우 맑고 투명한 것을 가리킨다. 우린 잎이 신선하고 맑으며, 색깔이 선명하고 균일한 것으로, 품질이 특히 우수한 차의 탕색과 우린 잎을 설명할 때 사용한다.

- Plain and thin 옅은 淺薄

  차탕 중 수용성 물질 함량이 비교적 적어 농도가 낮은 탕색을 가리킨다. 보통 하등 홍차와 아직 성숙하지 않은 싹으로 제다한 녹차의 탕색 설명에 많이 사용한다.

- Turbid 혼탁한 混濁

  혼탁한 물질이 비교적 많고 투명도가 나쁜 탕색을 가리킨다. 유념이 너무 많이 된 차나 거칠고 깨끗하지 않은 하급품 차에서 많이 볼 수 있다.

3. 향기 품평 용어

- Fresh flavor 눈향 嫩香

  부드럽고 신선하고 온화하며 차 솜털 냄새인 호차(毫茶) 향이 나는 것을 가리킨다. 정제한 고급 공부홍차와 명우녹차의 향기 설명에 많이 사용한다.

- Fresh 청향 淸香

  맑고 순하며 상쾌하고 싱그러운 냄새를 가리킨다. 솜털이 많은 여린 잎으로 만든 홍청차의 특유한 향기이며, 고급 녹차의 향기 설명에 많이 사용한다.

- Tender chestnut flavor 밤 향 板栗香 / 嫩栗香

익은 밤의 단내와 같은 달콤한 향기를 가리킨다. 제조 과정에서 불의 온도가 적절한 고급 녹차 및 복정(福鼎)의 차나무 생엽으로 만든 고급 녹차에서 이러한 향기가 난다.

- Tender and fresh 부드럽고 신선한 細膩
  신선하고 부드러우며 향기롭고 향이 오래가는 것을 가리킨다. 대부분 여린 생엽으로 잘 만든 차의 향기를 설명할 때 사용한다.

- Seasonal flavor 계절향 季節香
  어느 한 시기에 차를 따서 생산한 차에서 나는 특수한 향기를 가리킨다. 예를 들면 광동(廣東) 영덕에서 9월 중순부터 10월 중순까지 생산한 특급 서호용정차(西湖龍井茶)는 특수한 올리브향을 갖고 있다. 이런 '특별한 향'은 시기성이 있는 향기로 보통 '계절향'이라고도 한다.

- Regional flavor 지역향 地域香
  특정한 지역에서 생산한 고급차에서 나는 향기를 가리킨다. 지역향은 재배지역의 환경으로 인해 형성되는 특수한 향기로, 예를 들면 운남에서 생산된 홍차에서는 사탕 향기가, 서호용정차에서는 특유의 맑은 향기가 난다.

- Varietal flavor 품종향 品種香
  차나무의 품종에 따라 나는 독특한 향기를 가리킨다. 예를 들면 운남 대엽종으로 만든 녹차의 품종향은 밤향기이다.

- High and sensitive/High aroma 향기가 짙고 강한 高銳
  코를 찌르는 듯 강하고 예리한 향기를 가리킨다. 보통 고급차의 향기 설명에 많이 사용한다. 예를 들면 품질이 뛰어난 녹차는 향기가 진하고 예리하며 맛이 신선하고 순수한 것이 특징이다.

- High and strong 짙고 농후한 高郁
  짙고 농후한 향기를 가리키며, 고급차에 많이 사용한다.

- High aroma 짙고 오래가는 高長
  짙은 향기가 오래 동안 지속되는 것을 가리킨다.

- Dark fragrance 선농 鮮濃
  향이 짙고 상쾌하며 오래 지속되는 것을 가리킨다.

- Clean and high 맑고 그윽한 淸高

  맑고 그윽한 향기를 가리킨다. 살청 후 빠른 건조 과정을 거친 홍청형과 반홍반초형 고급 녹차 향기를 설명하는 용어이다.

- Gentle flowery flavor 그윽한 향기 幽香

  향기가 우아하고 오래도록 그윽한 것을 가리키며, 난향(蘭香)이 난다.

- Seaweed flavor 해조향/미 海藻香/味

  다시마나 김과 같은 해조류와 이끼향의 맛과 향기를 가리킨다. 일본에서 생산되는 고급 증제 녹차(蒸製 綠茶)의 향기와 맛을 설명하는 용어이다.

- Rich 농후한 濃郁

  향기가 진하고 오래가는 것을 가리킨다. 특히 청차에서 차의 종류별로 특수한 향기가 짙게 풍기는 것을 설명할 때 사용한다.

- High aroma 향기가 진한 香高

  차향과 꽃향이 짙은 것을 가리킨다. 고급차의 향기 설명에 많이 사용한다. 예를 들면 품질이 좋은 수제(手製) 녹차는 향기가 진하고 맛이 순수하다.

- Tieguanyin flavor 음운/관음향 音韻/觀音韻

  철관음(鐵觀音) 특유의 우아한 향기를 가리킨다. 위조와 교반이 알맞게 되어 발효가 경미하고 제조기술이 좋은 고급 철관음에서 많이 나타난다. 예를 들면 특급 철관음은 음운이 길고 맛이 시원하고 내질이 좋다.

- Pumpkin flavor 남과향 南瓜香

  잘 익은 생호박과 같은 냄새를 가리킨다. 고급 홍청녹차 중 일부에서 어느 정도 시간이 경과했을 때 생성되는 특수한 냄새를 설명할 때 사용한다.

- Sweet aroma 첨향 甛香

  사탕처럼 달콤한 향기와 같은 단내를 가리킨다. 제조할 때 불기운[火功]이 적당한 고급 홍차에서 나는 향기를 설명할 때 사용한다. 또한 홍차가 너무 발효되었을 때에도 이 향기가 난다.

- High-fired flavor 고화향 高火香

  콩 볶은 냄새와 비슷한 향기를 가리킨다. 높은 온도에서 건조하여 제조한 찻잎은 센 불에 탄 냄새가 난다. 고화향에 대한 평가는 지역에 따라 다른데, 산동 지방에서는 찻잎에 적당한 탄 냄새가 나는 것을 선호하지만, 강소, 절강, 상해 일대에서는 이런 향기가 나는 것을 좋아하지 않는다.

- Pure 순정한 純正

  향이 정상적이고 순정한 것을 가리킨다. 특별하게 돌출한 것도 없고 좋지 않은 것도 없는 중급의 차 향기를 설명할 때 사용한다.

- Coarse grassy 강한 풀 비린내/맛 粗靑味/氣

  비교적 강한 풀 비린내를 가리킨다. 질기고 늙은 풀 맛(냄새)으로. 살청이 제대로 되지 않은 저급 녹차나 위조와 발효 정도가 낮은 저급 홍차의 향기와 맛을 설명할 때 사용한다.

- Scorched smell 연초향/맛 煙焦味/氣

  살청할 때 찻잎이 부분적으로 타면서 아직 완전히 재가 되지 않았을 때 나는 냄새와 솥에서 눋는 냄새를 가리킨다. 대부분 살청 온도가 지나치게 높아 일부가 타면서 내는 연기가 찻잎에 흡수되어 나는 약간 탄 냄새로, 차의 향기와 맛을 설명할 때 사용한다.

- Pungent 톡 쏘는/매운 辛辣

  자극성이 강하여 톡 쏘는 듯 매운맛이 나는 것을 가리킨다. 보통 여름과 가을에 생산한 하등 녹차와 홍차의 향기와 맛을 설명할 때 사용한다.

- Smoke smell 담배향/맛 煙味/氣

  찻잎을 불에 쬐어 말리는 과정에서 연료가 타면서 방출하는 연기가 찻잎에 흡착되어 나는 잡냄새를 가리킨다. 일반적으로 홍건(烘乾) 기계에서 연기가 새어 나오거나 연료인 나무가 타면서 내는 연기로 인한 잡냄새나 맛을 설명할 때 사용한다.

- Pure and normal 순화 純和

  향기가 순수하고 정상이나 진하지는 않은 것을 가리킨다. 주로 중하급 차의 향기를 설명하는데 사용한다.

- Degree of firing 화공 火功

  건조과정에 사용한 불의 강약과 그 정도를 향기와 맛으로 파악하여 설명하는 것을 가리킨다. 예를 들면 화공이 딱 알맞고 향기가 짙고 맛이 순수하다. 화공이 너무 세어 향기와 맛에서 약간 탄 맛이 난다. 화공이 부족하면 향기가 가라앉고 풀 비린내와 같은 떫은맛이 난다.

- Caramel odor 화향 火香

  찻잎이 솥에서 약간 눌 때 나는 단내를 가리킨다. 대개 찻잎을 건조시키는 과정에서 불에 쬐거나 볶는 온도가 좀 높아 조성된 것으로, 지역에 따라 화향에 대한 선호도가 달라진다. 예를 들면 산동 일대에서는 화향이 조금 나는 녹차를 향기가 좋은 것으로 평가하지만, 강서, 절강, 상해 등지에서는 이와 반대이다.

- Soggy 물비린내/맛 水悶氣/味

  오랫동안 물에 담가두어 나는 비릿하고 불쾌한 냄새와 맛을 가리킨다. 빗물에 젖은 생엽으로 제조하거나 유념한 찻잎을 오래 쌓아두고 제때에 건조시키지 않았을 때 생기는 냄새와 맛을 나타낸다.

- Charcoal odor 목탄 냄새/맛 木炭氣/味

  일종의 잡냄새로 나무를 태울 때 나는 연기를 흡수한 찻잎에서 나는 향과 맛을 가리킨다. 홍롱(烘茏)으로 건조한 녹차에서 많이 것이며, 찻잎의 특수한 맛 중 하나이다.

- Plastic odor 비닐 냄새/맛 塑膠氣/味

  일종의 잡냄새로 밀랍과 같은 유기물 냄새를 가리킨다. 보통 비닐 주머니로 포장한 작은 포장 찻잎에서 많이 나며, 또한 찻잎의 특수한 맛 중의 하나이다.

- Lime taste 석회 냄새 石灰氣

  석회를 건조제로 하여 찻잎을 보관할 때 석회냄새가 흡착되어 조성된 찻잎 특유의 향이다.

- Scorched/Burnt 탄내/맛 焦氣/味

  일종의 잡냄새로, 생엽이 고온에서 빠른 속도로 수분을 잃고 초화(焦化)되면서 나는 냄새와 맛을 가리킨다. 일반적으로 높은 온도에서 덖은 녹차에서 많이 나타나며, 품평 중에도 우린 잎이 뻣뻣해지면서 검은 색을 띠는 것을 볼 수 있다.

- Greenish 풀 비린내/맛 生靑

  풀 비린내와 같은 냄새와 맛을 가리킨다. 차를 만드는 과정에서 생엽에 함유된 화학

성분이 제대로 전이되지 않았을 때 나는 냄새로, 여름과 가을에 거친 생엽으로 살청한 녹차나 위조 시간이 짧거나 발효가 부족한 홍차에서 많이 나타난다.

- Flat/Thin 연하고 엷은 平薄 또는 貧薄

  향기와 맛이 약하거나 담담하고 품질이 빈약한 것을 가리킨다. 살집이 여위고 얇은 찻잎으로 만든 차의 향기와 맛을 설명할 때 많이 사용한다.

- Neutral 순한 平和

  향과 맛이 거칠거나 농후하지 않고 순하며 잡냄새가 없는 것을 가리킨다. 하등 차의 향기와 맛을 설명할 때 사용한다.

- Thin aroma 빈약하고 엷은 貧乏

  향이 미약하고 맛도 담담하고 부족한 것을 가리킨다. 대부분 중하급 차의 향기와 맛을 설명할 때 사용한다.

- Over-fired 노화향/미 老火香/味

  누룽지 눌 때 나는 것과 같은 단내와 맛을 가리킨다. 솥의 온도가 너무 높아 찻잎에 함유된 탄수화합물이 약간 눌면서 전화될 때 나는 단 냄새와 맛을 설명할 때 사용한다.

- Final firing flavor 족화향 足火香

  찻잎이 솥에서 약간 눌면서 나는 단내 섞인 탄 냄새를 가리킨다. 현미색을 내는 용정차와 같이 건조 온도가 비교적 높은 제품에서 나는 냄새를 설명하는 용어이다.

- Sun-exposed taste 일쇄향/미(햇볕에 쬐인 향기/맛) 日曬氣/味

  삶아 말린 늙은 죽순 냄새와 같은 잡냄새로, 유념한 찻잎을 일광 또는 햇볕에 노출하여 생성된 향기와 맛을 가리킨다.

- Peculiar smell 잡냄새 異氣

  차 냄새가 아닌 다른 냄새를 가리킨다. 찻잎 향기에 기타 잡냄새가 섞여 있는 것과 가공 후 보관이 제대로 되지 않았을 때 생성되는 좋지 않은 냄새를 설명하는 용어이다.

- Stewed 둔숙한 鈍熟

  차 본래의 맛을 잃어 신선하고 개운함이 부족한 것을 가리킨다. 보관시간이 너무 길어 습기 찬 생엽으로 제다한 녹차와 발효가 지나친 홍차의 향기와 맛을 설명할 때 많이 사용한다.
- Brassy odor 구리냄새 銅杲氣/味
일종의 잡냄새로, 찻잎이 구리 등의 제품과 접촉했을 때나 끓인 물에서 나는 구리냄새를 가리킨다. 대부분 기계에서나 새 물주전자를 사용했을 때 나타나는 향기와 맛을 나타낼 때 사용한다.
- Fresh 솜털향 毫香
백호(솜털)가 많은 어린 찻잎에서 나는 특별한 향기를 가리킨다. 대부분 명우녹차와 고급 홍차의 향기를 설명할 때 사용한다.
- Oil odor 기름 냄새/맛 機油氣/味
가공과정 중 찻잎이 기계기름과 접촉하면서 밴 기름 냄새와 맛을 가리킨다.
- Musty 곰팡이 냄새/맛 陳毒氣/味
찻잎에 곰팡이가 피어 변질되었을 때 나는 냄새와 맛을 가리킨다. 함수량이 10%보다 크고 또한 세균의 성장에 적합한 환경에서 보관하였을 때 홍차, 녹차, 화차에 오랜 곰팡이 냄새가 난다. 이런 제품은 하등품으로 인정한다. 그러나 "보이차(普洱茶)", "육보차(六堡茶)"에서 나는 특수제조 기술을 거쳐 형성된 오랜 곰팡이 냄새를 심사 평가할 때는 "오래 된 향기"(陳香), "오래된 좋은 냄새"(陳香味)라고 한다. 이는 이런 종류의 차가 반드시 갖고 있어야 할 향기이다.
- Aging aroma 묵은 냄새 陳香
보관시간이 너무 길거나 습기 찬 곳에 보관한 찻잎에서 나는 향기와 맛을 가리킨다.

4. 맛 품평 용어

- Tea taste 차 맛 茶味/滋味
우린 후 찻잎 자체가 갖고 있는 맛을 가리키며, 다른 물질과 섞은 찻잎의 맛을 설명할 때 많이 사용한다.
- Sweet, mellow and mild 신선하고 순수하고 부드러운 鮮醇柔和
신선하고 순수하며 단맛이 나면서 부드럽고 입맛에 맞는 것을 가리킨다. 일반적으로 최고급 명우녹차의 맛을 설명할 때 사용한다.

- Fresh and brisk 신선하고 상쾌한 鮮爽

  신선하고 그윽하며 상쾌하여 활력이 있는 듯 느껴지는 맛을 가리킨다. 명우녹차와 고급 홍쇄차의 맛을 설명할 때 사용한다.

- Fresh and mellow 신선하고 순수한 鮮醇

  신선하고 시원하며 달콤하고 순수한 맛을 가리킨다. 맛이 진하고 두터움을 느낄 수 있는 것으로, 대부분의 중상급 명우녹차와 수제 덖음차에 많이 사용한다.

- Fresh and pure 신선하고 순정한 鮮淳

  차탕의 함유물질이 풍부하여 맛이 신선하고 시원하며 달콤하고 순정하며 진한 것을 가리킨다. 고급이나 중급 녹차 및 홍차의 맛을 설명할 때 많이 사용한다.

- Fresh and sweet 신선하고 달콤한 鮮?

  신선하고 달콤한 맛을 가리킨다. 보통 액체차(液体茶)와 과일향차(果味茶)의 맛을 설명할 때 사용한다.

- Fresh and heavy 신선하고 농후한 鮮濃

  신선하고 농후하고 개운한 맛을 가리킨다. 고급 녹차와 홍쇄차에 많이 사용한다.

- Tender and brisk 여리고 시원한 嫩爽

  여리고 신선하며 입안이 상쾌해지는 개운한 맛을 가리킨다. 고급 명우녹차에 많이 사용한다.

- Tender and fresh 여리고 신선한 嫩鮮

  여리고 상쾌한 맛과 순하고 온화한 맛이 잘 어우러져 신선하고 그윽하게 느껴지는 것을 가리킨다. 고급 명우녹차에 많이 사용한다.

- Mellow and brisk 순하고 시원한 醇爽

  맛이 진해서 두터우면서도 순하고 개운하여 입안이 상쾌한 것을 가리킨다. 비교적 신선하고 맛이 풍족하여 입에 맞는 봄차의 맛을 설명할 때 많이 사용한다.

- Mellow and thick 순후한 醇厚

  진하고 두터우며, 잡맛이 없어 순수한 것을 가리킨다. 예를 들면 2급 진미차와 같이 중급 이상의 차와 일부 긴차(緊茶)의 맛 설명에 사용한다.

- Mellow and pure 순수하고 진한 醇正

  잡맛이 없어 순수하면서 어느 정도 진한 맛을 느낄 수 있는 것을 가리킨다. 대부분의 중급 차의 맛 설명에 사용한다.

- Mellow 순하고 부드러운 醇和

  약간 진한 듯 순하고 부드러운 맛을 가리킨다. 대부분의 중급 차의 맛 설명에 사용한다.

- Heavy and brisk 농후하고 시원한 濃爽

  농후하고 시원하며 신선한 맛을 가리킨다. 알맞게 발효된 정제한 고급 홍쇄차의 맛을 설명하는데 사용하며, CTC 홍차의 대부분은 맛이 농후하고 시원한 특징이 있다.

- Heavy and mellow 농후하고 진한 濃醇

  순수하고 개운하며 일정한 농도의 진한 맛이 있는 것을 가리킨다. 알맞게 발효된 고급 조형홍차(條形紅茶)나 발효가 좀 심한 홍쇄차 및 일부 녹차의 맛을 설명하는데 사용한다.

- Strong and astringency 농열한 濃烈

  일반적으로 맛이 매우 진하고 강력한 자극성이 있는 맛을 가리킨다. 이러한 맛은 운남 지방에서 여름과 가을에 생산한 고급 홍쇄차에서 많이 나타난다. 그 외에 여리고 살집이 도톰하며 두꺼운 잎으로 만든 덖음차나 미차(眉茶)에서 나는 맛을 설명할 때도 사용하는데, 이때의 '농열함'이란 차를 마신 후에는 쓰고 떫은 것을 느낄 수 있지만 입안에서는 쓰지 않고 맛이 진하면서 수렴성이 강하고 달콤 상쾌한 뒷맛이 있는 것을 가리킨다.

- Heavy and astringency 농후하고 떫은 濃澀

  농후하고 떫은맛을 가리킨다. 여름과 가을에 생산한 홍차와 녹차에서 많이 나타나는데, 위조와 발효가 부족한 홍쇄차나 살청이 부족한 녹차에서 나는 맛으로, 농후하고 떫은맛이 나는 차는 대부분 품질이 비교적 나쁜 것으로 평가된다.

- Strong strength and freshness 농후하고 강하고 신선한 濃强鮮

  맛이 농후하고 신선하고 시원하며 자극성이 있는 것을 가리킨다. 고급 홍쇄차의 맛을 설명하는 전문 용어이다.

- Heavy and strong 농후하고 강한 濃强

  맛이 농후하고 자극성이 있는 것을 가리킨다. 대엽종 홍쇄차에서 많이 나타난다. 예를 들면 여름과 가을에 광동(廣東)에서 생산한 대엽종 홍쇄차 폴리페놀 화합물 함량이 비교적 높아 맛이 농후하고 강하며 품질이 우수하다.

- Liquor strength 농강도 濃强度

  차 맛의 진하고 연한 정도를 가리킨다. 홍쇄차의 맛을 설명할 때 전문적으로 사용하며, 품질이 우수한 차는 농도와 강도가 알맞아야 한다. 차의 맛이 너무 진하거나 연한 것 모두 품질이 좋지 않은 것을 의미하는데, 폴리페놀 함량이 30%가 넘을 때에는 차의 맛이 비교적 진하고 적을수록 맛이 엷어진다. 일반적으로 여름과 가을에 만든 녹차는 대부분 맛이 진하고, 봄에 만든 홍쇄차는 맛이 엷어 모두 품질이 떨어진다고 할 수 있다.

- High and brisk 개운한 高爽

  깨끗하고 개운한 맛을 가리키며, 홍쇄차의 맛 설명에 많이 사용한다.

- Fresh 맑고 시원한 淸爽

  농도가 적합하여 맑고 신선하여 입안이 상쾌해 지는 맛을 가리킨다.

- Lacking 청담한 淸淡

  맛이 시원하고 부드럽고 담백한 것을 가리킨다. 여린 정도가 양호한 덖음 녹차의 맛을 설명할 때 사용한다.

- Raw taste 생미 生味

  생 비린내와 쓰고 떫은맛을 가리킨다. 위조와 발효가 부족한 홍차, 여름과 가을에 제조한 녹차 중 살청이 덜 된 차에서 나는 맛을 설명할 때 사용한다.

- Raw and astringency 생삽 生澁

  생엽에 함유한 물질이 제조과정에 충분히 전화되지 않아 비리고 떫은맛을 가리킨다. 여름과 가을에 제조한 녹차 중 살청이 덜 된 것, 위조와 발효가 부족한 홍차, 시아니딘(Cyanidin) 성분이 많아 자주색을 띠는 생엽으로 제조한 차에서 나는 맛을 설명하는데 사용한다.

- Sweet aftertaste 쓴맛 뒤에 단맛이 나는 苦後回甘

차탕이 입안에 들어온 후 먼저 쓴 맛이 나고 곧바로 이어서 단맛이 나는 것을 가리킨다. 대부분 맛이 진하면서 입안이 상쾌해지는 차에서 주로 난다. 예를 들면 고정차(苦丁茶)는 쓴 맛 뒤에 달콤한 맛이 나는 특징이 있다.

- Sweet and pure 달콤하고 순수한 甛淳
  맛이 순수하면서 단맛이 나는 것을 가리킨다.
- Sweet and gentle/Sweet and smooth 달고 순한/달고 촉촉한 甛和/甛潤
  달고 순하며 그윽한 맛을 가리킨다. 홍차, 황차 등의 맛을 묘사하는데 주로 사용한다. 예를 들면 황차의 일종인 군산은침의 맛은 달고 순한 것이 특징이다.
- Sweet and bitter 달고 쓴 甛苦
- Pungency 자극성 刺激性
  차를 마실 때 미각에 자극을 주는 정도를 가리킨다. 예를 들면 고급 대엽종 홍쇄차는 비교적 강한 자극성이 있다.
- Lasting (뒷)맛이 오래가는 味長
  뒷맛이 비교적 오랫동안 남아있는 것을 가리킨다. 고급차의 맛 설명에 많이 사용한다. 예를 들면 서호용정차는 차가 맑고 상쾌하며 그 맛이 오래간다. 기문홍차는 달콤하고 순수한 맛이 오래간다.
- Strong 강한/진한 맛 味强/味濃
  맛이 농후하고 자극성이 강한 것을 가리킨다. 대부분 여름과 가을에 대엽종으로 만든 홍차와 녹차의 맛 설명에 많이 사용한다. 그런데 진한 맛에 대한 평가는 차의 종류나 소비지역에 따라서 달라진다. 예를 들면 운남(云南)과 해남(海南)지역에서 여름과 가을에 생산하는 홍쇄차의 맛은 아주 농후하다. 홍쇄차 중 맛이 농후한 것은 일반적으로 좋은 차에 속한다. 그러나 녹차의 경우에는 꼭 그렇다고 말할 수 없다. 특히 명우녹차는 맛이 너무 농후한 것을 꺼린다.
- Lightt 연한 맛 味淡
  물에 우러나는 물질의 함량이 적어 차탕의 맛이 희박한 것을 가리킨다. 즉 차 맛이 밋밋하고 엷으면서 향이 입안에 머무는 시간이 비교적 짧다. 질기고 늙은 차를 사용한 하급 차에서 많이 나타난다. 예를 들면 전지한 가지와 잎으로 제조한 차는 일반적으로 매우 연한 맛이다.

- Fresh 신선한 맛 味鮮

  차가 신선하고 그윽하며 맛과 향이 조화를 이루어 매우 맛있는 것을 가리킨다. 대부분 명우녹차의 맛을 설명할 때 사용한다.

- Thin 엷은/싱거운 맛 味薄

  맛이 밋밋하고 담담하며, 맑고 부드럽지만 약한 것처럼 전체적으로 맛이 엷은 것을 가리킨다. 싱겁다 라고도 하며, 농도와 강도가 낮아 연하고 부드럽다는 의미의 '평담(平淡)', 담백하다는 의미의 '청담(清淡), 연약하다는 의미의 연약(軟弱)과 동의어이다.

- Bitter and astringency 고삽한/쓰고 떫은 苦澀

  맛이 쓰고 떫은 것을 가리킨다. 위조와 발효 정도가 낮고, 차의 폴리페놀 함량이 아주 높은 대엽종 홍쇄차와 여름과 가을에 제조한 일부 대엽종 녹차에서 많이 나타나는 맛이다.

- Bitter 쓴맛 苦味

  쓴맛을 가리킨다.

- Tasting sensation 입맛 口感/口味

  맛을 내는 물질이 입안에서 미각세포를 자극시켜 형성되는 감각으로 맛에 대한 종합적인 평가용어로 대부분 차의 맛이 좋을 때 사용한다. 예를 들면 차맛이 괜찮다 혹은 느낌이 좋다고 한다.

- Metallic taste 금속 맛 金屬味

  특수한 맛 중 하나로, 철 이온(ferrous ion)이 과다하게 섞여 있을 때 형성되는 금속 맛의 잡냄새를 가리킨다. 대부분 새로 안장한 수도관이나 솥에 받아 놓은 물에서 나는 철 비린내가 여기에 해당된다.

- Sense of taste 맛의 농도 口勁/滋味濃度

  차탕의 농도가 미각에 주는 자극성의 정도를 가리킨다. 예를 들면 북경, 천진(天津), 산동(山?)과 같은 북방지역에서는 일반적으로 '구경(口勁)'으로 맛의 농도를 표시하지만 남방에서는 직접 '맛의 농도[滋味濃度]' 라고 한다.

- Stewed 둔숙한 鈍熟

    본래의 맑고 싱그러움의 정도가 지나친 맛으로, 발효정도가 강해서 익은 향과 맛이 나면서 신선하고 개운함이 부족한 것을 가리킨다. 여린 잎을 오랫동안 쌓아 놓아 공기가 잘 통하지 않았거나 보관시간이 너무 길어 습기 찬 생엽으로 제다한 녹차와 발효가 지나친 홍차의 향기와 맛을 설명할 때 많이 사용한다.

- Pungent 매운 辛/辛辣

    톡 쏘는 듯한 매운 맛과 향을 가리키며, 자극성이 강하다. 대부분 여름과 가을에 제조한 하급 녹차나 홍차의 맛과 향을 설명할 때 사용한다.

- Pungent astringency 맵고 떫은 辛澁

    진하고 떫으며 순수하지 않은 맛을 가리킨다. 단일하게 약간 떫은 자극성만 갖고 있다. 여름, 가을철의 하등 홍, 녹차(綠茶)에서 많이 볼수 있다.

- Sour 신맛/시큼한 맛 酸味

    비교적 많은 수소이온을 함유한 찻탕의 맛을 가리킨다. PH농도가 4.5보다 작은 각종 과일 맛 나는 액체차(液體茶)의 맛을 설명할 때 많이 사용한다.

- Sour astringency 시고 떫은 酸澁
- Soggy 물비린내/맛 水悶氣/味

    오랫동안 물에 담가두어 나는 비릿하고 불쾌한 냄새와 맛을 가리킨다. 빗물에 젖은 생엽으로 제조하거나 유념한 찻잎을 오래 쌓아두고 제때에 건조시키지 않았을 때 생기는 냄새와 맛을 나타낸다.

- Ripe taste 익은 맛 熟味

    신선하고 시원한 감이 부족하고 익은 맛이 나며 습기 냄새가 나서 유쾌하지 않은 맛을 가리킨다. 이러한 차는 빨리 우려지지 않으며, 제조 공정에서 찻잎에 공기가 제대로 통하지 않았거나 습기 먹은 명우녹차나 지나치게 발효되고 보관시간이 너무 긴 홍쇄차에서 많이 나타나는 맛이다.

- Overripe taste 너무 익은 맛 熟悶味

    그다지 부드럽지 않고 텁텁하며 습기냄새와 같은 불쾌한 냄새가 나는 개운하지 않은 맛을 가리킨다. 차를 뜨거운 온도에서 익힌 것과 같은 맛이다.

- Greenish 풀 비린내/맛 生青

  풀 비린내와 같은 냄새와 맛을 가리킨다. 차를 만드는 과정에서 생엽에 함유된 화학성분이 제대로 전이되지 않았을 때 나는 냄새로, 여름과 가을에 거친 생엽으로 살청한 녹차나 위조 시간이 짧거나 발효가 부족한 홍차에서 많이 나타난다.

- Peculiar odor 잡맛 異味

  이상한 잡냄새의 총칭으로, 차 맛 중에 다른 이물질의 냄새와 맛이 나는 것을 가리킨다. 대부분 가공이나 보관이 잘못 되었을 때 발생하는 맛이다.

- Coarse and weak/Coarse and thin 거칠고 엷은/옅은 粗淡/薄

  거칠고 엷은 맛을 가리킨다. 주로 저급 차의 맛을 설명할 때 사용한다.

- Harshness 거칠고 떫은 粗澀

  떫고 거칠며 생 비린내가 나는 맛을 가리킨다. 여름과 가을에 제조한 저급 차의 맛을 설명할 때 사용한다. 예를 들면 여름차인 5급 초청차는 향기와 맛이 거칠고 떫다.

- Green and astringency 비리고 떫은 青澀

  생풀 냄새와 같은 비린내가 나면서 떫고 순하지 않은 맛을 가리킨다. 대부분 여름과 가을에 제조한 차 중 살청이 덜 된 녹차와 위조, 유념, 발효가 부족한 홍차의 맛을 설명할 때 사용한다.

- Gone-off 맛을 잃어버린 走味

  차가 본래의 신선한 맛을 잃어버린 것을 가리킨다. 묵은 차와 습기 찬 곳에서 보관한 차의 맛을 설명할 때 사용한다.

- Scorched smell 탄내 焦味

  일종의 잡냄새로, 생엽이 고온에서 빠른 속도로 수분을 잃고 초화(焦化)되면서 나는 냄새와 맛을 가리킨다. 일반적으로 높은 온도에서 덖은 녹차에서 많이 나타나며, 품평 중에도 우린 잎이 뻣뻣해지면서 검은 색을 띠는 것을 볼 수 있다.

- Flat 평박 平薄/貧薄

  연하고 엷은 맛을 가리킨다. 생육환경이 척박한 땅에서 자란 차나무 잎으로 만든 차의 맛과 향의 특성이다.

- Plain 평담 平淡

- Neutral 순한 平和

    향과 맛이 거칠거나 농후하지 않고 순하며 잡냄새가 없는 것을 가리킨다. 하등 차의 향기와 맛을 설명할 때 사용한다.

- Thicky 맛이 풍부하고 진한 厚實

    화학성분이 풍부하여 잡스러운 것 없이 순하고 진하면서 두터운 맛을 가리킨다. 대부분 고급과 중급의 홍차와 녹차의 맛을 설명할 때 사용한다.

- Dry taste 구수한 맛 火味

    건조과정에서 가마 온도 혹은 불에 쬐는 온도가 너무 높아 찻잎중의 부분적 유기물이 전화되어 발생한 콩을 볶은 듯한 맛을 가리킨다. 우리나라 덖음차의 맛이 여기에 해당하며 '구수하다'고 표현한다.

- Suitable sweet and sour taste 새콤달콤한 정도가 알맞은 甛酸適度

    당도와 산도가 적절하게 조화를 이뤄 달고 새콤한 맛이 나는 것을 가리킨다. 당과 구연산 등을 첨가한 PH지수 4.5~5.5 정도의 액체차(液體茶) 음료의 맛을 설명할 때 많이 사용한다. 예를 들면 레몬홍차는 새콤달콤한 정도가 알맞고 비교적 맛이 좋다.

- Empty 밋밋한 맛 乏味

    차 맛이 담담하고 농도와 강도가 모자라는 것을 가리킨다. 품질이 낮은 하등 홍차에서 많이 나타난다.

- Papery 종이 맛 紙異味

    찻잎의 특수한 맛 중의 하나이다. 찻잎이 종이제품에 오염되어 이상한 잡냄새가 나는 것으로, 보통 종이로 포장한 찻잎에서 많이 난다. 보관 시간이 긴 주머니차는 대부분 종이 맛이 난다.

- Minty 박하 맛 薄荷味

    찻잎에 향정(香精)의 일종인 박하를 넣어 시원한 맛이 나는 것을 가리킨다. 북아프리카와 같은 지역에서는 찻잎에 박하를 넣어 마시는 습관이 있다.

- Mild 부드럽다 柔和

    맛이 온화하고 부드러운 것을 가리킨다. 고급 명우녹차의 맛 설명용어로 사용한다.

- Flavor rhythm 韻味

차를 마시고 난 후 입안에 남아 있는 맛의 여운을 가리키는 것으로, 청차의 맛을 평가할 때 전문적으로 사용하는 용어이다. 예를 들면 복건의 북쪽에서 생산한 무이암차는 '암운(岩韻)'을 갖고 있고 복건의 남쪽에서 나는 철관음은 '음운(音韻)'을 갖고 있다. 각종 우아한 맛은 일정한 지방특징을 갖고 있다.

- Flowery flavor 꽃향기 맛 花香味
차탕의 맛이 신선하며 생화 향기가 나는 것을 가리킨다. 고급 명우녹차와 비교적 발효가 약한 홍쇄차와 일부 청차에서 많이 볼 수 있다. 그러나 어떤 녹차는 신선한 잎을 채집할 때 기계에 손상을 받아 약간 붉은 색으로 변하며 꽃향기 맛이 나는 경우도 있다.

5. 우린 잎 품평 용어

- Brilliant 밝고 선명한 鮮亮
빛깔이 신선하고 밝아 선명한 것을 가리킨다. 신선하고 여린 정도가 양호하고 건조한 고급 녹차에서 많이 볼 수 있다.
- Bright green 밝은 녹색 綠明
녹색에 윤기가 나며 밝고 맑은 색을 가리킨다. 대부분 고급 녹차의 우린 잎의 색을 설명할 때 사용한다.
- Soft 유연한 柔軟
잎이 가늘고 여리며 부드러운 것을 가리킨다. 고급 홍차, 녹차, 화차(花茶)의 우린 잎 설명에 많이 사용한다.
- Tender 여리고 부드러운 柔嫩
잎이 여리고 부드러운 것을 가리킨다. 고급 명우녹차의 우린 잎 설명에 많이 사용한다. 예를 들면 무석호차(無錫毫茶)는 외형이 통통하고 여리며 우린 잎이 여리고 보드랍고 품질이 양호하다.
- Thin 얇은 單薄
잎에 살집이 없어 여위고 얇은 것을 가리킨다.

- Weak and thin 엽이 작고 얇은 葉張單薄

  엽장수박(葉張瘦薄)이라고도 하며, 창과 잎이 작고 여위어서 잎에 육질이 적은 것을 가리킨다. 대부분 성장력이 약한 소여종 생엽으로 만든 조형 녹차와 홍차의 우린 잎에서 많이 나타난다.

- Strong and Coarse 잎이 큼직하고 거친 葉張粗大

  찻잎이 큼직하고 거친 것을 가리키며, 보통 굵고 늙은 찻잎으로 만든 녹차와 홍차의 우린 잎)에서 나타난다.

- Red stalk and red leaf 홍경홍엽 紅梗紅葉

  녹차 우린 잎의 줄기와 잎이 부분적으로 암홍색을 띠는 것을 가리킨다. 살청 온도가 너무 낮거나 효소의 활성을 적절하게 억제시키지 못하면 부분적으로 찻잎의 폴리페놀이 산화되면서 물에 용해되지 않는 유색물질로 전화되어 찻잎 조직에 쌓여서 생기는 현상이다.

- Green leaf with red edge 녹엽홍양변 綠葉紅鑲邊

  청차(靑茶)의 우린 잎 색을 설명할 때 사용하는 전문용어로, 찻잎의 가운데 부분은 녹색을 유지하면서 가장자리에서만 붉은색이 도는 것을 가리킨다. 청자의 위조와 교반 공정에서 잎사귀의 변두리가 문질러 헤지면서 폴리페놀류 물질이 효소를 생성하여 산화를 촉진시켜 잎이 부분적으로 붉게 되면서 나타나는 현상이다. 잎의 가운데 부분은 기계에 의한 파손정도가 약하기 때문에 내함 물질이 약간만 산화되어 원래의 녹색을 유지하게 된 것이다.

- Red and even 균일하게 붉은 紅勻

  홍차의 우린 잎이 균일하게 밝은 홍색을 띠는 것을 가리킨다. 찻잎의 여린 정도가 좋고 잘 제다된 제품에서 나타난다.

- Whole shoot 아엽성잡 芽葉成雜

  창과 기가 가늘고 여리며 완정하면서 서로 연결되어 있는 것을 가리킨다. 대부분 홍청한 고급녹차의 우린 잎을 설명할 때 사용한다.

- Red rib 홍대 紅帶

  줄기와 잎의 연결부분이 붉은 색을 띠는 것을 가리킨다. 차를 채집하는 방법이 적합하지 않았거나 생엽을 펼쳐 널어놓은 시간이 너무 길었을 때, 그리고 부분적으로 자주색이 나는 찻잎으로 제조한 녹차의 우린 잎에서 나타난다.

- Firing uneven 생숙불균 生熟不勻

  늙은 잎과 여린 잎이 섞여있고 살청이 균일하게 되지 않은 차의 우린 잎을 설명할 때 사용한다.

- Greenish dull 청암색 青暗

  색이 어두운 녹색을 띠고 광택이 없는 것을 가리킨다. 여름과 가을에 거칠고 늙은 찻잎으로 제조한 녹차에서 많이 나타난다.

- Greenish leaf 늙고 푸른 잎 青張

  색이 진하고 명암이 고르지 못하며 비교적 늙은 푸른 잎이 끼어 있는 것을 가리킨다. 차를 제조할 때 거칠게 아무 곳에나 놓아두거나 늙은 잎과 어린잎을 섞어놓고 잘 비비지 않은 녹차와 잘 위조와 발효가 부족한 하등 홍차의 우린 잎에서 많이 나타난다.

- Greenish brown 청갈색 青褐/青褐

  푸른색을 띠는 어두운 갈색을 가리킨다. 일반적으로 저급 녹차의 우린 잎 색깔을 설명할 때 사용한다.

- Mottled green 화청색 花青

  남녹색 또는 홍색 바탕에 청색을 띠는 것을 가리킨다. 우린 잎이 푸른 남색 혹은 붉은 색에 청색을 띤다. 대부분 안토시안(花青素) 함량이 많아 잎이 자주색을 띠는 품종의 찻잎으로 제조한 녹차와 유념과 발효가 부족한 홍차의 우린 잎 색 설명에 많이 사용한다.

- Indigo blue 정청색/정감색 靛青/靛藍

  짙은 남녹색을 가리킨다. 안토시안(anthocyan, 花青素) 함량이 비교적 많은 보라색 찻잎으로 제조한 녹차는 탕색이 뿌옇고 향기가 익숙하지 않으며 비린내가 나고 맛이 진하고 떫은데, 특히 봄보다 여름에 제조한 차에서 많이 나타난다.

- Coppery 자주색 紫朱/紫銅色/紅紫色

  발효정도가 양호하고 일정하게 여린 잎으로 제조한 홍차의 우린 잎 설명에 많이 사용한다.

- Dry yellow 황숙 黃熟

  광도가 부족하고 밝지 않은 연한 황색을 가리킨다. 찻잎의 수분함량이 비교적 높을 때, 보관시간이 길거나 제조과정에 찌거나 건조하는 시간이 너무 길어 탈마그네슘 엽록소가 비교적 많은 고급 녹차의 우린 잎 색깔 설명에 많이 사용한다.

- Scorch edge 초변 焦邊

  찻잎 가장자리가 타서 검게 된 것을 가리킨다. 탄 가장자리라는 의미의 소변(燒邊) 이라고도 하며, 잎 가장자리가 이미 탄화되어 검게 변한 것이다. 대부분 살청 온도가 너무 높아 가장자리가 탄 찻잎으로 제조한 차의 우린 잎에서 많이 나타난다.

6. 종합 품평 용어

- Excellent 우수하다, 뛰어나다, 더 좋다 優

  대부분 정확하게 이것이라고 표현할 수는 없지만 전반적으로 품질이 좋을 때 사용한다.

- Fine 양호하다 良好

  만족감을 느끼게 할 때 사용하는 것으로, 보통 종합적인 평가에서 좋은 의미를 나타내는 용어와 함께 사용한다. 예를 들면 전체적으로 품질이 양호하다 내지는 전체적으로 탕색이 양호하다.

- Good 좋다 好

  '좋다', '적당하다' 와 같이 품질이 우량하여 좋을 때, 만족감을 느끼게 하는 것을 가리킨다. 명확하게 '이것이다' 라고 표현할 수는 없지만 품질이 좋고 괜찮을 때에 사용한다.

- Similar 상당하다, ~와 비슷하다 相當

  서로 비교하여 품질이 일치하는 것을 가리킨다. 즉 품질의 좋고 나쁨이 동일할 것을 의미하며, 대체로 표준 견본과 비교해서 품질을 평가할 때 사용한다.

- Fair 대등하다, ~와 같다고 할 수 있다 持平

  어떤 표준과 비교하여 서로 대등한 것을 의미한다. 여러 항목을 비교 평가한 후 종합적인 결과를 서술할 때 사용한다.
- Similar 비슷하다, ~와 같다 似/同

  흡사하거나 같을 때 사용한다. 예를 들어 외형이 서호용정과 비슷하다(또는 같다).
- Close to ~와 비슷하다, ~에 가깝다 接近

  서로 비교하여 차이가 크지 않거나 표준과의 차이가 분명하지 않은 것을 나타내며, 일반적으로 여러 항목을 비교한 후 얻은 종합적인 결과를 표시할 때 사용한다.
- Substandard 못하다, 차이가 난다 次

  비교적 나쁘다는 의미로 질 낮은 차의 품질이나 품등을 표시할 때 사용한다.
- Inferior 나쁘다, 좋지 않다 劣

  표준이나 기준에 미치지 못하는 상태를 가리킨다.
- Fake 가짜다, 아니다, 본래의 ~가 아니다 僞劣

  가모저질(假冒劣質)과 같이 가짜 상품이나 품질이 나쁜 것을 가리킨다. 대부분 내용물이 포장에 기재되어 있는 품질 표시와 다르거나 부합하지 않을 때 사용한다.
- High 높다 高

  일반적인 표준 혹은 평균수준 이상을 나타낼 때 사용한다.
- Low 낮다, 못하다, 적다 低

  일정한 표준 혹은 평균수준 이하를 나타낼 때 사용한다.
- Dark 진하다, 짙다 深

  짙은, 진한이라는 의미로 대부분 색의 깊이와 빛깔의 정도를 나타낼 때 사용한다.
- Light 연하다, 옅다 淺

  보통 색깔이 진하지 않은 것을 뜻하며, 탕색을 설명할 때 주로 사용한다.
- Strong 진하다, 강하다 强

  우월하다, 좋다는 의미로 대부분 서로간의 비교에 사용한다. 예를 들면 두 번째 차의 농도가 첫 번째 차보다 강하다.
- Low 약하다, 부적합하다, 못하다 弱/差

  어떤 기준에 못 미칠 때, 어떤 것이 부족할 때, 어떤 것보다 못할 때 사용한다. 예를 들면 이상한 냄새가 약하게 난다.

- Too 좋지 않다. 지나치다. 너무 嫌

  싫어하거나 불만족을 표시하는 것으로, 부정적인 의미의 단어와 함께 사용한다. 예를 들면 맛이 지나치게 무겁다.

- Rather 좀, 아직도 尚

  여전히 그러하다는 의미이지만, 일반적으로 '괜찮다'와 같이 좋은 의미를 뜻하는 단어와 함께 사용한다. 예를 들면 맛이 좀(아직도) 진하다.

- Less 부족하다, 모자라다 欠

  결점이 있거나 어떤 기준에 도달하지 못하고 부족한 것을 가리킨다. 주로 나쁜 뜻을 표현하는 단어 앞에 사용한다. 예를 들면 맛이 시원한 감이 부족하다.

- Obvious 뚜렷하다, 현저하다, 선명하다 顯

  '현저하게 볼 수 있는(顯而可見)'이라는 뜻으로, 눈으로 볼 때 뚜렷하고 분명하게 알 수 있을 것을 가리킨다. 예를 들면, 백호가 뚜렷하다(뚜렷하게 보인다) 또는 눈으로 보았을 때 비교적 많은[較多]것이 뚜렷하다.

- Rather 비교적 較

  상호간 혹은 평균수준과 비교할 때 일정한 정도의 차이가 존재하는 것을 가리킨다.

- Slight 좀, 약간 略

  정확하게 이것이라고 표현할 수 없지만 품질이 나쁘지 않을 때 주로 사용한다.

- Slight 조금, 약간 微

  약간, 연하다, 좀과 같이 어떤 인수 표현이 그다지 선명하지 않을 때, 즉 분명하게 구별할 수 없을 때, 분명하지 않은 상태를 나타낼 때 사용한다. 예를 들면 미약한 꽃향기가 조금 난다. 담배 탄 냄새가 조금 난다.

- Slight 조금, 좀 稍 또는 稍微

  '약간 차이가 있다[略有差異]'는 의미로 사용한다.

학습문제

1. 식품산업의 관능검사 목적이 아닌 것은?
   ① 신제품 개발   ② 품질관리 규격 제정
   ③ 소비자 관리   ④ 가격 경쟁

2. 차 품평 중 관능품평에 관한 내용으로 가장 알맞은 것은?
   ① 물리적, 화학적 방법이다.
   ② 전문인이 신체의 감각기관을 이용하여 찻잎의 품질을 검사하는 방법이다.
   ③ 객관적 방법이다.
   ④ 설비가 필요하다.

3. 차 품평 중 관능품평에 관한 내용으로 적합하지 않은 것은?
   ① 감관검험
   ② 개인차가 생기기 쉬운 심사법
   ③ 공정성   ④ 편리성

4. 차 품평의 목적은?
   ① 우수한 차 생산   ② 홍보 효과
   ③ 경쟁사 감시   ④ 가격 상승

5. 차 품평시 품평실 환경의 조건이 아닌 것은?
   ① 2층 이상 남향 구조
   ② 바닥재는 대리석, 나무, 타일이 적합
   ③ 조용하고 공해가 없는 곳
   ④ 건조한 곳

6. 차 품평도구 중 우려진 차의 색, 향, 맛, 우린잎을 심사하는 품평용구는?
   ① 샘플반   ② 건평대
   ③ 습평대   ④ 품평배

7. 차 품평도구 중 차를 우리고 향을 심사하는데 사용하는 원통형의 백자 잔형 다관은?
   ① 샘플반   ② 품평보조사발
   ③ 엽저반   ④ 품평배

8. 차 품평도구 중 차 시료를 담는 흰색 네모난 도구는?
   ① 품평반   ② 습평대
   ③ 엽저반   ④ 품평배

9. 다음 내용 중 틀린 것은?
   ① 차 품평시 수질이 약산성을 나타내면 탕색의 투명도가 좋다.
   ② 차를 평가할 때 물은 향기에만 영향을 미친다.
   ③ 차 품평시 펄펄 끓인 물은 짧은 시간 내에 빨리 사용한다.
   ④ 품평용수는 무취무미해야 한다.

10. 다음 내용 중 맞는 것은?
    ① 오래 끓인 물을 사용하면 좋다.
    ② 품평용수는 모든 물을 사용할 수 있다.
    ③ 새로 설치한 수도관은 철이온 함량이 비교적 많아 차를 우리면 탕색이 어둡다.
    ④ 품평시 수질이 약산성을 나타내면 어둡다.

11. 차 품평원의 자격으로 적합하지 않은 것은?
    ① 전문지식을 갖추어야 한다.
    ② 후각신경이 정상적이어야 한다.
    ③ 시력은 보통 1.5 이상이 가능하다.
    ④ 암내가 나지 않아야 한다.

12. 5인자품평법의 내용이 아닌 것은?
    ① 외형보기   ② 탕색
    ③ 향기   ④ 차나무

[정답] 1④ 2② 3③ 4① 5① 6③ 7④ 8① 9② 10③ 11③ 12④

13. 차의 관능검사 주요 순서가 바르게 나열된 것은?
    ① 외형 - 탕색 - 맛 - 향기 - 우린 잎
    ② 향기 - 맛 - 우린 잎 - 외형 - 탕색
    ③ 외형 - 탕색 - 향기 - 맛 - 우린 잎
    ④ 외형 - 우린 잎 - 향기 - 탕색 - 맛

14. 건평으로 평가하는 내용이 아닌 것은?
    ① 찻잎의 여린 정도   ② 찻잎 모양
    ③ 찻잎의 색상   ④ 차나무 품종

15. 습평에서 가장 먼저 심사하는 것은?
    ① 탕색   ② 맛
    ③ 향기   ④ 우린 잎

16. 습평에서 심사하는 내용이 아닌 것은?
    ① 탕색   ② 향기
    ③ 맛   ④ 마른 찻잎

17. 습평에서 탕색보기의 심사 내용에 해당하지 않는 것은?
    ① 색도   ② 명도
    ③ 탁도   ④ 온도

18. 습평에서 향기맡기에 대하여 바르게 설명한 것은?
    ① 엽저반을 손으로 잡고 코에 가까이 댄다.
    ② 품평배의 뚜껑을 열고 2~3초 동안 깊게 1~2번 숨을 들여 마신다.
    ③ 향기 심사는 한번에 끝낸다.
    ④ 향기를 맡을 때 품평배의 뚜껑을 활짝 연다.

19. 우린 잎의 찻잎 평가내용이 아닌 것은?
    ① 찻잎의 여린 정도
    ② 색의 균일성
    ③ 찻잎의 온전성
    ④ 맛의 자극성

20. 차의 성분 중 항산화 작용을 하는 성분은?
    ① 카페인   ② 불소
    ③ 카테킨   ④ 클로로필

21. 차의 성분 중 항산화 작용을 하는 비타민이 아닌 것은?
    ① 베타 카로틴   ② 비타민 C
    ③ 비타민 E   ④ 데아닌

22. 다음 설명 중 잘못된 것은?
    ① 찻잎의 수분 함량은 약 70~75% 정도이다.
    ② 차의 수분함량이 많을수록 품질의 변화가 없다.
    ③ 차의 수분 함량을 간단하게 측정하는 방법은 손으로 차를 비벼본다.
    ④ 카페인은 이뇨작용을 한다.

23. 다음 설명 중 잘못 된 것은?
    ① 녹차는 살청-유념-건조의 과정을 거친다.
    ② 벽라춘은 세눈초청녹차이다.
    ③ 용정차는 절강성에서 생산된다.
    ④ 안길백차는 백차류이다.

24. 녹차 제다과정에 대한 설명이 바르게 된 것은?
    ① 살청은 찻잎의 산화효소를 증가시킨다.
    ② 유념은 찻물의 침출을 용이하게 해준다.
    ③ 살청방법은 덖음 방법 밖에 없다.
    ④ 건조방법에 따라 초청, 홍청, 증청으로 나눌 수 있다.

[정답] 13 ③ 14 ④ 15 ① 16 ④ 17 ④ 18 ② 19 ④ 20 ③ 21 ④ 22 ② 23 ④ 24 ②

25. 초청녹차의 특징은?
   ① 제다과정이 모두 덖음솥에서 완성된다
   ② 흑차류의 모차(毛茶)이다.
   ③ 대표적인 차는 황산모봉이다.
   ④ 편초청은 둥글고 진주와 비슷하다.

26. 초청녹차의 특징이 아닌 것은?
   ① 형태에 따라 장초청, 원초청, 편초청으로 나눌 수 있다.
   ② 용정차는 윤기가 있고 매끈하다.
   ③ 탕색이 암홍색이다.
   ④ 건조방법에 따라 초청, 홍청, 쇄청으로 나눌 수 있다.

27. 다음 내용 중 바르게 설명된 것은?
   ① 녹차를 수증기의 열에 의해 살청하는 방법을 홍청살청이라 한다.
   ② '삼록(三綠)'은 마른 찻잎, 탕색, 우린 잎을 의미한다.
   ③ 쇄청녹차는 건조를 그늘에서 한다.
   ④ 세눈(細嫩)은 크고 센 잎을 의미한다.

28. 인류가 만들었던 최초의 제다법과 차의 종류는 무엇인가?
   ① 초청녹차 – 산차   ② 초청녹차 – 말차
   ③ 증청녹차 – 병차   ④ 증청녹차 – 단차

29. 다음 설명 중 특징이 다른 것은?
   ① 대표적인 차는 은시옥로, 일본 전차, 국내산 옥로차가 있다.
   ② 제다과정에 민황을 거친다.
   ③ 제다시 산화효소의 활동을 수증기의 열에 의해 중단시킨다.
   ④ 불발효차이다.

30. 다음 내용 중 바르게 된 것은?
   ① 녹차는 효소발효차이다.
   ② 황차는 선(先)발효차이다.
   ③ 살청 후에 일어난 발효를 완전발효라 한다.
   ④ 찻잎 속의 성분이 산화효소에 의해 산화되는 것이 차의 발효이다.

31. 다음 내용 중 바르게 된 것은?
   ① 홍차는 미생물발효이다.
   ② 황차는 살청 전에 일어나는 발효차이다.
   ③ 5인자품평법은 마른 잎 보기–탕색–맛–향기–우린 잎 순이다.
   ④ 녹차는 살청과정을 통해 차엽 속의 산화효소가 파괴된다.

32. 발효에 대한 설명으로 맞는 것은?
   ① 발효는 미생물 작용으로 유기물이 분해되어 해로운 물질이 생성되는 현상이다.
   ② 홍차의 색소 성분은 카테친류이다.
   ③ 차의 발효는 차엽 속에 있는 미생물에 의한 색 변화 및 화학 변화이다.
   ④ 효모, 세균, 곰팡이 등의 작용으로 유기물이 분해 또는 산화 환원하여 알코올이나 탄산가스 등으로 변하는 현상이다.

33. 다음 설명 중 틀린 것은?
   ① 찻잎 속의 성분이 산화되는 것이 발효이다.
   ② 차의 발효는 찻잎 속에 있는 데아플라빈에 의해서 일어난다.
   ③ 효모, 세균, 곰팡이 등의 작용으로 유기물이 분해 또는 산화 환원하여 알코올이나 탄산가스 등으로 변하는 현상이다.
   ④ 찻잎 속의 폴리페놀옥시다아제는 열을 가하면 파괴된다.

[정답] 25 ① 26 ③ 27 ② 28 ④ 29 ② 30 ④ 31 ④ 32 ④ 33 ②

34. 다음 중 설명이 바르게 된 것은?
    ① 녹차는 살청-유념-위조-건조의 과정으로 된다.
    ② 녹차는 살청 방법에 따라 초청, 홍청, 쇄청으로 분류된다.
    ③ 황산모봉은 대표적 세눈초청녹차이다.
    ④ 찻잎의 색 변화를 중단하는 과정이 살청이다.

35. 다음 설명 중 틀린 것은?
    ① 백차는 위조-발효-건조의 과정이다.
    ② 용정차는 대표적 세눈초청녹차이다.
    ③ 녹차의 제다과정이 덖음솥에서 모두 이루어지는 녹차를 초청녹차라 한다.
    ④ 군산은침은 호남성에서 생산되는 황아차이다.

36. 녹차의 제다과정 중 살청에 관한 설명으로 알맞은 것은?
    ① 생엽의 효소활동을 돕는다.
    ② 적당한 수분을 제거한다.
    ③ 아름다운 외형을 만든다.
    ④ 저장과 보관을 편리하게 한다.

37. 녹차의 제다과정 중 유념에 관한 설명으로 알맞은 것은?
    ① 생엽의 산화를 방지한다.
    ② 아름다운 외형을 갖게한다.
    ③ 폴리페놀 산화를 막아 녹색을 유지한다.
    ④ 차의 향기를 유지한다.

38. 황차에 관한 설명 중 바르게 된 것은?
    ① 삼황(三黃)은 생엽, 탕색, 우린 잎을 말한다.
    ② 대표적인 차는 호남성의 곽산황아, 사천성의 군산은침, 절강성의 몽정황이다.
    ③ 황아차로는 위산모첨, 북항모첨, 녹원모첨이 있다.
    ④ 민황을 통해 폴리페놀의 떫은맛이 50~60% 감소한다.

39. 백차에 관한 설명 중 맞는 것은?
    ① 불발효차이다.
    ② 남로은침은 정화지역에서 생산된다.
    ③ 주생산지는 절강성의 항주와 대만이다.
    ④ 원료에 따라 백아차, 백소차로 나뉜다.

40. 차 품평시 품질 특성의 요구조건으로 맞는 것은?
    ① 녹차 품평시 떫은 맛의 침출이 적당히 우러나와야 한다.
    ② 우린 잎의 색이 어두워야 한다.
    ③ 찻잎에 광택과 윤기가 있어야 한다.
    ④ 잎이 조금 부서진 정도는 상관없다.

41. 차 품평시 품질 특성의 요구조건으로 맞는 것은?
    ① 백차는 외형이 살찌고 털이 적을수록 좋다.
    ② 황차는 탕색이 어두운 황색일수록 좋다.
    ③ 청차는 외형이 탄탄하고 견고하며 녹색을 띤 것이 좋다.
    ④ 기홍공부홍차는 잎이 느슨하고 가볍고 탕색이 옅은 것이 좋다.

42. 차 품평시 품질 특성의 요구조건으로 맞는 것은?
    ① 정산소종은 외형이 굵고 튼튼하고 곧고 솜털이 없다.
    ② 홍청녹차의 외형은 바늘처럼 곧고 짙은

[정답] 34 ④ 35 ① 36 ② 37 ② 38 ④ 39 ② 40 ③ 41 ③ 42 ①

녹색을 띤 것이 좋다.
③ 황차는 싹이 약하고 털이 있는 것이 좋다.
④ 전홍공부홍차는 외형이 가늘고 팽팽하고 탕색이 엷은 것이 좋다.

43. 청차에 대한 설명으로 바른 것은?
① 녹엽홍양변은 잎 가운데는 황록색, 잎 가장자리는 붉은색이다.
② 주수(主水)현상으로 연한 녹색에서 진한 녹색으로 바뀐다.
③ 청차의 생산지역은 민북, 민서, 광서지역이다.
④ 대표적 무이암차는 철관음이다.

44. 다음 내용 중 설명이 바르게 된 것은?
① 차 품평 중 물리적, 화학적 방법을 관능품평이라 한다.
② 살청이 수증기의 열에 의해 이루어지는 녹차를 초청녹차라 한다.
③ 녹차는 세계 차소비의 80% 정도를 차지한다.
④ 흑차류의 모차(毛茶)에 이용되는 녹차는 주로 대엽종이다.

45. 다음 내용 중 설명이 바르게 된 것은?
① 민북오룡에 대홍포, 수금귀, 황금계가 있다.
② 광동오룡의 제다법은 민남지역에서 도입했다.
③ 청차 품평법에는 전통법과 통관법이 있다.
④ 청차 제조과정은 '위조-요청-정치-살청-유념-건조'이다.

46. 다음 내용 중 설명이 바르게 된 것은?
① 홍차의 제다과정에 요청이 있다.
② 인간의 감각기관을 이용한 품평법은 이화품평이다.
③ 차의 성분 중 카페인은 대표적인 항산화제이다.
④ 녹차는 살청방법에 따라 덖음녹차와 증청녹차가 있다.

47. 다음 중 차의 종류와 생산지가 바르게 연결된 것은?
① 북항모첨, 위산모첨 - 광동성
② 곽산황아, 태평후괴 - 절강성
③ 몽정황아, 죽엽청 - 사천성
④ 육안과편, 황산모봉 - 절강성

48. 다음 중 차의 종류와 생산지가 바르게 연결된 것은?
① 황산모봉, 태평후괴 - 안휘성
② 안길백차, 죽엽청 - 호남성
③ 철관음, 문산포종 - 복건성
④ 군산은침, 백호은침 - 절강성

49. 다음 중 차의 종류와 생산지가 바르게 연결된 것은?
① 용정차, 황산모봉 - 절강성
② 백계관, 동정오룡 - 대만
③ 곽산황아, 육안과편 - 안휘성
④ 봉황단총, 백호오룡 - 복건성

50. 다음 중 종류가 다른 차의 특성은?
① 복건성 무이산에서 생산된다.
② 환형 또는 반구형이다.
③ 대표적인 차는 대홍포이다.
④ 우린 잎은 녹색 잎 주위가 붉은색을 띠고 있다.

[정답] 43 ① 44 ④ 45 ④ 46 ④ 47 ③ 48 ① 49 ③ 50 ②

51. 다음 중 종류가 다른 차의 특성은?
    ① '청심오룡' 품종차가 가장 많이 생산되고 있다.
    ② 주생산지로는 아리산, 삼림계, 이산, 대우령 등이 있다.
    ③ 고산차일수록 고급차이다.
    ④ 민북지방의 제다법을 도입하였다.

52. 다음 중 종류가 다른 차의 특성은?
    ① 모차(毛茶)에 수분을 공급하여 미생물 발효를 시킨 것은 청병이다.
    ② 주산지는 운남성이다.
    ③ 후발효차이다.
    ④ 대엽종으로 만든다.

53. 다음 중 설명이 바르게 된 것은?
    ① 흑차는 완전발효차이다.
    ② 호북 노청차는 일명 초루차라 불린다.
    ③ 흑차의 최대 소비지는 광동성, 대만이다.
    ④ 육보차는 광동성에서 생산된 차이다.

54. 다음 설명 중 종류가 다른 것은?
    ① 송연향기가 난다.
    ② 정산소종, 외산소종으로 나뉜다.
    ③ 장작나무 탄 냄새가 나면 하등품에 속한다.
    ④ 홍쇄차이다.

55. 다음 설명 중 틀린 것은?
    ① 늙은잎으로 제조한 CTC홍차는 하등품이다.
    ② 세계 홍차의 50%가 CTC 방법을 사용한다.
    ③ 중국에서 생산하는 홍쇄차 중 CTC 차는 총생산량의 절반 정도이다.
    ④ 홍차는 중국, 인도, 스리랑카, 케냐 등지에서 생산되고 있다.

56. 차 품평시 품질 특성으로 올바른 것은?
    ① 봄에 나는 기홍공부는 여린 정도와 상관이 없다.
    ② 전홍공부의 우린 잎은 실하고 여린 것이 좋다.
    ③ 홍쇄차는 윤기와 상관이 없다.
    ④ 홍쇄차는 굵고 늙은 잎으로 제조한 것이 좋다.

57. 차의 제다방법이 바르게 된 것은?
    ① 녹차: 살청-유념-민황-건조
    ② 청차: 위조-유념-주청-발효-건조
    ③ 홍차: 주청-유념-발효-건조
    ④ 흑차: 살청-유념-쇄청건조-퇴적발효-건조

58. 홍차의 특징이 바르게 설명된 것은?
    ① 홍차는 후발효차이다.
    ② 찻잎을 시들리게 하는 공정은 유념이다.
    ③ 위조는 홍차 특유의 향기에 필요한 생화학 반응이 일어나는 과정이다.
    ④ 홍차는 'red tea'라고 한다.

59. 차에 대한 설명 중 다른 차에 해당하는 것은?
    ① 찻잎 속 효소의 산화작용을 억제시켜 만들어진 차이다.
    ② 차의 분류 중 기본차류에 속한다.
    ③ 우리나라는 덖음차가 주류를 이룬다.
    ④ 찻잎 속 효소를 파괴시킨 뒤 찻잎을 퇴적하여 공기 중 미생물 번식을 유도해서 만든 차이다.

60. 다음 내용 중 기본 차류에 속하지 않는 것은?
    ① 화차
    ② 청차
    ③ 백차
    ④ 홍차

[정답] 51 ④ 52 ① 53 ② 54 ④ 55 ③ 56 ② 57 ④ 58 ③ 59 ④ 60 ①

61. 다음 중 가공 방법이 다른 차는?
   ① 췌취차   ② 레몬홍차
   ③ 긴압차   ④ 쇄청녹차

62. 다음 중 설명이 바르게 된 것은?
   ① 우리나라는 산간 및 경사도가 높은 지역의 생산량이 많다.
   ② 우리나라 최대 차산지는 제주도이다.
   ③ 일본은 12세기경 중국에서 녹차 제배법을 받아들였다.
   ④ 우리나라에서는 말차를 삼국시대부터 애음해 왔다.

63. 다음 중 설명이 바르게 된 것은?
   ① 가루차는 떡차 만을 가루 내어 만든다.
   ② 조선시대부터 잎차가 성행하였다.
   ③ 발효 정도에 따라 불발효, 반발효, 완전발효, 강발효로 분류한다.
   ④ 송대의 백차는 위조와 건조만으로 제다한 차이다.

64. 일본 녹차에 관한 설명이다. 바르게 된 것은?
   ① 일본 녹차는 대부분 차광재배한다.
   ② 옥로는 차광재배로 생산한 고급녹차이다.
   ③ 맛차는 일광재배를 한 차이다.
   ④ 전차(煎茶)는 차광재배한 대표적 녹차이다.

65. 차 품평 방법에 대한 설명으로 올바른 것은?
   ① 습평에 외형, 탕색, 향, 맛보기가 있다.
   ② 외형, 탕색, 맛, 우린 잎 보기로 평가한다.
   ③ 철 함량이 높은 물은 품평용 물로 적합하지 않다.
   ④ 외형을 볼 때 생엽을 살펴본다.

66. 명차(名茶)에 대한 설명으로 적합한 것은?
   ① 자연 생장 조건, 품종, 제다기술은 상관없이 품질만 우수하면 된다.
   ② 색, 향, 맛 중 한 가지만 우수하면 된다.
   ③ 외형이 수려하고 균일하며 품위가 있다.
   ④ 명차는 차이름이다.

67. 다음 중 설명이 바르게 된 것은?
   ① 동일 조건에서 찻잎을 보관하면 대엽종의 녹차가 소엽종보다 빨리 변질된다.
   ② 차의 익은 찐 냄새는 살청시간이 길 때 생긴다.
   ③ 차는 덖을 때 자주 휘젓고 힘을 주어 덖어야 잎 조직 파괴를 줄일 수 있다.
   ④ 폴리페놀의 산화는 온도의 영향을 받지만 시간과는 상관없다.

68. 다음 중 설명이 바르게 된 것은?
   ① 목탄의 이상한 냄새는 증청차에서 주로 볼 수 있다.
   ② 주차는 둥글지만 단단하지 않는 것이 특징이다.
   ③ 대엽종의 녹차는 조직이 조밀하여 내부 물질의 산화를 촉진하다.
   ④ 기계기름 냄새는 종이박스로 포장한 차에서 많이 나는 냄새이다.

69. 다음 중 설명이 바르게 된 것은?
   ① 당대(唐代)에는 증청 산차가 생산되었다.
   ② 중국 초청녹차는 10세기 말에 발명되었다.
   ③ 초청녹차의 우린 잎에 따라 장초청, 원초청, 세눈초청으로 분류된다.
   ④ 어리고 여린 싹을 채취하여 정성들여 덖어 만든 녹차를 세눈초청이라 한다.

[정답] 61 ④ 62 ④ 63 ② 64 ② 65 ③ 66 ③ 67 ① 68 ④ 69 ④

70. 다음 중 차의 형태가 올바르게 연결된 것은?
   ① 조형-주차   ② 편형-육안과편
   ③ 난화형-신양모첨 ④ 곡라형-용계화청

71. 다음 중 차의 특징이 다른 하나는?
   ① 살청, 유념을 거친 후 홍배, 홍건기 등에서 건조시킨 차이다.
   ② 외형상으로 반지르르하고 단단하고 조밀하다.
   ③ 화차의 재료가 된다.
   ④ 황산모봉, 경산차, 신양모첨 등이 있다.

72. 다음 중 차의 특징이 다른 하나는?
   ① 푸석하고 거칠어 보이며 듬성하다.
   ② 중국 녹차의 대명사로 불리며 '녹색의 황후'로 알려져 있다.
   ③ 어린 차싹과 여린 찻잎으로 만들어 진다.
   ④ 3월 25일 전후로 생산된다.

73. 다음 중 설명이 바르게 된 것은?
   ① 명대에 6대 다류(茶類)를 완성하였다.
   ② 홍차는 대엽종으로만 제조한다.
   ③ 초청녹차는 외형에 따라 장초청, 원초청, 세눈초청으로 나눌 수 있다.
   ④ 세눈초청의 대표적인 차는 황산모봉, 육안과편, 신양모첨이다.

74. 다음 중 설명이 바르게 된 것은?
   ① 중국의 차구(茶區)는 크게 강북, 강남, 서남, 해남으로 나뉜다.
   ② 차를 덖을 때는 자주 휘젓고 제조과정이 길어야 좋다.
   ③ 황차의 이름이 최초로 출현한 것은 당대(唐代)로 본다.
   ④ 군산은침 새싹의 자람은 가지의 끝부분에서 뻗어 올라온다.

75. 다음 차에 대한 설명 중 특징이 다른 것은?
   ① 보관법에 따라 건창과 습창으로 나눈다.
   ② 숙병(熟餠)은 짧은 기간에 차를 순하고 부드럽게 하는 방법이다.
   ③ 쇄청모차를 원료로 한다.
   ④ 호남성 안화에서 생산된다.

76. 차의 품질에 대한 설명 중 올바른 것은?
   ① 아미노산 함량이 많을수록 차의 품질은 대체로 좋다.
   ② 대엽종일수록 폴리페놀 함량이 적다.
   ③ 찻잎이 여릴수록 아미노산 함량이 적다.
   ④ 찻잎 중에 엽록소 A는 황색, 엽록소 B는 청록색이다.

77. 다음 차의 품질 특징이 다른 것은?
   ① 탄탄하고 견고하며 짙은 녹색이다.
   ② 등황색이며 밝다.
   ③ 과일향이 나고 부드럽다.
   ④ 우린 잎은 싹이 두드러지고 밝은 황색이다.

78. 다음 차들의 특징과 다른 것은?
   ① 찻잎 외형이 해바라기 씨와 비슷하여 '과편'이라 부른다.
   ② 가늘고 여린 싹만을 선별해서 정교하게 만든 것이다.
   ③ 외형상 반지르르하거나 단단하고 조밀하다.
   ④ 푸석하여 거칠어 보이고 덤성한 형태이다.

79. 차의 형태가 바르게 짝지어진 것은?
   ① 침형-안화송침

[정답] 70 ② 71 ② 72 ① 73 ③ 74 ③ 75 ④ 76 ① 77 ④ 78 ③ 79 ①

② 편형-임해반호
③ 반구형-자순차
④ 조형-주차

80. 흑차에 대한 설명 중 틀린 것은?
    ① 흑차는 운남성, 호남성, 사천성, 귀주성이 주산지이다.
    ② 흑차는 쇄청녹차를 후발효시킨 발효차이다.
    ③ 일반적으로 폴리페놀 함량이 높은 대엽종으로 만든다.
    ④ 보이차는 운남성 보이 지방에서 생산된 차이다.

81~100. 다음 내용을 읽고 맞는 것은 ○표, 틀린 것은 ×표 하시오.

81. 차 품평에 물리적, 화학적인 방법을 관능품평이라 한다. (   )

82. 품평실의 습식 품평대의 조도는 1000Lux가 적당하다. (   )

83. 품평도구 중 차잎의 외형을 보는데 사용되는 마른 찻잎을 보는 품평대를 건평대라 한다. (   )

84. 차 시료를 담는 흰색 네모난 나무 그릇을 엽저반이라 한다. (   )

85. 품평시 수질이 약산성을 나타내면 탕색의 투명도가 좋다. (   )

86. 습평 중 탕색을 먼저 심사하는 이유는 엽록소의 변화 때문이다. (   )

87. 차 품평시 맛을 평가하는데 적당한 온도는 65℃이다. (   )

88. 찻잎이 어릴수록 카테킨이 많다. (   )

89. 차 속에 들어 있는 카페인은 1820년에 발견되었다. (   )

90. 대홍포, 철라한, 백계관, 황금계를 암차의 4대 명차라 한다. (   )

91. 홍청녹차는 벽라춘, 태평후괴, 안길백차이다. (   )

92. 쇄청녹차인 모차에 수분을 공급하여 미생물 발효를 진행시킨 것이 숙병이다. (   )

93. 홍차는 비타민이 발효 과정 중에 50% 이상 증가한다. (   )

94. CTC 방법은 '끊다, 찢다, 당기다'의 의미이다. (   )

95. 대만오룡 중 경발효된 것은 백차와 비슷하다. (   )

96. 긴차 중 '향고형'은 사발모양을 의미한다. (   )

97. 생엽의 성분은 70~75%의 고형물질과 20~25%의 수분으로 이루어졌다. (   )

[정답] 80 ④ 81 × 82 × 83 ○ 84 × 85 ○ 86 × 87 × 88 × 89 × 90 × 91 ×
       92 ○ 93 × 94 × 95 × 96 × 97 ×

98. 차의 탕색을 결정하는 성분은 아미노산이다.
   (   )

99. 차의 향기성분은 생엽보다 완성된 차에서 더 많이 발생한다.   (   )

100. 습평 중 탕색의 변화는 홍차가 녹차보다 심하다.   (   )

101~119. 다음 문제를 읽고 단답형으로 답하시오.

101. 품평시 차의 외형, 색, 향, 맛, 우린 잎의 다섯 가지를 평가하는 방법을 무엇이라고 하나?   (   )

102. 인체의 오감을 이용하여 품평하는 것을 무슨 품평이라 하나?   (   )

103. 품평실에서 빛이 고르게 들어오도록 하기 위해 창문은 어느 쪽에 위치해야 하는가?
   (   )

104. 차 품평도구 중 차 시료를 담는 흰색 네모난 도구는?   (   )

105. 습평에서 차탕의 색깔을 제일 먼저 보는 이유는 탕색의 변화때문이다. 차에 들어있는 (   )이 데아플라빈, 데아루비긴으로 변하여 짙은 색을 띠게 된다.

106. 황차의 특징은 3가지가 황색을 띠는 것이다. 제다할 때 어떠한 과정에서 황색을 띠게 되는가?   (   )

107. 청차의 우린 잎에서는 녹차와 발효차의 특징을 모두 볼 수가 있다. 녹색 잎의 가장자리가 붉은색인 것을 무엇이라 하는가?
   (   )

108. 차의 향기 맡기는 열후(熱嗅), 온후(溫嗅), 냉후(冷嗅)가 있다. 그 중에서 차의 잡냄새를 알 수 있는 것은?   (   )

109. 세계 3대 홍차의 명칭를 쓰시오.
   (,   ,   )

110. 중국의 가공법에 따른 홍차의 종류를 크게 3가지로 쓰시오.
   (,   ,   )

111. 민북오룡의 4대 명총에는 대홍포, (   ), 백계관, (   )이 있다.

112. 청차는 크게 (   ), (   ), 복건성 세 지역에서 생산된다.

113. 최초의 홍차 생산은 (   )성 숭안의 (   ) 홍차에서 시작되었다.

114. 백차 제다과정 중 (   )는 찻잎 속의 산화효소의 진행을 쉽게 해 준다.

115. 백차의 건조는 (   ), 홍건 두 가지가 있다.

[정답] 98 X   99 O   100 O   101 5항인수품평법   102 관능품평   103 북쪽   104 샘플반   105 카테친   106 민황   107 녹엽홍양변   108 열후   109 기홍(기문공부홍차), 다즐링, 우바   110 소종홍차, 공부홍차, 홍쇄차   111 철라한, 수금귀 또는 수금귀, 철라한   112 대만, 광동성 또는 광동성, 대만   113 복건, 소종   114 위조(시들리기)   115 쇄건(햇볕, 일광)

116. 홍차 중 그윽한 짙은 향기에 송연향이 섞여 있는 복건성 동목촌 일대에서 생산되는 것은? (   )

117. 국제 차시장에서 기문홍차의 향기를 (   ) 향이라 부른다.

118. 홍차 중 찻잎이 가늘고 팽팽하며 소엽종으로 만들어지며, 꿀처럼 단 향기가 나는 것은? (   )

119. 홍차 중 대엽종으로 만들어 싹과 잎이 도톰하고 크며 황금색 백호가 보이고 탕색은 선명한 홍색으로 운남성에서 생산되는 것은? (   )

120~124. 다음 차의 생산지(省)를 쓰시오.

120. 용계화청-(   ), 태평후괴-(   )

121. 몽산감로-(   ), 강산녹모단-(   )

122. 안화송침-(   ), 은시옥로-(   )

123. 신양모첨-(   ), 곽산황아-(   )

124. 몽정황아-(   ), 백호은침-(   )

[정답] 116 정산소종   117 기문   118 기홍, 또는 기문공부홍차   119 운남공부홍차 또는 전홍   120 안휘성, 안휘성   121 사천성, 절강성   122 호남성, 호북성   123 하남성, 안휘성   124 사천성, 복건성

색인

가소종	77, 199	광선	121, 122, 138, 139
각아차	156	광택	136, 137, 230
감관검사	89	구곡홍매	76
감수기	139	구화모봉	169
감윤	143	군산은침	44, 45
강전	209	글루타민산	178, 179, 181, 255
강전차	212	금소시	187
개완배	127	금첨차	209
개화용정	38	금훤	65
건평대	125	급배차	170, 171
걸름망	126, 127, 128, 129	기란	190
검사실	110, 121, 132	기문공부	70
검은 곰팡이	213, 214, 240	기문홍차	70, 71, 196, 225, 255
견본차	125, 126, 170, 171	기온	138, 190
경산차	30, 156, 225	기호 척도법	107, 108
고교은봉	29	긴압차	113, 146, 209, 213, 223, 239
고산차	140	긴압틀	209
고삽	143	긴차	171, 209, 210, 213, 215, 252
고저	141	난계모봉	169
고향홍차	196	난계은로	156
곡라형	137, 155, 156	난화형	137, 155, 156, 223
곡조형	137, 155, 156	남경우화차	35, 156
공미	174, 177	내질품평	132, 134, 136, 145
공부홍차	113, 144, 146, 195, 198, 245	네로리돌	94
공희	166, 168	노화향	180, 185, 186, 187, 194, 250
과일향	141, 185, 186, 192, 194	녹원차	178, 181
곽산황대차	180, 181	농담	141, 143, 148
곽산황아	46, 178	누산장	210
관각척도	89	눈경차	202
광동대엽청	181	다당류	90
광동청차	185	다시료 비교검사	101

다즐링	70	묘사분석	97, 102, 108, 109
단순차이검사	203	묘사분석실	123, 124
당류	91, 178	무양춘우	33
대만청차	185	무이수선차	184
대백차	174, 175, 176	무이암차	56, 57, 187, 188, 190
대엽종	6, 113, 138, 146, 157, 195	문산포종	63
대우령	231, 234, 238, 244, 254	물주전자	125, 127, 129, 151, 251
대작	136	미전차	213
대호차	136	미차	113, 146, 165, 166, 167, 168
대홍포	49, 187	미형	155, 156
덖음녹차	154	민북수선차	184
데르펜류	90	민북오룡차	184
데아닌	92, 90	민홍공부	196, 198
데아루비긴	93	민황	178, 179, 180
데오필린	195	반천요	58
등황백호	201	방포차	209, 214
등황편	201	백계관	56, 187
락톤류	94	백모단	43
리날로올	93, 94	백모후	174
리산	66	백목단	174, 176, 177
막간황아	47, 178	백차	137, 146, 174, 236, 242, 245
망해차	23	백호오룡	67
매점	190	백호은침	174, 175, 176, 177, 237
메틸 쟈스모네이트	94	버림컵	125, 126
명도	136, 138, 139	법랑	128
명우녹차	136, 138, 144, 146, 154	벤질알콜	93, 94
모봉	157, 159	벽라춘	37, 136, 156, 224, 225
모섭	185, 190	병차	172, 209
모차	74, 127, 133, 134, 232	보관통	125, 126
모첨	157, 159	보성다향제	116
모해	61	보이산차	78
모형	155, 156, 223	보이숙병	80
몽정다장	179	보이차	79, 113, 146, 171, 212, 251
몽정황아	48, 178	보이청병	79

보이타차	209, 212	색종	190, 193
보조사발	125, 126	색택	67, 115, 135, 144, 235
복배	191, 192	샨종	6
복전	209, 210, 214, 239	서로변차	214
복전차	210, 211, 214, 215	서호용정	22, 229, 236, 264
복정백호은침	174	세작	47, 136
복포	179	소백	176
복포유	192	소비자기호도검사	106
복홍	179	소엽종	6, 70
본산	60, 185, 190	소종홍차	113, 138, 146, 195, 225, 243
봉황단총	50, 51, 185, 186	송연향	75, 77, 83, 181, 199, 212
부스	123, 124	쇄등황백호	201
부차	193, 199	쇄백호	201
부흥공부	195, 197	쇄차	168, 201, 230, 233
북로은침	174	쇄청	158, 211
북항모첨	181	쇄청녹차	171, 172
분급홍차	201	수금귀	57, 187
불수차	184	수납공간	123, 124
비에스테르형	157	수미	166, 168, 169, 174, 175, 176
비타민	7, 90, 91, 93, 195	수반	134
비효소성	178	수색	92, 114, 115, 116, 138
사선법	135	수선	52, 53, 174, 176, 190, 193
사초	179, 180	순미성	143
산미	143	순위 기호검사	106, 107
산성타차	212	순위법	100
산화	130, 138, 158, 178	스리랑카	196, 201, 202, 203, 208
산화형	91, 92	스테아르산	94
살청	138, 154, 168, 189, 191	스파이더 웹	109
삼록	172	스펙트럼 묘사분석	104, 105
삼림계	68	습평대	125, 126
삼초	179, 180	시간-강도 묘사분석	105
상단차	135, 235, 240	시료반	126
상첨	209	신구	143
색도	131, 138	신양모첨	28

신체조건	118	우린 잎	112, 128, 129, 132, 144, 260
심평반	126	우전	136
심평배	125, 127	우차	165, 168, 169
아르기닌	91	원주형	137, 155, 156
아미노산	91, 92	원차	209
아쌈	6, 203	원초청	137, 164, 166, 167, 168
악퇴	209, 211, 213, 214	월홍공부	196, 198
안계철관음	189	위산모첨	181
안길백차	24	위조	174, 186, 188, 190, 261
안탕모봉	169, 170	유념	158, 178, 189, 191, 225
안토시아닌류	92	육계	54, 185, 186, 187
안토크산틴류	92	육보차	83, 209, 213, 214, 251
안화송침	156, 226	육안과편	32, 156, 234
안휘대방	169	은장소낭	157
알콜류	90	은침	44, 157, 175, 179
약후발효차	178	의흥공부	196, 197
양아모봉	169	이원분산분석	109
양암구청	25	이점비교검사	100
양청	188	이화학검사	193
에스테르카테소	157	인공소종	77, 199
여산운무	39, 156	인도종	6
연소종	77, 199	인돌	94
엽록소	7, 92, 93, 158, 178, 195, 263	일원분산분석	109
엽저	244	일-이점검사	98
엽저반	125, 126, 127, 128, 221	임해반호	36, 156
오룡차	68, 183, 185, 186, 190, 240	자미	143
5인자품평법	109, 112, 160, 170, 181, 195	자순	156
외산소종	199	자스민차	170
외형품평	132, 135, 136, 137	작설형	15, 156, 224
요반	134, 135, 218	장방괴	210
요청	189, 189, 190, 191	장유성분	60
용계화청	41, 156, 224	장초청	164, 165, 168
용안향	75, 77, 199, 214, 210	재현성	117
용정차	118, 136, 157, 169, 156, 250	쟈스몬	94

쟈스민락론	94	채엽	90, 157, 175, 186, 189
저울	128, 151, 152	천강휘백	156
전차	209, 240	천도은침	26
전홍공부	72, 73	천량차	61, 211
절세홍차	196, 197	천첨차	62
정량적 검사	105	철관음	59, 60, 183, 189, 247, 260
정량적 묘사분석	104, 105, 108, 109	철라한	55, 187
정산소종	74, 75, 77, 199	청엽알콜	93, 94
정성적 검사	106	청전	209
정화백호은침	174, 175	청차	112, 127, 131, 146, 224, 260
제산취미	156	청탁	139, 141, 143
조명	121, 124	초건	191, 214, 240
족화	180, 192, 236	초포	179
종형배	127	초홍	179, 180
주란화차	170	추측통계학	89
주차	113, 146, 167, 168, 169	축침	175
주청	224, 230	취옥	69
죽엽청	40	침출시간	131
죽통차	209	침형	136, 155, 156, 223, 224
준비실	121, 123, 124	카로티노이드	92, 93
중경다장	212	카보닐	90
중단차	135, 235, 240	카테킨	90, 91, 92, 93, 131, 157
중작	136	카페인	7, 90, 91, 195, 243
증청녹차	172, 173, 228	클로로필	92
직관법	135	타이머	125, 126, 127, 128
진미	165, 226, 227, 239	타전	125~128
진열장	126	타차	209, 210, 212, 213
차나무	6, 7, 50, 86, 118, 146, 175	탁도	138, 139
차수저	126, 128	탄닌	7, 91, 92
차시험장	115	탕색	13, 108, 112, 132, 145, 241
차이식별검사	97, 105, 132	태평후괴	34
차편	165, 168, 171	테오브로민	91
찻물색	116, 138, 140, 195, 201, 219	텍스처프로필	104
찻잎	6, 7, 86, 90, 112, 132, 223,	토차통	129

토침	175	홍배	139, 179, 180, 181, 189
특성차이검사	97, 99	홍쇄차	136, 138, 144, 201, 203
특진	165, 167, 231	홍조차	195, 200, 201
파반	134	홍차	70, 127, 195
팔미트산	94	홍청	158, 171, 244, 261
8인자품평법	109, 112, 129	홍청녹차	169, 170, 244, 247
패널	95, 101, 109	홍청모차	170, 171
페놀	117, 121, 124	홍청쇄청녹차	159
편초청	164, 169	홍청차	170, 171, 198, 241, 245
편형	155, 156, 228, 229, 230	화등황백호	201
평가표	105, 109, 132, 145, 147	화전차	211, 212
평양황탕	178	화차	140, 146, 155, 171, 251, 260
평원기	166	화후	143
평점법	101	황금계	62, 185, 190
평초청	166	황산모봉	27, 170, 231, 245
포강춘호	155, 156	황차	137, 178, 241, 255
포유	183, 184, 190, 191, 192, 224	회분	193, 211, 212, 213
폴리페놀	88, 91, 130, 139, 143, 197	효소산화	188
품평단	110, 112, 117, 146, 162	훈련실	123, 124
품평대	122, 125	훈배	199
품평반	125, 126, 127, 134, 135, 151	훈제	140, 170
품평배	125, 138, 151, 219	흑모차	61, 212, 214
품평완	125, 138, 208, 219, 241, 243	흑전	209, 210
품평원	89, 117, 130, 143, 147, 187	ANOVA	109
풍선기	166	CTC	201, 202, 203, 207, 243
피라진	94	EGCg	92
하단차	134, 135, 235, 240		
항생제	120		
해조향	172, 247		
향미프로필	103, 104, 108		
호첨차	163, 202, 237		
호홍공부	196, 198		
홍건기	189, 191, 192		
홍롱	180, 189, 191, 192, 249